요한계시록 일곱 교회를 향한
예언 메시지

국립중앙도서관 출판예정도서목록(CIP)

요한계시록 일곱 교회를 향한 예언 메시지 / 지은이: 존 넬슨 다비 ; 옮긴이: 이종수. -- [서울] : 형제들의집, 2016
    p. ;   cm

원표제: Seven lectures on the prophetical addresses to the seven churches
원저자명: John Nelson Darby
영어 원작을 한국어로 번역
ISBN 978-89-93141-79-5 03230 : ₩18000

요한 계시록[--啓示錄]
강해 설교[講解說敎]

233.8-KDC6
228-DDC23

CIP2016001951

요한계시록 일곱 교회를 향한
예언 메시지

존 넬슨 다비 지음 | 이종수 옮김

형제들의 집

차 례

역자 서문.. 6
프롤로그, 요한계시록 일곱 교회에 대한 소고(小考)................ 9
제 1강. 요한계시록의 특징... 17
제 2강. 땅에서 책임있는 교회 vs. 하늘에서 그리스도와
        연합을 이룬 교회의 차이점................................. 57
제 3강. 에베소 교회를 향한 예언 메시지........................... 73
제 4강. 서머나 교회를 향한 예언 메시지........................... 90
제 5강. 버가모 교회를 향한 예언 메시지........................... 113
제 6강. 두아디라 교회를 향한 예언 메시지........................ 130
제 7강. 사데 교회를 향한 예언 메시지.............................. 170
제 8강. 빌라델비아 교회를 향한 예언 메시지..................... 200
제 9강. 라오디게아 교회를 향한 예언 메시지..................... 259
에필로그.. 299

그리스도께 진실하고, 그리스도의 말씀을 지키고, 적은 능력을 가지고도 그리스도의 이름을 부인하지 않고, 자신들 앞에 열린 문을 둔 사람들이 있다. 그들은 그리스도의 능력이 아니라 그리스도의 성품을 추구하는 사람들이다. 일관성, 순종, 의존성, 그리고 그리스도를 얻는 것, 이러한 것들이야말로 성령님에 의해서 맺는 결실이며, 그리스도께서 자신이 사랑하신 사람들에게서 보고 싶어 하는 것들이다. 그들은 그리스도께서 속히 오실 것이란 생각으로 위안을 삼는다. 주님께서 우리에게 참 빌라델비아 교회의 특징을 주시길 빈다.

- 존 넬슨 다비

역자 서문

교회 황폐화 시대의 선지자적 외침!

이 책은 1852년 런던에서 존 넬슨 다비가 요한계시록에 있는 일곱 교회에 대해서 일곱 편의 예언 메시지를 강해한 것이다. 본래 7회의 설교를 한 것이지만, 흐름 상 아홉 개의 강의로 편집했고, 본 설교의 부록으로 실린 글을 에필로그로, 그리고 프롤로그엔 요한계시록 일곱 교회에 대한 소고(小考)(Remarks on the Seven Churches)란 다비의 글을 추가했다.

이 책은 교회 황폐화 시대의 선지자로 불렸던 다비의 영성이 그대로 드러나 있다. 신구약에 걸쳐서 하나님의 말씀을 꿰뚫는 선지자적 통찰력(洞察力)과 하나님의 섭리적 미래를 내다보는 예언력(豫言力)이 고스란히 담겨 있다. 무엇보다 요한계시록 2-3장에 등장하고 있는 일곱 개의 교회를 땅에서 책임있는 교회로, 그래서 하나님의 심판의 대상이 되는 교회로 보았고, 이 교회들을 하늘에서 그리스도와 연합을 이룬 교회와는 구분하고 있다는 점이 신선하게 다가온다.

게다가 하늘에서 그리스도와 연합을 이룬 교회가 진정한 하나님의 교회이며, 그리스도께서 사랑하신 교회로서 그리스도의 마음의 연모의 대상일 뿐만 아니라, 그리스도의 사랑에 진정으로 반응하고 호응하는 교회라는 사실을 피력하는 것을 볼 때, 역자는 번역하는 내내 이처럼 영광스러운 교회의 일원으로 불러 주신 하나님의 은혜에 감격하면서 기쁨의 눈물과 감동 가운데 하나님께 경배를 올려 드렸다.

이 책을 읽는 독자들도 동일한 감동의 폭풍 속으로 들어가 고요하고 잔잔한 평안 가운데, 영광 중에 계신 그리스도를 바라보며 또 그 안에 있는 나 자신을 보게 될 때, 한없는 감사를 우리 하나님께 드리게 될 것이다. 뿐만 아니라 이처럼 미천한 자에게 영적 해방과 그리스도와의 연합이란 보배로운 진리를 알게 하신, 참으로 은혜로우신 하나님을 찬송하게 될 것이다.

이제 그리스도와 연합을 이룬 자로서, 또한 그리스도의 신부로서 "내가 속히 오리라!"고 외치시는 신랑이신 그리스도의 음성을 듣고, "오시옵소서!"라고 호응하며, "이기는 자가 되라!"는 성령의 음성에 "아멘!"으로 화답하는 우리 모두가 되길 바란다.

역자 이 종 수

※ 일러두기 : 글이 시작되는 부분에 있는 숫자는, 다비의 글을 편집한 영문 편집자가 독자들을 안내하기 위해서 표시해 둔 것입니다. 원서를 참고하기 원하는 독자들을 위해서 숫자를 표기하였으니, 원서와 대조해서 보는 기쁨을 누리시길 바랍니다.

프롤로그

요한계시록 일곱 교회에 대한 소고(小考)

252

요한계시록 1-3장에 있는 교회들에 대해서 살펴보자. 이 교회들은 성령의 능력을 통해서 하나님으로부터 신령한 복을 받는 교회가 아니라, 심판의 대상인 교회이다. 이 교회들이 처해 있는 상태를 보면, 한 때는 성령님께서 역동적으로 역사했던 흔적이 남아 있긴 하지만, 이제는 복을 받는 조건이 사람의 손에 달려 있다. 우리가 기억해야 할 또 다른 것이 있다. 새로운 것이 도입되었다고 해서 이전 나쁜 상태가 사라지고 무조건 새로운 것이 되는 것은 아니라는 점이다. 교회는, 이후에 새로운 것이 많이 도입되었지만, 그럼에도 첫 사랑을 잃어버렸다. 이세벨은 자신의 악한 영향력을 행사하는 것을 멈추지 않았다. 사데 교회는 살았다 하는 이름은 가졌으나 실상은 죽었다.

그 다음으로 살펴볼 것은, 심판이 교회들에게 임하고 (따라서 심판은 교회가 빠진 상태에 합당하게 선언되고 있다) 또 집행될 때, 그 교회의 상태와는 달리 깨어 경성했던 성도들은 심판의 위협을 받았던 악을 행하는 자들과는 달리 심판을 면하게 될 것이란 점이다. 그들을 심판하는 시기는 구체적으로 언급되고 있지 않다. 주님에게서 격려를 받고 있던 성도들이 하늘로 휴거되고 나면, 남은 자들은 심판의 대상으로 남겨질 것이고, 심판의 때를 기다리게 될 것이며, 이 사람들은 이전 교회의 이름만을 부여잡고 있는 시신과 같고, 전혀 생명이 없는 시체와 같게 될 것이다. 따라서 두아디라 교회를 보면, 큰 환난 가운데 던져지고, 하나님의 보응하시는 공의에 의해서 죽임을 당하기로 정해진 사람들이 있었다. 하지만 무슨 상황인지에 대한 구체적인 언급은 없다. 두아디라 교회의 성도들은 이러한 심판이 집행되기 전에 사실은 세상을 떠나 하늘로 휴거될 것이다. 그렇다면 주님이 심판을 행하실 때, 교회는 혼합된 상태일수는 없다. 이 말은 주님이 두아디라 교회를 향해 선포하신 위협적인 말을 생각해볼 때, 다소 역사적인 상황 성취를 변경하는 말이다. 어쨌든 이러한 심판의 요소는 처음 세 개의 교회엔 딱 들어맞게 적용되진 않는다. 그들 교회의 공동체의 상태는, 마땅히 되어야 하는 모습으로 나타난 것이 아니라 이미 악이 도사리고 있는 상태로 나타났다. 따라서 그러한 교회는 주님이 방문하실 것이란 말로 위협을 받고 있으며, (앞서 세 개의 교회에 대한 말씀과는 달리) "이기는 자"가

"귀 있는 자" 보다 앞에 언급되고 있다. 게다가 두아디라 교회에 신실한 자들은 다른 사람들과는 달리 "두아디라에 남아 있는 자"로 구분되어 있다. 신앙고백체로서 교회는 단체적인 증인으로서 자격을 상실했다. 따라서 주님의 오심은 이제 신실한 자들에겐 소망과 기대의 시간이며, 그러한 사람들에게 교회는 더 이상 머물러있어야 할 이유를 주거나 위안을 주지 못한다. 그러한 성도들은 특별히 "내가 올 때까지 굳게 잡으라"(계 2:25)는 명령을 받고 있다. 이것은 신실한 자들에게 소망을 주고 또 영적으로 황폐화되어 있는 교회와는 거리를 두라는 매우 특별한 말씀이다. 성령의 음성을 듣는 일에 대한 경고에 앞서 이기는 자를 먼저 언급한 것은, (이것은 듣는 일이 개인적인 문제라는 것을 의미한다) 이러한 기조를 따르는 것이며, 이 일은 두아디라 교회의 시작부터 강조되고 있다. 두아디라 교회를 향한 메시지부터는, 요한이 보았던 일들을 통해서 나타난 그리스도의 성품을 적용하는 일은 종결된다.

253

사데 교회를 향한 그리스도의 권리는, 오른 손에 일곱 별을 붙들고 있는 모습으로 나타났다. 그리스도의 권리는 의심의 여지가 없었다. 하지만 이 후로는 모든 권리가 새롭게 소개되고 있는데, 특별한 믿음에 의해서만 이해될 수 있는 것들이다. 그 특별한 믿음이란 그분의 이름을 아는 성도들의 충성스러움에만 깃드는 특별한 특징을 띠고 있다. 하지만 그러한 특징들은 요한이 교회들 가운데 거니시는 그리스도를 보았을 때 본 모습은 아니었다. 사데와 빌라델비아 교회는 모두 주님의 재림에 대한 선언을 공유하고 있었다. 교회가 두아디라처럼 완전히 부패하게 되면, 공동체의 상태와는 거리를 두고 있는 소수의 남은 자들은 믿음을 더욱 붙들게 되고, 악한 자에 의해서 압박을 받는 사람들의 영혼은 주님의 약속의 말씀을 통해서 안돈을 얻게 된다.

하지만 사데 교회에서 주의 재림은, 빌라델비아 교회와는 다른 방식으로 소개되고 있다. 사데 교회의 명성은 어마어마했지만, 성령의 모든 완전한 것들을 가지고 계신 주님과의 관계에서는 죽어 있었고, 또 하나님 앞에서 그 행위의 온전함을 찾아볼 수 없는 교회였다. 사데 교회는 주께서 세상을 심판하실 때 함께 심판받을 것이란 위협을 받았다. (데살로니가전서 4장과 누가복음 21:35을 비교해보라.) 여기서 우리가 주목해야할 것이 있다. 사데 교회의 심판은, 형태는 그대로 있지만, 교회인척 하는 모든 거짓이 그칠 때 이루어질 것이다. 소수의 사람만 흰 옷을 입고 예수님과 함께 다닐 자격을 얻는다. 흰 옷을 입고 다녔던 소수의 사람들이 휴거된 후, 사데 교회를 이루고 있던 대부분의 사람들은 세상과 함께 심판을 받게 될 것이다. 그들이 어떤 형태로 존속하게 될 것인지에 대해선 언급이 없다. 다만 일반적으로 말해서, 그 교회에 속했다는 이유 때문이 아니라, 자신들이 서있는 자리에서 충성스럽지 못했기 때문에 심판을 받는 것이다. (마 24:50,51, 그리고 마 25:30을 보라.) 빌라델비아 교회를 보면, 교회 자체가 남은 자가 되고, 그 남은 자 모두가 하나님의 눈에 교회인 경우이다. 모든 것이 격려의 말씀이다. 적은 능력을 가졌지만, 열린 문이 그 앞에 있었다. 그들은 세상에 임하는 시험의 시간을 면하게 될 것이다. 그들은 주님이 속히 오실 것이란 확신의 말씀으로 위로를 받았다. 그들에겐 주님을 기다리는 것 자체가 위로였고 기쁨이었다. 그리스도의 인내에 참여했던 신실한 자들, 곧 남은 자로 살도록 일깨움을 받았던 적은 능력을 가진 연약한 자들은 마지막 때에, 세상의 운명, 즉 단순히 심판을 받는 것이 아니라 곧 임하게 될 끔찍스러운 환난에 들어가게 될 그 운명으로부터 완전히 면제받게 될 것이란 확증의 말씀으로 위로를 받고 있다. 그들은 그 시험의 때를 면하게 될 것이다. 하지만 아직 그리스도께서 오실 때가 되지 않았다.

254
라오디게아 교회에서, 그리스도는 약속에 대해서 "아멘"이신 분으로, 그리고 "충성되고 참된" 증인으로 나타나신다. 약속과 모든 것이 새롭게 된 세계의 머리이신 분의 이름이 소개되고 있는데, 곧 그리스도는 "하나님의 창조의 시작"이신 분이시다. (그리스도의 자격을 나타내는 이름들을 골로새서 1장과 비교해보라.) 라오디게아 교회는 그리스도가 누구신지에 대한 감각을 상실했고, 그 결과 자신의 상태를 좋게만 생각하는 경향에 빠졌다. 여기서 또 다시 앞에서 언급한 원리가 적용되고 있다. 범죄한 사람들에 대한 심판의 집행은 "교회"라 불리는 실존적 존재 안에서 이루어지지 않는다. 라오디게아 교회도 마찬가지이다. 이 문제는 여기서 매우 중요하다. 왜냐하면 주님은 라오디게아 교회를 여전히 "교회"로 부르시기 때문이다.

   이기는 자들은 그리스도와 함께 보좌에 앉을 것이다. 라오디게아 교회 공동체는, 편지를 쓸 당시 여전히 하나님 앞에서 교회라는 이름을 가지고 있었지만, 그 하나님에게서 심판을 받았다. 그 실제적인 상태는 매우 역겨운 상태였고, 주님의 입에서 토하여 내칠 정도였다. 그것은 전적인 거절을 의미했다. 이것은 유죄 상태에 있는 죄인들을 심판하는 것이 아니라, 교회를 거절하는 것이었다. 하나님을 아는 지식 속에는 이러한 일도 일부분을 이루고 있다. 여전히 권면과 경고가 거절되기까지 주어지고 있다. 하지만 주님은 자신이 가지신 무한한 자비로 (자비의 때가 끝나기 전까진 결코 지칠 줄 모르는 열심으로) 그 안에서 여전히 꾸물거리고 있는 사람들 중에서 건져낼 만한 남은 자를 찾으신다. 하지만 내가 판단하기론, 이러한 주님의 거절은 경고를 거절한 사람들을 내어 쫓는 것으로 끝나는 심판이 아니라, 그리스도께 역겨운 사람들을, 자신들이 하나의 몸으로 서있다고 여겼던 그 위치에서 완전히 쫓아내는 것이다. 충성스러운 증인은 그러한 것을 견딜 수 없어 할 수밖에 없다.

　사데 교회 이후에, 빌라델비아 교회가 일어났다. 빌라델비아 교회는 은혜로, 환난의 시기를 피하게 될 것이다. 이 빌라델비아 교회의 형성은, 내가 이해하기론, 라오디게아 교회라는 공동체의 상태를 뜻밖의 결과물로 만들어냈다. 그리스도는, 죄인들에 대한 행위를 심판하실 뿐만 아니라 라오디게아 교회를 거절하실 것이다. 신실한 자들의 휴거 외에는 달리 역사상 중차대한 위협적인 요소는 없었다. 휴거의 메시지는 라오디게아 교회가 존재하는 동안 현재적인 것으로 라오디게아 교회에 주어졌고, 분명한 행실의 변화를 요구하는 것으로 설파되었다. 여기서만 유일하게 거절 선언이 무조건적으로 선포되고 있다. 왜냐하면 이미 라오디게아 교회는 거절당할 충분한 이유를 가지고 있었기 때문이다. 나는 요한계시록 4장 1절의 "이 일 후에"라는 단어를 보면서, 주님의 입에서 라오디게아 교회가 토하여 내친 심판이 집행되었음을 깨닫게 되었다. 따라서 라오디게아 교회는 하나님 앞에서 교회의 위치를 잃어버리고, 더 이상 교회로 여겨질 수 없게 되었다. 이 일은 세상 심판에 대한 예언적인 묵시를 시작하는 도화선이 될 것이다. 거절당한 교회에 속한 개인들이 겪게 될 심판은, 자신들이 처해 있는 위치에 달려 있다. (일반적으로 로마 가톨릭 교회와 프로테스탄트 교회로 알려진) 두아디라 교회와 사데 교회를 향해서는 개인에 대한 경고가 있긴 하지만, 개인 심판이란 주제는 교회들에 대한 심판을 다루고 있는 이 책에서 다룰 만한 내용은 아니다. 굳이 한 마디 하자면, 개인들의 심판은 그들이 각자 자신이 처해 있는 상태에서 충성을 다한 결과에 달려 있다고 할 수 있다.

제 1강
요한계시록의 특징

256

(세부사항을 다루는 것이 나의 목적이긴 하지만) 일곱 교회를 향한 메시지의 세부사항을 다루기 전에, 일곱 교회에 대한 메시지를 담고 있는 요한계시록의 일반적인 특징에 대해서 살펴보고자 한다. 우리가 요한계시록 전체에 흐르는 거대하고도 확실한 원칙을 제대로 알고, 그에 대해 분명한 이해를 가지는 것은 매우 중요하다. 그렇지 않으면 우리는 요한계시록을 통해 하나님이 말씀하시고 또 하고자 하시는 일을 전혀 이해할 수 없을 것이기 때문이다. 우리는 오로지 성경을 통해서만, 하나님의 목적이 무엇이며 또한 하나님이 지금 하고 있는 일을 통해서 하나님이 어떤 분이신지를 알 수 있다는 사실을 기억하라.

이 첫 번째 장에서는 요한계시록 전체에 대한 설명을 할 것이다. 요한계시록은 예수 그리스도에게 주어진 계시이며, 그리스도의 지상 재림을 준비하도록 그전에 반드시 일어날 일들을 자기 종들에게 보이기 위한 책이다. 하나님께서 그처럼 의사소통을 하고자 하시고, 또 그런 방식으로 일하신다는 것은 참으로 경이롭기 그지없다. 하나님은 사람처럼, 사람들의 열정에 영향을 주고 단지 관심을 끌게 하려는 식으로 일하지 않으신다. 하지만 하나님께서 이렇게 편지를 쓰게 하셨을 때에는, 우리에게 무언가를 보여주시고 또 그것을 통해서 우리 영혼을 시험하실 뿐만 아니라, 하나님 자신과의 교제 속으로 우리 영혼을 끌어들이기 위한 것이다. 사복음서를 예로 들어보자. 사복음서의 목적은 그리스도께서 지상에 사는 동안 단순히 그분의 역사적 이야기를 기록하는데 있지 않고, 하나님 아들의 위격과 사역을 통해서 나타내신 하나님의 목적과 은혜의 섭리를 우리 영혼에게 펼쳐 보여주는데 있다. 이로써 우리는 하나님의 생각과 그 역사하시는 방식을 배우게 되며, 그 결과 우리는 하나님의 섭리적인 방식의 다양성 가운데서 지금 하고 계시는 일이 무엇인지를 이해할 수 있게 된다.

요한계시록은 총체적으로 보면 심판의 책이다. 하나님은 요한계시록을 통해서, 곧 심판을 집행하실 분으로 계시되고 있다. 심판은 요한계시록 2장과 3장에서 볼 수 있는 것처럼, 교회에도 적용된다. 심판은 지상에 있는 교회를 대상으로 하고 있다. 예언은 심판 아래 일어날 일들을 예고하며, 그렇게 예고하는 방식으로 심판을 피하도록 주어진다. 요한계시록에 기록된 예언을 볼 때, 교회의 영광스러운 상태, 즉 하늘의 예루살렘에 대한 설명을 빼면, 모든 것이 사법적인 심판에 대한 내용이다. 뿐만 아니라 예언은 교회에 대한 내용을 담고 있다. 그리고 최종적으로 교회는 요한계시록 19장에서 백마를 타고 그리스도를 따르는 것으로 나타나고 있다. 이러한 진실이 우리 마음에 선명하게 새겨질 때까지, 요한계시록의 목적은 결코 이해될 수 없다.

257

게다가 우리는 요한계시록에서 성도들과의 관계 속에서 하나님을 아버지로 지칭하고 있는 것을 볼 수 없다. 아버지란 이름은 오직 그리스도와의 관계 속에서만 불리는 것인데(계 2:27, 3:5,21), 이 사실이 요한계시록의 특징을 말해준다. 아버지의 이름은 요한계시록 14장 1절에서도 사용되었다. "또 내가 보니 보라 어린 양이 시온 산에 섰고 그와 함께 십사만 사천이 섰는데 그 이마에 어린 양의 이름과 그 아버지의 이름(having his Father's name written in their foreheads)을 쓴 것이 있도다." 이 구절을 보면 어린양의 아버지의 이름이 십사만 사천 명의 이마에 쓰여 있고, 게다가 어린양의 이름도 그들의 이마에 있긴 하지만, 아버지의 이름은 그들의 아버지가 아니라 어린양의 아버지의 이름인 것이다. 게다가 이들은 신부 곧 (어린양의 혼인식이 있고 난 후의 이름인) 어린양의 아내의 관계에 있지도 않다*. 요한계시록이란 책을 이루고 있는 체계와 관계들은 서로 어울려 또 다른 특징을 띠고 있다. 하나님은 책임을 물으시면서 지상에 있는 것들을 다루신다. 우리가 이처럼 단순한 생각을 가질 때, 요한계시록을 오해하는 많은 실수를 방지할 수 있다. 요한계시록은 그 성격상 사법적인 성격을 띠고 있을 뿐만 아니라 땅에 대한 심판을 예언하는 책이다. 다시 말해서 인간은 지상에서 자신에게 맡겨진 일에 대한 책임이 있다. 그렇다면 아무리 교회라 해도 지상에 있는 존재로서 그 책임을 면할 길이 없다. 그래서 교회도 심판의 대상인 것이다.

그 다음으로 중요한 특징은, 요한계시록이란 책의 총체적인 특징이 예언서라는 점이다. "이 예언의 말씀을 읽는 자와 듣는 자들과 그 가운데 기록한 것을 지키는 자들이 복이 있나니 때가 가까움이라."(계 1:3) 게다가 일곱 교회에 대한 메시지를 볼 때, 그 언어도 예언적이다. 신약성경의 여러 서신서들의 경우는 이렇지 않다. 서신서들은 교회들 또는 성도들에게, 은혜 가운데 계신 하나님께서 성도들과 하나님 자신과 주 예수 그리스도 사이

---

* 역자 주: 이들은 7년 대환난기에 천국 복음을 전하도록 특별히 선택받은 유대인 전도자들이며, 이들의 전도로 구원받게 되어 천년왕국에 들어가게 되는 이방인들과 더불어 환난성도 그룹을 이룬다(마 13:47-50, 19:28).

에 확립된 관계를 통해서 그들의 현재적 행실을 바르게 지도하기 위해서 주신 메시지를 주로 담고 있다.

요한계시록에서 일곱 교회에 주신 메시지는 분명 예언적이다. 다시 말해서, 그 메시지들은 공동체를 형성하고 있는 사람들에게 장차 심판이 임하게 되는 일의 결과에 대한 선언인 것이다. 이것은 확실하고 영구적인 관계에 기초하고 있는 은혜의 사역에 속한 것이 아니다. 이 예언의 메시지는 말하는 사람이 들을 귀 있는 사람이 언제라도 그 메시지를 듣고 받아들인다고 해서 현재적 복을 주도록 의도된 것이 아니다. 우리는 이런 차이점을 구약성경의 선지서와 신약성경의 여러 서신서들에 흩어져있는 예언적 본문에서 볼 수 있다. 베드로전서 1장 11,12절을 보라. 당신은 내가 의미하는 바를 알게 될 것이다. "[그리스도를 계시하고 있는 예언의 말씀을 밝히는 일을 통해서] 이 섬긴 바가 자기를 위한 것이 아니요 너희를 위한 것임이 계시로 알게 되었으니" 이러한 것이 예언이 가진 독특한 특징이다. 즉 예언이 주어질 당시의 대상과 예언이 적용되는 대상이 다르다는 점이다. 성령님은 서신서에서 예언을 말씀하실 때에는 "우리"라고 말씀하지 않으신다. 왜냐하면 예언은 장래 일들을 계시하는 것이기 때문이다. 예언자는 자신에 대해서 예언하지 않았다. 그리스도의 영은 예언자들에게 그리스도 자신에 대한 것이 아니라 다른 사람들에 대한 것들을 계시하셨다. 이후에 차이점은 동일한 내용들이 하늘로부터 보내신 성령을 힘입어 복음을 전하는 자들을 통해서 성도들에게 전해지게 되었다는 것이다. 성령님께서 성도들 속에서 말씀하실 때, 성령님은 지금 그들과 관련되어 있는 것들을 말씀하시는 방식으로 계시하신다. 그렇다면 성령님이 성도들 속에서 말씀하실 때에는 지속적으로 "우리"라고 말씀하신다. 구약성경의 어느 구절도 이처럼 작은 단어인 "우리"와 직접적으로 연결되어 있는 곳은 없다. 반면 신약성경을 보라. "우리를 사랑하사 그의 피로 우리 죄에서 우리의 죄들을 씻어주셨고"(계 1:5), "우리가 아멘 하여 하나님께 영광을 돌리게 되느니라"(고후 1:20), "모든 신령한 복으로 우리에게 복 주시되"(엡 1:3), "그리스도 안에서 우리를 택하사"(엡 1:4), "그 기쁘신 뜻대로 우리를 예정하사"(엡 1:5), "우리를 흑암의 권세에서 해방하사"(골 1:13), "또 우리를 함께 일으키사 그리스도 예수 안에서 함께 하늘에 앉히시니"(엡 2:6) 등등. 이 구절은 장래에 이루어질 일들을 보여주는 것이 아니다. 성령님께서 그리스도에게 속한 것들을 보여주실 때, 성령님은 모든 성도들을 포함시키신다. 이로써 "모든 성도와 함께 지식에 넘치는 그리스도의 사랑을 알게" 하신다(엡 3:18). 다른 말로 하자면, 성령님은 모든 성도들이 지금 함께 신령한 복을 받았음을 말씀하심으로써, 하나님이 "그리스도 예수 안에서" 우리에게 주신 모든 것들을 맛보고 누리게 하신다. 이로써 현재적으로 기뻐하게 해줄 뿐만 아니라, 장래 "예수 그리스도의 나타나실 때에 너희에게 가져올 은혜를"(벧전 1:13) 바라볼 소망을 갖게 해준다.

　여기서 우리는 세 단계를 볼 수 있다. 첫 번째, 과거 선지자들 속에서 역사했던 예언의 영은 그들을 위한 것이 아니었다. 두 번째, 성령님께서 구원을 선포하기 위해 하늘에서 내려 오셨다. 세 번째, 성령님은 인, 보증, 기름부음이 되셨고, 이로써 우리가 받은 복을 알게 하시고 또 누리게 하신다. 게다가 기대의 영으로 역사하시는데, 이는 몸으로 있는 동안 우리가 실제적으로 가질 수 없는 것들을 장래에는 가질 것이란 기쁨을 주시기 위한 것이다. 우리는 보증을 가지고 있으며, "양자될 것 곧 우리 몸의 구속"(롬 8:23)을 기다리고 있다. 교회 안에 거하시고, 교회가 교회로서 합당한 특징을 띠게 하는 일을 하시는 하나님의 영이신 성령님은 "우리"와 "우리를"이라는 단어를 강조해서 사용함으로써 자신이 계시하시는 것을 우리의 현재적인 기쁨으로 누리게 하신다.

259
　최근 히브리서 9장을 보면서, 이 세대에 대한 놀라운 하나님의 경륜을 볼 수 있었다. 즉 히브리서 9장은 이 세대의 끝에 그리스도께서 하늘로 승천하셨으며, 그리스도께서 하늘에 계시는 동안, 즉 다시 지상으로 귀환하기 이전에, 성령님의 사역이 진행되고 있음을 보여준다. 그 어간에 진행되고 있는 성령님의 사역이란 하늘에서 하나님의 우편에 몸의 머리로서 앉아 계신 그리스도와 연합을 이룬 사람들을 통해서 하나의 몸을 형성하는 것이다. 시편 110편 1절을 보면 "내가 네 원수로 네 발등상 되게 하기까지 너는 내 우편에 앉으라"는 말씀이 있다. 하나님 우편 자리로까지 높임을 받으신 머리로서 그리스도께서는 자신의 공로를 인해서 영광 중에 있는 자신과 연합을 이룰 하나의 몸을 모으고, 그들을 자신과 동일한 영광에 참여하게 하고, 또 자기의 살과 뼈의 일부인 지체들로 삼고자 성령님을 보내신 것이다. 바로 여기에 성령님이 교회를 형성하시는 진정한 목적이 있다. 성령님은 교회에게 구약의 예언을 적용시키시거나, 아니면 지상에 일어나게 될 사건들을 알게 하는 일로 보내심을 받지 않았다. 다만 하나님이 우리에게 신령한 복을 주신 사실을 증거하고, 우리의 소유가 된 그 신령한 복들의 인장(seal)과 보증과 확실성을 확고히 하는 증인으로 보내심을 받은 것이다. 게다가 그리스도께서 다시 오실 때까지 다른 누구도 아닌, 그리스도의 영으로서 우리와 함께 거하시고자 오신 것이다. 그렇다면 하나님을 찬송하자. 그리스도와 연합을 이룬 사람은 비록 무덤에서 썩어 한 줌의 재가 된다 해도, 그 재의 하나의 입자도 무덤 속에 남겨지지 않을 것이다. 왜냐하면 "주와 합하는 자는 한 영"이기 때문이다(고전 6:17). 그래서 영광 중에 다시 오시는 그리스도는 사람을 총체적으로, 즉 영과 혼과 몸을 전부 구속하실 것이며, 우리는 총체적인 존재로서 그리스도와 세세토록 함께 하는 기쁨을 누릴 것이다.

성령께서 예언의 영으로 오실 때에는, 상당히 다른 국면이 펼쳐지게 된다. 그때 성령의 증거는 땅에 속한 일에만 적용될 것이다. 성령님은 하늘에 속한 일에 대해선 전혀 예언하지 않으셨다. 만일 성령님께서 오셔서 "하늘에 있는 모든 영광이 그대의 것이다"라고 말씀하셨다면, 이것은 미래에 일어날 사건들에 대한 예언, 즉 요한계시록의 계시와는 아무 관계가 없다. 이러한 성령의 증거를 받은 사람은 하늘로 휴거될 것이기 때문이다. 우리는 지금 장차 일어날 사건들을 내다보고 있으며, 우리 몸의 구속을 기다리고 있는 동안에도, 이미 하늘 처소에서 그리스도와 함께 하는 사귐을 누리고 있다.

하지만 내가 땅의 일을 생각하느라, 심지어 교회를 생각하느라 땅을 내려다볼 때, 교회에 속한 영원한 특권과 그 참 특징은 변함이 없지만, 그럼에도 나는 교회를 지상에서 책임 있는 존재로서 볼 필요가 있다. "이제 있는 일"(계 1:19)이란 교회가 지상에 있는 동안 받은 특권에 따라서 책임 있는 존재로서 다루심을 받게 될 것을 의미한다.

요한계시록을 제대로 이해하려면 이 진리를 굳게 붙잡는 것이 매우 중요하다. 그렇지 않으면 우리는 하나님의 일하시는 방식을 결코 이해할 수 없을 것이다. 교회 안에 거하시는 성령님은 나를 그리스도와 연합시키는 일을 하신다. 그리스도와의 연합이 이루어지려면 하나님의 의(義, 빌 3:9), 그리스도의 생명(갈 2:20), 그리고 그리스도의 영광(골 3:4)을 획득해야 한다. 의(義)에 관한 한, 나는 그리스도 안에서 하나님의 의(義)가 되었다. 만일 생명이라면, 그리스도께서 나의 생명이시다. 만일 영광이라면, 그리스도는 "내게 주신 영광을 내가 저희에게 주었사오니"(요 17:22)라고 말씀하신다. 그리스도께서 소유하신 모든 것이, 다만 그리스도의 신성을 제외하곤, 우리의 것이다[1]. 그리스도는 삼위일체의 제2위격이신 성자이심을 굳이 언급할 필요가 없을 것이다. 그것을 제외하면, 그리스도께서 가지고 계신 모든 것이 나의 것이 되었다. 왜냐하면 "주와 합하는 자는 한 영"이기 때문이다. 성경의 예언은 이러한 성령의 증거와는 관련이 없다. 왜냐하면 이러한 내용은 만세와 만대로부터 하나님 속에 감추어온 비밀에 속한 것이기 때문이다. 하지만 성령님께서 이 비밀을 알게 해주셨다. 이 비밀은 생명 있는 교회(the living church)는 하늘에서 하나님의 우편 자리에 계신 그리스도와 지금 현재 생생한 연합을 이루고 있다는 것이다. 그리스도는 하늘에서 머리로, 교회는 땅에서 지체들로 하나의 몸을 이루고 있는 것이다. 구약 시대의 성도들은 이처럼 하늘에 있는 사람이 땅에서 지체들을 가지고 있는 것에 대해서 들어본 적이 없었다. 땅에 있는 지체들이란 그들에겐 아무 의미를 주지 못했다. 게다가 그리스도께서

---

1) 그럼에도 도덕적으로, 우리는 신의 성품에 참여한 자가 되었고, 이로써 우리는 하나님을 알고 온전히 즐거워할 수 있는 존재가 되었다.

하늘에서 머리가 되고 또 땅에 있는 지체들을 얻기 위해선 먼저 땅에서 거절을 당하셔야만 했다. 교회를 예언의 대상으로 보게 되면, 장차 하나님께서 땅에서 이루실 일들 속으로 교회를 집어넣게 될 것이다.

260

요한계시록 2-3장에 있는 교회들을 향해서 말씀하실 때에도, 성령님은 결코 머리에서 몸의 지체들에게 은혜가 흘러가는 참 교회를 향해서 말씀하고 있지 않다. 게다가 하늘에 있는 성도들을 볼 때에도, 그들은 하나의 몸으로서가 아니라 하늘에서 예배의 대상을 향해 경배를 드리는 개별적인 예배자들로서, 하나님께 왕들과 제사장들이 된 존재들이다. 사실, 성령님은 여기 요한계시록 2-3장에서 그리스도의 몸으로서 교회를 향해 말씀하시는 것이 아니라, 특정한 상황 속에 들어가 있는 특정한 무리들을 향해서 말씀하고 있다. 다시 말해서 하나의 몸의 지체로서, 은혜의 능력이 작동함으로써 신령한 복을 내려주는 대상으로서 교회를 향해 하시는 말씀이 아니라, 다만 그 특정한 무리의 사람들이 신령한 복을 받을 수 있는 자리에 들어갔을 때 그들이 누리게 될 은혜의 다양한 유익이 무엇인지에 대해서 말하고 있다. 이것은 참 교회에 대한 것이 아니라, 그들이 교회의 이름으로 무슨 일을 했는가에 대한 것이다. 이것은 성령의 능력에 의해서 은혜 속에 있는 교회의 상태를 다루고 있지 않다. (왜냐하면 그들 속에서 역사하시고 또 내주하시는 성령님에 대한 언급이 없기 때문이다.) 그렇다면 이것은 교회의 책임에 대한 것이다. 앞서 언급했지만, 요한계시록을 전체적으로 읽어보아도 우리는 자녀들을 향한 하나님 아버지의 사랑이나, 머리와 몸을 연결시키는 성령의 역사나, 은혜의 능력에 대한 언급을 발견할 수 없다. 사실 어린양의 혼인잔치야말로 은혜의 능력이 맺는 최종적인 결말이다. 따라서 여기서 언급하고 있는 교회는 땅에서 특정한 상황에 들어간 교회를 가리키며, 이 교회는 심판의 대상이 된다. 여기선 그리스도와의 연합에 대한 내용은 없다. 다만 우리는 각 교회의 상태에 따라서 그리스도가 누구신가에 대한 증거를 볼 수 있다. 게다가 그렇게 증거된 그리스도의 특징이 그리스도께서 계시하시는 현재적 심판의 특징을 이룬다. 이것은 매우 단순할 뿐만 아니라 이해하기가 매우 쉽다. 비록 심판의 방식으로 제시되었지만, 우리 영혼에게 큰 유익을 준다. 왜냐하면 우리가 그리스도 안에서 가지고 있는 모든 신령한 복이 모든 복의 근원이기 때문이다. 이로써 "주님을 기뻐하는 것이 우리의 힘"이란 진실이 살가운 것으로 다가온다.

261

우리가 요한계시록 1장 1절에서 볼 수 있는 것은 매우 중요한 지침이 된다. "**예수 그리스도의 계시라 이는 하나님이 그에게 주사 반드시 속히 될 일을 그 종들에게 보이시려는 것이**

라." 그렇다면 이렇게 소개된 그리스도는 명백히 하늘에 있는 몸의 머리이신 그리스도가 아니다. 여기 하나님의 영도 몸의 지체들 가운데서 몸을 건축하고자 역사하시는 성령님이 아니다. 서신서에서 성령님은 그리스도의 몸과의 관계와 지위 속에 역사하시는 분으로 소개되셨다. 하지만 여기서 하나님이 그리스도에게 주신 계시는 반드시 속히 될 일을 (아들들에게가 아니라) 그 종들에게 보이시려는 것이다. 다시 말해서 요한계시록의 성령은 에베소서와 같이 서신서에서 계시되신 성령, 즉 자녀들과 신부에게 교훈을 주시고 또 아버지와 신랑과의 관계를 깊게 하는 역사를 하시는 성령이 아닐뿐더러, 요한계시록의 계시는 지상에서 일어나게 될 일들에 대한 계시로 종들에게 알려주기 위하여 "그 천사를…보내어 지시하신" 것이다. 따라서 이 계시의 성격이 예언적인 성격을 띠고 있음을 보이고자 천사의 역할이 소개되고 있다. 게다가 우리가 주목할 것은, 이 계시는 성령을 통해서 그리스도의 풍성을 계시하고 있지 않고, 다만 한 천사를 통해서 주어지는 메시지라는 점이다. 2절을 보면, 요한은 그리스도 안에서의 사귐이나 그리스도의 풍성을 증거하는 것이 아니라 "하나님의 말씀과 예수 그리스도의 증거 곧 자기의 본 것"을 증거하고 있다. 예수 그리스도의 증거란 그리스도의 풍성에 관한 것이 아니라, 무언가 새로이 증거할 필요가 있는 그리스도의 증거에 관한 것이다. 이 증거 속에는 땅에서 일어나게 될 사건들을 포함하고 있다. (따라서 이 증거는 하늘에 있는 그리스도의 풍성에 대한 것이 결코 아니다.) 우리는 이 점을 우리의 생각 속에 분명히 새겨두어야 한다. 3절을 보면, "이 예언의 말씀을 읽는 자와 듣는 자들과 그 가운데 기록한 것을 지키는 자들"에게 약속된 복을 언급하고 있다.

4절을 보자. "이제도 계시고 전에도 계시고 장차 오실 이와 그 보좌 앞에 일곱 영으로부터 은혜와 평강이 너희에게 있기를 원하노라."(KJV 참조) 여기서 은혜와 평강은 하나님 아버지와 아들로부터 주어지는 것이 아니라 여호와에게서 주어지고 있다. 이 인사 속에는 특별히 성령에 대한 언급이 있는데, 이 성령님은 고린도후서 13장 14절에 언급하고 있는 성령님과 같지 않다. 물론 일곱 영은 성령을 언급한다. 게다가 일곱이란 숫자는 다양한 권능 가운데 나타나는 완전성을 상징하고 있다. 여기서 성령에게 주어진 일곱 영이란 이름은 땅의 일을 섭리하시는 성령의 권능과 및 성령의 지성의 완전성과 연결되어 있다. 요한계시록 5장 6절 "내가 또 보니 보좌와 네 생물과 장로들 사이에 어린 양이 섰는데 일찍 죽임을 당한 것 같더라 일곱 뿔과 일곱 눈이 있으니 이 눈은 온 땅에 보내심을 입은 하나님의 일곱 영이더라"와 비교해보라.

5절을 보자. "또 충성된 증인으로 죽은 자들 가운데서 먼저 나시고 땅의 임금들의 군주가 되신 예수 그리스도로 말미암아" 이 구절에서 "예수 그리스도"는 세 가지 특징을 띠고 있다. 즉 예수 그리스도는 "충성된 증인"이시며, "죽은 자들 가운데 먼저 나신 분"이시며, 그리고 "땅의 임금들의 군주"이시다. 여기서 가장 중요한 특징은, 그리스도께서 전적으로 땅을 통치하는 일과 연결되어 계심을 보여주는, "땅의 임금들의 군주(the prince of the kings of the earth)"이신 예수 그리스도이다. "충성된 증인"이신 그리스도는 하나님이 누구신가를 철저하게 보이신 분이란 뜻이며, 그리스도는 지상에 계신 동안 진리 자체이셨다. "죽은 자들 가운데 먼저 나신 분"이신 그리스도는, 그리스도께서 죽은 자들 가운데서의 부활을 일으키는 능력이심을 강조하고 있다. "땅의 임금들의 군주"이신 그리스도는, 그리스도께서 땅을 통치하실 뿐만 아니라 실제적인 기업으로 소유할 수 있는 권세 있는 자리에 앉아 계심을 강조하고 있다. 여기서 그리스도는 "아버지의 아들"(요이 1:3)로 불리고 있지 않고, 교회 곧 몸의 머리로서 언급되고 있지도 않으며, 아직 보좌 가운데 계신 어린양으로서도 언급되고 있지 않다. 다만 땅의 임금들의 군주로서 언급되고 있는데, 이로써 하늘에 계신 그리스도께서 모든 소유권을 가지고 계신 땅과 여전히 연결되어 있음을 단순히 보여주고 있다.

이제 주목할 것은, 이렇게 그리스도께서 언급되는 순간 교회의 심장은 그리스도와 인격적으로 연결된 관계와 그 관계가 주는 기쁨으로 폭발하고 있다는 점이다. "우리를 사랑하사 그의 피로 우리를 우리 죄들에서 씻어주시고 그 아버지 하나님을 위하여 우리를 나라와 제사장으로 삼으신 그에게"(계 1:5,6) 이것은 결코 변할 수 없는 사실이다. 그리스도께서 언급되실 때, 그 주제가 무엇이든지, 그분은 우리의 그리스도이시며 또한 우리는 그분과 생생하게 연합을 이루고 있다는 사실을 잊어선 안된다. 따라서 그리스도의 이름이 우리의 귀에 들릴 때 우리 영혼 속에 아무런 반응이 일어나지 않는다는 것은 불가능한 일이다. 그런 사람의 영혼은 그리스도를 아는 지각이 없는 것이다. 설사 내가 심판을 생각하고 또 그리스도를 심판자로 생각할지라도, 나는 담대하게 "나는 그리스도와 연합을 이루고 있으며, 그분은 이 모든 일에도 불구하고 나의 그리스도이시다."라고 말할 수 있다. 만일 이생에서 걸출한 사람의 아내가 자기 남편이 오는 것을 볼 때, 그녀는 자연스럽게 이렇게 말할 것이다. "저기 내 남편이 오고 있어요." 왜냐하면 그 사람과 그녀가 맺고 있는 관계가 최우선적인 것이기 때문이다. 교회가 그리스도와 맺고 있는 관계도 동일하다. 그리스도의 특징이 어떠한 모습으로 계시되든지, 교회는 그리스도와 한 몸으로 연합을 이루고 있다는 것이 최우선적인 사안인 것이다. 따라서 요한계시록의 마지막 부분을 보면, 예언에 속한 부분이 끝나게 되는데, 거기서 우리는 동일하지만 또 다른 반응을 볼 수 있다. 그리스도께서 "나는…광명한 새벽 별이라"(계 22:16)고 말씀하시는 바로 그 순간, 즉시 교회는 그리스도 안에 있는 자신의 소망을 따라서 "오소서"라고 화답하고 있다. "성령과 신부가 말씀하시기를 오소서 하시는 도다."(계 22:17) 우리에게도 이러한 화답이 있어야 한다. 그리스도께서 우리 마음과 모든 생각의 중심을 차지하셔야 한다. 그렇게 하는 것이 그리스도와 및 그리스도의 영광에 속한 모든 부분에 대해서 증거한 것에 가치를 더하는 일이다. 그 주제가 무엇이든지 그리스도와 관련된 것은 곧 나와 관련되어 있다. 만일 나의 마음이 영광으로 찬란하신 그리스도로 사로잡혀 있을진대, 그 영광 가운데서 그리스도를 볼 수 없다면, 그 영광 자체는 나에게 아무 것도 아닌 것이 된다. 나는 항상 그리스도와 관련된 것을 원한다. 왜냐하면 그리스도와 관련된 것은 반드시 나와 관련이 있기 때문이다. 우리 주님과 연결되어 있는 것은 그것이 무슨 주제이든지, 다른 주제들보다 더욱 관심을 가져야 마땅하다. 그렇게 관심을 가지는 것에 비례해서, 그 주제들은 우리를 주님께 가까이 나아가도록 이끌어줄 것이기 때문이다.

263

그 날에 예수님의 머리에 쓰게 될 면류관은 많은 왕관들로 이루어져 있을 것이며, 각각의 왕관은 교회와의 관계에서 보다는 다른 관계를 통해서 획득한 것이긴 하지만, 어쨌든 그 하나하나의 것들은 우리 기쁨의 일부를 이룰 것이다. 왜냐하면 그 각각의 왕관들이 그리스도의 영광을 이루고 있기 때문이며, 만일 그리스도께서 면류관이나 영광의 일부를 잃어버릴 수 있다는 생각만으로도 우리의 마음에는 슬픔이 깃들기 때문이다. 우리의 기쁨은 우리 개인이 구원을 받았다는 사실을 아는 것으로만 이루어지지 않는다. 우리 개인의 구원이 우리 기쁨의 전부가 아니다. 하나님을 찬송하자. 비록 그것이 우리 기쁨의 시작이긴 해도, 그것이 전부는 아니다. 분명 영혼 구원과 직접적으로 연결되어 있는 것처럼 보이지 않는 것이 어느 성도의 눈에는 가치 없는 것으로 보일 순 있지만, 그리스도의 영광과 연결해서 볼 때 그 모든 것들은 나름대로 다 가치가 있다. 우리는 이런 일이 그리스도인의 임종의 순간에 일어나는 것을 볼 수 있다. 만일 그리스도께서 자신의 기쁨으로 삼으신 것이라면, 그리스도에게 속한 것은 다 보배로운 것이다. 만일 우리 영혼이 영혼에 구원을 가져다주는 그리스도의 사역에만 관심을 두고 있을지라도, 거기엔 평안이 있을 것이다. 왜냐하면 구원을 경험적으로 알고 있기 때문이다. 하지만 만일 그리스도의 인격을 우리 영혼이 닮아야 할 대상으로 삼고, 또 우리 영혼이 그리스도 자신으로 점유되는 것을 목표로 삼고 있다면, 그런 사람 속에는 끊임없이 솟아나는 기쁨과 평안을 맛보게 될 것이다. 왜냐하면 우리 영혼이 그리스도를 인격적으로 추구해야 하는 대상으로 삼을 때에는, 우리가 구원받았음을 아는 단순한 사실만으로는 얻을 수 없는 더욱 고상한 영적 기쁨을 누릴 수 있게 해주는 것이 있기 때문이다. 만일 그리스도께서 마음을 가득 채우신다면, 그것은 내가 구원받았기 때문에 행복하다는 기쁨을 넘어, 내가 곧 만나 뵙게 될 그분에 대한 생각으로 가득한 기쁨이 나의 영혼을 충만하게 채울 것이다. 내가 믿음의 경주를 마치면 하늘나라에 들어가는 것이 사실이긴 해도, 나의 영혼에 하늘나라를 하늘나라답게 만들어주는 것은 그리스도께서 그곳에 계시기 때문인 것이다. 하늘나라란 내가 지상에서 사랑했던 그리스도를 하늘에 가서도 사랑하며 영원히 함께 하는 장소인 것이다. 따라서 성경은 항상 이 사실을 말하고 있다. 즉 우리 영혼이 세상을 떠나게 되면, 영으로 그리스도와 함께 하게 될 것이다.

요한계시록의 처음 시작부터 교회는 세상이 아닌, 별도의 장소에 들어가 있다. 교회가 제사장으로 섬기는 자리는 위에 있는 하늘에 있으며, 바로 하늘이 이 요한계시록이 시작되는 자리인 것이다. (반면 이 책에 기록된 사건들이 일어나는 장소는 땅이다. 따라서 교회는 하늘 성소의 휘장 안에 들어가 있다.) 그래서 5절에서 땅을 언급하자마자, 그리스도를 "우리를 사랑하사 그의 피로 우리를 우리 죄들에서 씻어주신" 분으로 소개하고 있는 것이다. 여기엔 심판의 가능성이 전혀 없다. 그리스도는 우리를 사랑하신 분이시다. 아무 조건도 없다. 그리스도는 "자기 피로 우리를 우리 죄들에서 씻어주신" 분이시다. 신자의 자리는, 이 책의 예언적인 부분이 시작될 때부터 이처럼 확고하다. 그리스도는 죽으셨고 다시 살아나셨을 뿐만 아니라 "우리를 왕들과 제사장들로 삼아" 주셨다. 우리가 가진 책임의 문제는, 다만 예수님께서 우리를 씻어주셨기 때문에 다 해결되었다. 이처럼 우리가 들어간 하늘에 있는 자리를 인식하는 것이, 우리 마음 속에 내주하시는 성령님께 화답하는 길이다.

264

교회의 자리는 의심의 여지없이 확고하다. 이 원칙은 에베소서 1장에서 더욱 상세하게 제시되어 있다. 교회는 무엇보다 주 예수 그리스도께서 들어가신 자리와 동일한 자리로 열납되었으며, 이것이 바로 "그 뜻의 비밀"이었다. 이것은 예언에 속한 것은 아니지만, 교회는 그리스도와 동일한 자리에 들어가 있는 상태에서 그리스도의 영광을 비추는 거울의 역할을 하고 있다. 우선적으로 교회는 "그 사랑하시는 자 곧 그리스도 안에서" 열납되었다. 이에 하나님은 그 풍성한 은혜 가운데서, 교회를 향한 지혜와 총명으로 넘치는 가운데서 자신의 계획과 목적의 비밀 속으로 교회를 넣으셨는데, 여기서 그 비밀이란 장래 그리스도 안에서 만물을 통일시키실 그리스도의 영광이 찬란하게 나타나는 것이다.

하나님의 영께선 "그에게 영광과 능력이 세세토록 있기를 원하노라 아멘"(계 1:6)이란 말로 이 주제를 마감하고, 이제 땅의 일을 시작하시면서 땅에 거하는 사람들에게 그리스도의 재림 시에 일어나게 될 일의 효과에 대해서 말씀하신다.

7절을 보자. **"볼지어다 구름을 타고 오시리라 각인의 눈이 그를 보겠고 … 땅에 있는 모든 족속이 그를 인하여 애곡하리라."** 여기에 교회는 포함되지 않는다. 다시 오시는 그리스도를 뵐 때, 나는 애곡하지 않을 것이다. 아! 영광 중에 오시는 그리스도의 모습을 힐끗 보기만 해도 나의 얼굴은 얼마나 밝게 빛날 것인가. 비록 우리 마음의 상태가 온전하지 못해도, 그것이 그리스도를 만나러 공중으로 휴거될 기쁨을 방해하지 못한다. 여기서 나는 여러분에게 묻고 싶다. 당신 속엔 과연 주님의 오심이 지체되기를 바라는 마음이 조금이라도 있는가? 다시 오실 주님에게서 눈을 돌리고 마음을 냉랭하게 할 만한 무언가를 마음 속에 허용하고 있는가? 만일 우리 마음이 그리스도로 몰입되어 있다면, 곧 세상을 떠나 그리스도와 함께 있고픈 소망으로 가득한 상태에 있다면, 우리는 그러한 것을 세상적인 것으로 금방 알아챌 것이며, 단순히 고통스러운 일로 여기는 것이 아니라 죄악된 일로 여기게 될 것이다! 확실한 것은, 참 성도의 마음 속에는 주의 재림을 생각할 때, 분명 영혼의 울림이 있다는 것이다. 이러한 영혼의 상태는 각인의 눈이 그를 보고 또 애곡하게 될 사람들의 영혼의 상태와는 정확하게 대조를 이루고 있다! 반면 그분을 친히 뵙고 또 영원히 함께 있고픈 기쁨과 소망을 가진 사람에게겐 몸의 구속이 이루어지는 것 보다는 더욱 사모가 되는 기쁨이 따로 있기 마련이다. 내가 "모든 눈이 그를 볼 것이다"라고 말할 때에는, 그것은 가련한 세상이 당하게 될 무시무시한 일을 생각하면서 함께 애곡하는 마음에서 하는 말이다. 하지만 내가 "나의 눈이 그를 볼 것이다"라고 말할 때에는, 나의 영혼 속의 모든 감정이 기쁨으로 충만한 상태에서, 애곡하는 것과 정확히 반대되는 상태에서 말하는 것이다. 나는 과연 안타까운 마음으로만 주의 재림을 바라보아야 하는가? 그리스도께서 "내가 너희를 위하여 처소를 예비하러 가노니 가서 너희를 위하여 처소를 예비하면 내가 다시 와서 너희를 내게로 영접하여 나 있는 곳에 너희도 있게 하리라"(요 14:2,3)고 말씀하지 않으셨는가? 사실 이 구절은 "이 세상은 너희를 위한 처소가 아니다. 나는 여기서 너희와 함께 머물 수가 없다. 이 세상은 온통 죄와 슬픔으로 가득하다. 하지만 하늘에 너희를 위한 처소가 있다. 다 준비되면 내가 다시 와서 너희를 나 있는 곳에 있게 할 것이다"라는 뜻이다. 주님의 재림에는 이렇듯 완전히 대조적인 두 가지 측면이 있는 것이다!

265

8절을 보자. 그리스도의 영광과 주권을 보자마자, 우리는 그리스도의 위격의 영광을 볼 수 있다. **"나는 알파와 오메가요 시작과 끝이라."**(KJV 참조) 이 말은 전능한 자라고 하는 뜻이다. 이 구절은 아버지 하나님을 가리키고 있지 않다. 전능한 자가 땅을 심판하실 것이고 또 우리를 아버지 집으로 끌어 올리실 것이며 또한 나의 아버지께서 거기서 우리를 위하실 것이란 사실을 말씀하시는 것을 볼 때, 여기엔 엄청난 차이가 있다!

하나님께서 자신을 사람에게 계시하신 세 가지 위대한 이름이 있다. 첫 번째로, 하나님은 창세기 17장에서 아브라함에게 자신을 계시하셨다. "나는 전능한 하나님이라 너는 내 앞에서 행하여 완전하라."(1절) 이것은 마치 "나는 전능한 자라. 그러므로 너는 나를 신뢰하라"고 말씀하시는 것이다. "완전하라"는 요청은 하나님이 우리에게 계시하신 특징에 대한 응답을 촉구하는 것이다. "(주께서) 사람이 그들을 해하기를 용납지 아니하시고 그들의 연고로 열왕을 꾸짖으셨도다."(시 105:14) 두 번째로, 하나님께서 이스라엘에게 오셨을 때, 또 다른 이름을 계시하셨다. 출애굽기에 보면, 우리는 하나님께서 자신을 여호와로 계시하시는 것을 볼 수 있다. 여호와는 영원히 자존하시는 분으로서, 하나님의 모든 약속을 성취시키시는 분이심을 의미했다.

세 번째로, 하나님은 지금 신약시대의 성도들에게 자신을 아버지로 계시하셨다. 성도들은 전능한 자와 영원한 여호와와 연결됨으로써, 자녀와 아버지의 관계로, 자신들에게 주어진 영생의 누림 속으로 들어왔다. "나는 너희에게 아버지가 되고 너희는 내게 자녀가 되리라 전능하신 주의 말씀이니라."(고후 6:18) 따라서 우리는 이 계시에 양자의 영으로 응답하지 않을 수 없다. 그 결과 우리는 우리 아버지이신 하나님의 영과 본성을 소유한 참 자녀가 된다. 따라서 전능자와 여호와란 이름으로는 "온전하라"고 말하고 있지 않지만, 아버지의 이름이 계시되었을 때 그리스도께서는 온전하셨고, 그리스도처럼 너희도 온전하라고 말한다. 우리가 하나님과의 관계에서 외인이라면 그분을 닮을 수 없다. 다만 우리는 자녀로서 하나님과 동행하며 그분을 닮는다. 이제 우리는 전능하신 하나님을 아버지로 알고 있다. 그리스도는 아버지와 자신을 아는 것이 곧 영생이라고 말씀하셨다. 또 다시 "나를 본 자는 아버지를 보았다"(요 14:9)고 말씀하셨다. 그리고 또 다시 "무릇 너희를 죽이는 자가 생각하기를 이것이 하나님을 섬기는 예라 하리라 저희가 이런 일을 할 것은 아버지와 나를 알지 못함이라"(요 16:2,3)고 말씀하셨다. 그들은 하나님의 자녀를 죽이는 일을 하면서 자신들이 하나님을 섬기고 있다고 생각했다. 하지만 그들은 정녕 아버지와 아들을 알지 못했다. 우리는 이 아버지란 이름이 요한계시록에서는 사용되지 않고 있음을 살펴보았다. 요한계시록에서 계시되신 하나님은 전능한 자와 여호와이시다.

266

9-13절을 보자. "나 요한은 너희 형제요 예수의 환난과 나라와 참음에 동참하는 자라 하나님의 말씀과 예수의 증거를

인하여 밧모라 하는 섬에 있었더니." 여기서 주목해야 할 점은, 그리스도께서 세상과의 관계에서 뿐만 아니라 일곱 교회와의 관계에서 취하신 특징이다. 여기서 계시되신 그리스도는 땅에 있는 지체들에게 은혜를 주시는 몸의 머리가 아니라, 무언가 자신 밖에 있는 것들 사이로 거니시는 분이시며, 그들의 외적인 상태에 심판을 선언하는 분이시다. 13절을 보라. 여기서 그리스도는 비록 인자로 계시되고 있지만, 그럼에도 여호와로서 다니엘서 7장에서 계시된 "옛적부터 항상 계신 자"의 모든 특징을 지니신 분이시다. "그 머리와 털의 희기가 흰 양털 같고 눈 같으며 그의 눈은 불꽃 같고"(계 1:14) 다니엘서에 보면, 인자는 옛적부터 항상 계신 자로 소개되어 있다. 요한계시록 1장 14절에서 그리스도는 자신을 옛적부터 항상 계신 자[2]로 계시하실 뿐만 아니라 "불꽃같은 눈으로" 사람의 마음을 꿰뚫어보심으로써 심판하시는 분으로 계시되어 있다. 그래서 성경은 "우리 하나님은 소멸하는 불이심이라"(히 12:29)고 말한다. "그 입에서 좌우에 날선 검이 나오고."(계 1:16) 따라서 그리스도는 심판의 검으로 심판하실 모든 권세를 가지고 계신다.

17-18절을 보자. "내가 볼 때에 그 발 앞에 엎드러져 죽은 자같이 되매 그가 오른손을 내게 얹고 가라사대 두려워 말

---

[2] 다니엘서를 보면, 우리는 인자 자신이 "옛적부터 항상 계신 자" 이심을 볼 수 있다. 다니엘서 7장 22절을 보라.

라 나는 처음이요 나중이니 곧 산 자라 내가 전에 죽었었노라 볼지어다 이제 세세토록 살아 있어." 그리스도를 신성한 존재로, 알파와 오메가로, 처음이자 마지막으로, 나의 죄를 위해서 사망의 권세 아래 내려가셨지만 다시 살아나신 분으로, 그래서 나의 모든 죄들을 제거했을 뿐만 아니라 나를 사망의 권세 잡은 자, 즉 사탄에게서 해방시키시고 또 나를 하나님의 존전 앞으로 들어 올려주신 분으로 생각하는 것은 우리 영혼에게 놀라운 위안을 준다. 그리스도는 "전에 죄를 위하여 죽으사 의인으로서 불의한 자를 대신하셨으니 이는 우리를 하나님 앞으로 인도하려"는 것이었다(벧전 3:18). 이 사실을 생각하면, 우리 영혼에 확고한 평안이 임하는 것을 느낀다. 내가 만일 이미 하나님께로 나아간 것이라면, 더 이상 구할 필요가 없다. "나를 본 자는 아버지를 본 것이다." 만일 나의 영혼이 그리스도를 나의 죄들을 위해서 십자가에 달려 죽으신 분으로 믿는다면, 나는 그 십자가에서 엄중한 심판을 내리신 하나님을 만나게 된다. 그리고 나서 이제 죽었다가 다시 살아나신 그리스도를 믿는 믿음으로 하나님께 나아간다면, 나는 하늘에 계신 하나님 앞으로 나아간 것이며, 땅 아래서 혹은 하늘 위에서 나에게 줄 수 있는 모든 것을 소유한 자가 된다. 이는 전에 죽임당한 어린양으로 오셨던 분, 가장 온유하시고 가장 겸손하신 분이 바로 하나님으로서, 내가 믿는 분이시며, 또한 하나님의 존전 앞에서 나로 부끄러움을 느낄만한 죄의 지극히 작은 부분까지도 제거하신 분이시기 때문이다. 그 결과 나는 완전한 사랑 안에서 그리스도와 함께 있을 수 있게 되었고, 두려움을 느낄만한 것은 모두 영원히 제거된 자로 설 수 있게 되었다. 그리스도는 무궁한 생명의 능력 안에서 자신을 우리에게 세세토록 살아 계신 분으로 계시하신다.

267

19절을 보자. "**네 본 것과 이제 있는 일과 장차 될 일을 기록하라.**" 예언의 부분으로 다시 돌아왔다. 여기서 우리는 매우 중요한 것을 본다. 즉 요한계시록은 매우 독특한 세 부분으로 구성되어 있다는 것이다. 첫 번째, "네가 본 것", 즉 촛대 사이를 거니시는 그리스도의 모습이다. 두 번째, "이제 있는 일"이다. 시대적 상황 또는 교회들의 외적인 상태 또는 지상에 있는 명목상의 교회들에 대한 것이다. 이 교회들은 그리스도의 몸으로서 변할 수 없는 교회의 특권과 영원한 상태에 들어간 교회들이 아니다. 세 번째, "장차 될 일[3]"로서, 예언의 부분을 이루고 있으며, 세상을 심판할 때 일어나는 일련의 사건들을 포함하고 있다.

요한계시록 4장은 교회가 하늘에 있음을 보여준다. 이제 있는 일을 말할 때, 나는 거기에 교회가 그리스도와 연합을 이루고 있는 영원한 상태나 교회의 머리로서 은혜로 역사하시는 내용은

---

3) "이제 있는 일들 이후에 될 일"이란 표현이 더 원어에 가깝다.

없다고 본다. 왜냐하면 성경(요한계시록)이 그것을 말하고 있지 않기 때문이다. 다만 일정 기간 동안 여기 땅에서 책임 있는 존재로 교회의 외적인 상태와 시대적 상황을 암시하고 있을 뿐이다. 일곱 교회에게서 나타나고 있는 이러한 외적인 상태, 시대적 상황은 심판을 받는다. 다시 반복해서 말하지만, 여기서 말하고 있는 교회는 "그리스도 안에서 하늘에 속한 모든 신령한 복"을 받은 교회가 아니다(엡 1:3). 반면 그리스도께서 일곱 금 촛대 사이를 거니시는 그곳은, 그리스도 안에 있는 교회가 아니라 땅 위에 있는 교회들이다. 그리스도는 땅 위에서 촛대, 곧 빛을 필요로 하신다. 사실 하늘에서는 촛대가 필요 없다. 빛을 낼 필요도 없다. "이는 하나님의 영광이 비취고 어린 양이 그 등이"(계 21:23) 되시기 때문이다. 하지만 지상에서 그리스도께서는 빛을 내는 촛대(light-bearers)를 필요로 한다. 따라서 촛대의 특징이 일곱 교회에 투영되었다. 교회는 세상의 빛으로 빛을 발해야 하기 때문이다. 일곱 교회는 하늘로서 빛을 받아 이 어두운 곳, 땅을 비춘다. 다시 말해서 하늘로 승천하심으로써 하나님 안에 감추어진 그리스도를 증거하는 것이다. 그렇다면 그리스도는 인자로서 촛대들 사이를 거니시면서 과연 촛대가 이러한 빛을 내고 있는가를 시험하신다. 우리 생명이 그리스도와 함께 하나님 안에 감추어 있는 것은 사실이긴 하지만, 그리스도께서 땅위를 거니실 때, 우리는 빛들로서 세상에서 빛을 내어야 하며, 비록 땅위에서 생활하고 있지만 여전히 하늘에 사는 자로서, 천상세계의 실상을 보여주는 전시자(展示者, the displayer)가 되어야 한다. 예수님께서도 세상에 계신 동안 자신을 하늘에 있는 인자로 소개하셨다(요 3:13, KJV 참조).

268

20절을 보자. "**네 본 것은 내 오른손에 일곱 별의 비밀과 일곱 금 촛대라 일곱 별은 일곱 교회의 사자요 일곱 촛대는 일곱 교회니라.**" 일곱 별의 비밀은 권능 또는 종속적인 능력을 상징하고 있다. 천사(the angels, 사자)[4]는 일곱 교회의 상징적인 대표를 의미한다. 땅에서 그리스도를 대표할 수 있는 영적인 능력은 교회가 과연 무엇을 보여줄 수 있는가와 연결되어 있다. 성경 전체를 볼 때, 해는 탁월한 능력을, 별들은 종속적인 능력을 상징하고 있다. 누군가의 천사(또는 사자)란 말은 여호와의 천사와 같이, 그 자리에 있지 않은 누군가를 대표하는 사람을 가리킨다. 사도행전 12장에 보면, 천사의 도움으로 감옥을 탈출한 베드

---

4) 여기서 주목할 것은, 이 단어는 회당의 천사를 가리키는 것으로 이해되어 왔다는 점이다. 따라서 주교 또는 수장격인 장로를 의미하는 것으로 주로 사용되었다. 하지만 회당의 천사는 회당을 다스리는 사람이 전혀 아니었다. 오히려 성경을 읽어주는 사람내지는 사무원 정도였다. 회당을 다스리는 사람은 전혀 다른 인물이었다. 요한계시록이 기록될 당시, 회당을 다스리는 사람은 어쩌면 장로들 가운데 수장격인 인물이나 아니면 가장 탁월한 사람이었을 것이다. 만일 그것이 사실이라면 그에게 책임이 맡겨졌을 것이고, 여러 가지 정황상 그는 책임을 맡고 있다는 의미에서 천사로 불렸을 것이다. 하지만 주님은 그런 이름을 교회적인 직분으로 주신 적이 없다.

로가 마리아의 집 대문을 두드렸을 때, 사람들은 "그의 천사라" (15절)고 말했다. 마태복음 18장 10절은 어린이들에겐 하늘에서 "그들의 천사"가 있음을 말하고 있다. 또 다른 예를 들어보자. 야곱이 브니엘에서 천사를 만났을 때, 성경은 그가 천사와 씨름하였고 또 이기려 했다고 말한다. 그리고 야곱은 그 장소를 "하나님의 얼굴"이라고 불렀다. 마찬가지로 모세는 떨기나무 가운데 나타난 여호와의 천사를 만났다(출 3:2). 이런 식으로 일곱 교회의 천사들이 소개되고 있다.

이제 일반적인 개념을 살펴보자. 여기서 교회는 그리스도를 머리로 해서 한 몸으로 연합을 이룬 교회가 아님을 이미 살펴보았다. 게다가 천상적인 특징을 띠고 있는 교회가 아니라, 심판하시는 주님의 목전에서 시대적 상황 속에 놓인 교회이다. 그리스도 또한 몸의 머리로서 그리스도가 아니다. 여기서 중요한 점은 각 시대적 상황 속에서 몸으로서 교회, 즉 그처럼 높은 특권을 받았기에 그에 대한 합당한 반응으로서 어떤 행실을 했는가를 묻고 있는 것이다. 게다가 이러한 특권들이 꼭 주어졌다고 볼 수도 없고, 다만 이러한 특권들을 우리가 어떻게 사용했는가를 다루고 있다. 이러한 그림 속에 제시된 특정한 시대별로 교회에 주신 복을 살펴보자. 예를 들어, 종교개혁은 하나님의 영의 역사였다. 하나님께서 개입하셨으며, 이러한 하나님의 역사와 더불어 사람이 한 일이 무엇인지를 볼 필요가 있다. 사람은 하나님의 진리의 회복을 통해서 받게 된 복을 어떻게 사용했으며, 자신들이 받은 특권을 어떻게 활용했는지를 판단해볼 필요가 있다. 하나님의 영께서 그토록 강력하게 역사하셨건만, 300여년이 흐른 지금 그 결과는 무엇인가? 우리가 아는 대로, 하나님 아들의 사역, 하나님 은혜의 복음, 믿음에 의한 칭의 등이 빛을 보았다. 이렇게 회복된 진리들이 명목상의 교회에 무슨 영향을 미쳤는가? 마치 주님께서 이렇게 말씀하시는듯하다. "더 이상 무슨 일을 해야 한다는 것인가? 나는 좋은 씨앗을 심었고, 극상품 포도를 심었으며, 이제 그 열매를 기대하고 있다. 열매는 어디에 있는가?" 결론적으로 말하지만, 일곱 교회 가운데 어느 것도 하나님의 역사의 열매가 아니다. 이제 곧 일어날 일은 심판을 위한 (이렇게 표현하는 것이 두려운 일이긴 하지만) 사법적인 조사이다. 하나님은 하나님 자신의 역사를 심판하실 순 없다. 하지만 책임의 토대위에 있는 사람은 하나님이 일하신 결과를 통해서 받은 것에 따라 심판을 받게 될 것이다.

269

나는 성경에서, 하나님의 교회를 언급하는 구절을 볼 때면 그 완전함과 그 특별한 독특성이 마음에 와닿는 것을 경험하곤 한다. 그리스도의 고난과 그 후에 주어지는 영광은 성령님이 강림하시기 이전 선지자들의 증거였다. 그리스도는 "내가 이 반석 위에 내 교회를 세우리니"(마 16:18)라고 말씀하셨다. 교회는 그 당시 세워지지 않았다. 구속이 완성되기 전, 우리는 그리스도를 하늘에 있는 머리로 붙들 수 없었다. 나는 여기서 개인의 구원이 아니라 그리스도의 몸을 말하고 있다. 우리는 스데반을 통해서 또 다른 단계를 본다. 땅에 있는 한 사람이 성령으로 충만하게 되었고, 하늘이 열린 것을 보았으며, 인자가 하나님 우편에 서신 것을 보았다. 바울에게선 또 다른 측면을 볼 수 있다. 즉 그리스도와의 연합을 본다. 그리스도인은 그리스도의 지체들이며, 이것은 단순히 그리스도의 본성, 즉 신의 성품에 참여하는 것으로 되는 것이 아니라, 오직 다시 살아나신 부활 능력에 의해서, 성령을 통해서 머리이신 그리스도와 연합을 이룸으로써 된다. "네가 어찌하여 나를 핍박하느냐?"(행 9:4) 이 말은 만일 나의 손이 다쳤다면 내가 다쳤다고 말하는 것이다. 왜냐하면 나의 손은 내 몸의 일부이기 때문이다. 그리고 이 몸은 최종적으로는 또 다른 특징을 가지고 있는데, 바로 "성령 안에서 하나님의 거하실 처소가 되기 위하여 예수 안에서 함께 지어지는" 것이다(엡 2:22). 이제 교회는 하나님이 거하시는 처소이며, 땅에서 하나님의 영광을 나타낼 목적으로 존재한다. 따라서 하나님은 이렇게 사람의 손에 맡겨진 특권들에 대한 열매를 요구하시며, 그 결과를 심판하기 위해서 임하신다. 여기서는 성령님이 교회 안에 거하시는 것에 대해서는 전혀 언급이 없고, 다만 사람이 거기에 참여한 결과에 대한 책임을 묻고 있다.

하나님이 항상 자기 백성을 심판하실 때에는 두 가지 원칙이 있다. 첫 번째, 하나님이 복을 주신 처음 상태와 그들이 떠나버린 본래 상태를 근거로 심판하신다. 두 번째, 그 지점에 이르도록 하나님은 역사하시며, 자기 백성들 앞에 그것을 소망으로 제시하신다. 하나님은 자기 백성들이 복을 받을 수 있는 조건을 갖추도록 일하신다.

270

이 원칙을 잘 보여주는 이스라엘을 예로 들어보자. 이사야 5장에서 하나님은 "내가 내 포도원을 위하여 행한 것 외에 무엇을 더할 것이 있으랴?"(4절)고 말씀하신다. 그리고 6장에 보면 거기에 주님의 영광이 나타났는데, 그 영광의 나타남은 이스라엘의 상태가 처음에 그들에게 주신 복에 응답하지 못하고 있을 뿐만 아니라, 그들의 상태는 주님이 그들에게 바라보도록 가르치신 영광에 전혀 합당하지 못하고 있음을 입증하고 있었다. (그래서 이사야는 "입술이 부정한 백성 중에 거하면서"(사 6:5)라고 말했다.) 은혜를 따라 남은 자는 항상 보존되지만, 그렇지 않은 자는 심판에 처해진다.

교회의 상태로 돌아가 보자. 주님은 먼저 주님이 주신 특권을 보여주시고, 그 다음 행위가 거기에 합당한지를 물으신다. 주님은 에베소 교회에게 "처음 사랑을 떠났는가?"라고 물으신다. 그렇다. 그들은 그랬다. "그러므로 어디서 떨어진 것을 생각하라." 고 말씀하신다. "나는 너희를 사랑했고, 너희를 위해 나 자신을 내어주었다."는 것이 그리스도께서 우리를 사랑하신 사랑의 정도였다. 그들은 그 사랑 안에서 "하나님이 자기 피로 사신 교회" (행 20:28) 답게 행해야 했다. 피의 보호 아래 있었던 구약시대 제사장들처럼 거룩한 행실을 나타내야 했다. 구약성경에 보면 피를 바름으로써 정결하게 되는 두 가지 경우를 볼 수 있는데, 곧 문둥병자와 제사장의 경우 (제사장은 위임식에서) 손에, 발에, 귀에 피가 발라졌고, 깨끗해질 수 있었다. 이처럼 피의 보호아래 들어가면 정결해지지 않을 것이 없었다. 그렇다면 질문은 이것이다. 과연 우리는 우리를 보호해주는 피의 가치에 합당하게 행동하고 있는가? 마음과 생각과 행동과 행실에 있어서 하나님이 정하신 기준에 미치지 못하고 있는 것은 아닌가? 주님은 여러 교회들을 향해 오래 참으시지만 항상 심판하신다. 주님은 이사야의 입을 통해 심판을 선언하신 이후 700년 이상 이스라엘을 향해 오래 참으셨다. 비록 자기 백성들이 실패했을 때 주님은 오래 참고 인내하셨지만 처음 복을 주신 기준을 결코 낮추신 적이 없다.

사데 교회를 향해 주님은 "내 하나님 앞에 네 행위의 온전한 것을 찾지 못하였노니" (계 3:2)라고 말씀하셨다. 그들은 얼마나 하염없이 추락했던 것인가! 실패를 인식했다면 우리는 진정 주님 앞에 무릎 꿇어야 한다. 우리는 항상 우리를 다시 들어 올려

주는 은혜를 발견할 수 있지만, 하나님은 결코 우리가 도달해야 하는 기준을 낮추지 않으신다. 참 성도는 결코 하나님께서 그 성결의 기준을 낮추어 우리를 그저 하늘나라에 들여보내주시도록 간구하지 않을 것이다.

나는 하나님이 처음에 교회를 설계하신 그 그림에 이르지 못하는 것은 그것이 무엇이든지 용납할 마음이 없다. 사람을 예로 들어보자. 아! 사람은 죄의 완전한 부재를 의미하는 무죄상태를 잃어버렸다. 과연 나는 죄의 완전한 부재가 아닌 다른 것을 받아들일 수 있을까? 그럴 수 없다. 왜냐하면 하나님은 지금 나의 마음 앞에 더욱 좋은 대상을 제시하고 계시기 때문이다. 그것은 전에 잃어버린 것을 대신하기에 충분한 그분 자신에 대한 더 큰 계시로서, 하나님의 백성 가운데 나타내신 하나님 자신의 영광에 이르는 것이다. 따라서 성도는 자신의 상태를 판단해야 한다. 전에 아담이 잃어버린 것이나 교회의 처음 상태를 기준으로 삼는 것이 아니라, 그리스도께서 충족시키신 것을 기준으로 삼아야 한다.

271
하나님이 심판하시는 방식에는 두 가지가 있다. 복을 받은 처음 상태에서 떠나게 되면, 하나님이 처음 우리를 부르신 충만한 복에서 멀어지게 된다. 따라서 하나님이 우리를 심판하심으로써 우리는 과거의 복과 미래의 복을 잃어버리게 된다. 일곱 교회를 향한 메시지를 보면, 그들은 모두 처음에 받은 복을 떠난 상태에 있었고, 과연 그들의 현재 상태가 그들이 처음 부르심을 받았던 복에서 얼마나 멀리 떨어져 있는지를 깨닫도록 촉구하는 것을 볼 수 있다. 그 다음엔 약속이 주어졌다. 바울은 "오직 한 일 즉 뒤에 있는 것은 잊어버리고 앞에 있는 것을 잡으려고 푯대를 향하여 그리스도 예수 안에서 하나님이 위에서 부르신 부름의 상을 위하여 좇아가노라"(빌 3:13,14)고 말했다. 사람이 이렇게 말할 수 있을 때, 그 사람의 양심은 자기 앞에 있는 영광을 바라보면서 하나님과의 관계에서 좋은 상태에 있을 뿐만 아니라 행복한 상태에 있는 것이다. 나는 당신의 영혼이 이러한 상태에 있기를 바란다. 만일 당신 마음 눈이 영광의 그리스도를 바라보지 않고 다른 것을 바라보고 있다면, 당신의 기준은 잘못된 상태에 있고, 당신의 정서도 잘못된 상태에 있는 것이다. 교회가 처음 사랑을 지키지 못한 것을 당신은 이제 잘 알고 있다. 비록 주님은 인내하고 계시지만, 결코 기준을 낮추실 수 없다는 사실을 기억하라. 당신의 기준과 당신의 상태가 잘못된 상태에 있다면, 그렇다면 "회개하라." 다시 들어 올려주고 회복시켜줄 풍성한 은혜가 있다. 따라서 만일 하나님께서 교회에 대한 기준을 낮추신다면 나의 양심은 결코 행복할 수가 없을 것이다.

사람은 무죄상태를 잃었다. 하지만 십자가에 의해서 복이 다시 임했다. 영광의 그리스도께서 완성하신 구속의 영광스러운 결과에 나는 아직 이르지 못했지만, 나는 푯대를 향하여 좇아가고 있다. 나의 양심은 이제 다른 것으로는 행복을 느낄 수 없게 되었다. 주의 재림은 그야말로 우리를 영광 속으로 들어가게 해주는 사건으로 우리 마음 속에 생각할 때, 얼마나 많은 것들이 우리 눈앞에서 사라지게 될 것인가! 우리가 지금 매달리고 있는 얼마나 많은 것들이, 우리 마음을 짓누르고 있는 얼마나 많은 슬픔과 걱정거리들이 아무것도 아닌 것이 될 것인가? 그럴 때 주의 재림은 우리가 항상 바라고 사모하는 소망으로만 남게 될 것이다. "주를 향하여 이 소망을 가진 자마다 그의 깨끗하심과 같이 자기를 깨끗하게 하느니라."(요일 3:3)

하지만 교회는 처음 사랑을 잃었고, 아울러 교회의 복된 소망도 잃었다. 하지만 주의 재림은 교회의 복된 소망이다. 이 소망을 가진 사람은 자신의 영혼을 점검할 뿐만 아니라 그리스도 앞에 서게 될 자신의 모습을 생생하게 그려볼 것이다. 그렇다면 우리의 영혼의 상태와 우리가 처해있는 상황을 실제적으로 점검하는 일을 게을리 하지 않을 것이다. 우리는 모두 예수님 앞에 설 것이다. 당신은 혹 주의 재림의 날에 주님 앞에 서게 될 때 부끄러움을 당할 그런 자리에 있지는 않은가?

나는 여기서 교회 안에 성결 또는 성령의 임재를 유지해야 할 필요성을 보여주는 또 다른 원리를 추가하고 싶다. 성경은 "하나님의 성령을 근심하게 하지 말라"(엡 4:30)고 말한다. 우리가 향해 가고 있는 영광에 이르지 못하게 하는 것 또는 성령의 임재와 불일치되는 것은 그 무슨 일도 해서는 안된다. 처음 세 개의 교회에 대한 메시지를 보면, 주의 재림에 대한 언급이 없다. 하지만 시간이 흐르고, 완전한 실패가 일어났을 때에는 주의 재림이 언급되었다. 모든 것이 실패했을 때 우리를 흔들리지 않도록 붙들어주는 것은 주의 재림이다. 주의 재림이야말로 우리의 기쁨이며 또한 우리의 소망이다.

지금까지 다룬 내용들을 정리해보자. 요한계시록의 특징은 예언적인 메시지를 담고 있다는 것이다. 우리는 여기 요한계시록에서 성령님이 거하시고 또 그리스도는 몸의 머리이시며, 또한 아버지와 아들과 함께 하는 사귐 속에 있는 교회에 대한 내용을 전혀 볼 수 없다. 모든 것이 사법적인 심판의 성격을 띠고 있다. 그리스도는 우선적으로 세상과 세상화된 교회를 심판하는 분으로 계시되고 있다. 여기서 교회는 하늘에 속한 교회가 아니라 세상과 땅의 상황에 종속되어 있는 교회이다. 전체 책은 세 부분으로 나누어진다. 요한이 본 것들, 이제 있는 일들, 그리고 이후에 진행될 일들이다. 우리가 살펴본 대로, 하나님은 두 가지 방식으로 심판하는 일을 하신다. 하나님은 과연 우리가 이미 받은 복을 통해서 유익을 얻고 있으며, 약속된 영광에 합당한 방식으로 행하고 있는지를 살피신다.

참 은혜 속에는 주어진 특권만큼 되돌아오는 은혜의 반향이 있으며, 주님이 우리를 부르신 영광에 대한 마음의 응답도 있다. 우리에게 복을 주신 주님은 "아멘 주 예수여 오시옵소서"와 같은 반응을 기대하신다. 주님은 우리에게 주신 은혜를 통해서 맺는 열매를 기대하신다. 나는 나를 부르신 부르심에 응답해야 한다. 나는 "내가 이미 얻었다 함도 아니요 온전히 이루었다 함도 아니라" 오직 새 생명의 능력 안에서 "뒤에 있는 것은 잊어버리고 앞에 있는 것을 잡으려고 푯대를 향하여" 좇아갈 뿐이다(빌 3:12,13). 하나님은 우리를 복주시는 확실한 방법을 정하셨다. 하나님이 기대하시는 것은 우리의 마음이 이러한 하늘의 부르심을 알고 합당하게 반응하는 것이다.

이제 하나님이 우리를 불러 그의 아들과 더불어 교제케 하시는 것이 무엇인지를 더욱 체험하게 해주시길 바란다. 우리 마음이 그 실제를 누리는 것을 더욱 힘쓰게 해주시고, 다만 정직하게 그것이 바로 "내가 힘쓰고 있는 한 가지 일"임을 고백하게 해주시길 바란다. 주님이 우리의 눈을 열어주시고, 주 예수 그리스도의 영광으로 우리의 영혼을 충만하게 해주시며, 주님을 있는 그대로 볼 것과 주님과 같이 되어, 주님과 함께 영원히 있게 될 그 복된 소망의 능력으로 오늘도 믿음의 길을 걷게 해주시길 바란다.

제 2강
땅에서 책임있는 교회 vs. 하늘에서 그리스도와 연합을 이룬 교회의 차이점

273

이제 하나님 교회의 독특한 특징에 대해서 살펴보자. 그리고 요한계시록의 주된 특징으로서, 세상 또는 교회와 연결된 심판에 대해서도 살펴보자.

지상에서 책임 있는 공동체로서, 그래서 심판의 대상인 교회와 그리스도의 몸으로서, 그래서 하나님 앞에서 은혜의 자리에서 신령한 특권을 누리는 하나님의 교회를 구별하는 것은 매우 중요하다. 우리는 이 두 가지 진리를 우리 마음에 늘 새겨 두어야 한다. 그럴 때에만 혼란을 피할 수 있다.

우리는 지난 시간, 하나님께서 그리스도를 "만물 위에 교회의 머리로 주셨으며 교회는 그의 몸이니 만물 안에서 만물을 충만케 하시는 자의 충만"인 것을 살펴보았다(엡 1:22,23). 교회를 향한 하나님의 생각과 목적은 그리스도께서 만물을 통치하실 때, 교회가 그리스도의 몸이 되는 것이다. 하나님은 그리스도를 "모든 정사와 권세와 능력과 주관하는 자" 위로 높이셨고, 모든 만물을 그 발아래 두셨으며, 만물 위에 교회의 머리로 주셨다. 이제 교회는 그리스도의 몸이며, "만물 안에서 만물을 충만케 하시는 자의 충만"으로 불린다. 신성의 모든 충만이 그리스도 안에 거했지만, 이것은 별개의 사안이다. 이제 우리가 그리스도의 충만이다. 이 말은 그리스도께서 머리이신 그 신비스러운 남자를 우리가 완성시킨다는 의미이다. 교회는 장차 올 세상에서 그리스도의 영광을 완성하고 또 빛내는 존재이다. 장차 그리스도는 하늘에 계실 뿐만 아니라, 땅을 통치하실 것이며, 만물을 다스리실 것이다. 하나님은 그저 만물을 충만케 하시는 분이 아니라, 그리스도의 구속(救贖)과 은혜와 의(義) 안에 계신 중보자의 충만으로서 만물을 충만케 하는 분이시다. 이 사실을 묵상해볼 때, 우리의 영혼은 그 신성한 충만으로 충만해짐을 느끼게 된다. "내리셨던 그가 곧 모든 하늘 위에 오르신 자니 이는 만물을 충만케 하려 하심이니라." (엡 4:10) 땅의 진토에서 하나님의 보좌에 이르기까지 그 가운데 있는 모든 것이 다 그리스도의 구속을 받았으며, 그리스도의 영광을 증거하고 있다. 장차 그리스도께서 실제적으로 만물을 충만케 하시는 때가 있을 것이다. 지금은 믿음을 가진 자에게만 이 사실이 알려지고 있다. 하지만 몸의 머리이신 그리스도께서 실제로 만물을 충만케 하실 때, 그리스도의 몸으로서 교회도 그리스도의 통치와 영광에 참여하게 하실 것이다. 그 날에는 만물이 그리스도의 발아래서 복종할 것이지만, 반면 교회는 그리스도와 온전한 연합을 이루게 될 것이다. 에덴동산을 생각해보라. 오실 자의 표상이었던 아담은 모든 피조물을 다스리는 군주였다. 이브는 아담이 다스리는 피조물의 일부가 아니었으며, 다스릴 권세를 받지도 않았지만, 그럼에도 이브는 옛 피조물의 세계를 통치하는 일에 아담과 연합을 이루고 있었다. 에베소서 5장 31-32절은 아담과 이브가 "합하여 그 둘이 한 육체가" 되는 것을 교회에 적용시키고 있다. "이 비밀이 크도다 내가 그리스도와 교회에 대하여 말하노라."(32절)

274

그리스도는 만물을 통치하는 일에 모든 직분을 가지고 계신다. (골로새서 1장을 보라.) 만물은 하나님이신 그리스도에 의하여, 그리스도를 위하여 창조되었다. 골로새서는 그리스도를 이중적인 으뜸의 직분을 가지고 계신 분으로 소개하고 있음을 주목하라. 즉 그리스도는 피조물의 머리이시며, 아들로서 만물의 으뜸이신 자리에 계신다. 왜냐하면 그리스도는 창조주이시기 때문이다. 뿐만 아니라 교회의 머리이시다. 이는 "그는 몸인 교회의 머리라 그가 시작이요 죽은 자들 가운데서 먼저 나신 자니 이는 친히 만물의 으뜸이 되려 하심이다."(18절) 따라서 머리되심의 첫 번째 직분은 그리스도의 "으뜸" 되심이다.

머리되심의 두 번째 직분은, 그리스도의 "아들" 되심이다. 그래서 골로새서 1장 13절은 "그가 우리를 흑암의 권세에서 건져내사 그의 사랑의 아들의 나라로 옮기셨으니"라고 말하고 있다. 아들이란 직분은 그리스도께서 단순히 창조주이시기보다는 장차 기업을 물려받을 후사라는 의미를 담고 있다. 히브리서 1장 2절 "이 아들을 만유의 후사로 세우시고"라는 구절을 통해서 우리는 그리스도의 아들 되심은 장래 하나님의 계획과 의도를 내포하고 있는 직분인 것을 알 수 있다. 여기에 메시아의 의미가 있다.

머리되심의 세 번째 직분은, 그리스도의 "인자" 되심이다. 천년왕국의 영광을 노래하고 있는 시편 8편은 히브리서 2장 6-9절에서 인용되었는데, 성령님은 이것을 그리스도에게 적용시키셨다. "만물을 그 발 아래 복종케 하셨느니라 하였으니 만물로 저에게 복종케 하셨은즉 복종치 않은 것이 하나도 없으나 지금 우리가 만물이 아직 저에게 복종한 것을 보지 못하고 오직 우리가 천사들보다 잠깐 동안 못하게 하심을 입은 자 곧 죽음의 고난 받으심을 인하여 영광과 존귀로 관 쓰신 예수를 보니"(8-9절) (에베소서 1장 22절과 고린도전서 15장 27절도 보라.)

이를 통해서 우리는 만물을 통치하시는 그리스도의 직분을 볼 수 있다. 첫째, 창조주로서, "만물이 그에게 창조되되"(골 1:16), 둘째, 아들로서, "이 아들을 만유의 후사로 세우시고"(히 1:2), 셋째, 인자로서 "만물을 그 발 아래 복종케 하셨느니라."(히 2:8) 그렇다면 그리스도는 기업을 더럽혀진 상태에서 취할 순 없다. 그래서 그리스도는 구속이란 방법을 통해서 합당한 권리를 가지고 계신다. 그리스도의 직분은 "하늘에 있는 그것들은 이런 것들보다 더 좋은 제물"(히 9:23)을 통해서 구속(救贖)이 완성되었기 때문에, 속량이 이루어지고 또 정결하게 된 기업을 합법적으로 주장할 수 있는 직분이다. 죄 아래 있었고, "전에 악한 행실로 멀리 떠나 마음으로 원수가 되었던"(골 1:21) 우리는 단지 죄 씻음만을 받은 것이 아니라, 죄책감(guilt)도 제거되었다. 그래서 그리스도는 우리를 자기의 몸으로 취하시고 만드신 것이다. 성경은 "우리는 그 몸의 지체이며, 살 중의 살이요 뼈 중의 뼈라"고 말한다(엡 5:30, KJV 참조). 성령님은 강림하셨고, 생생한 권능으로 우리를 그리스도의 몸으로 성별시키셨다. 그리고 성령으로 세례를 베푸심으로써 하나의 몸으로 결속시키셨다. 각 영혼은 성령에 의해서 다시 살리심을 받고 인침을 받게 되고, 신자들은 "한 성령으로 세례를 받아 한 몸이"(고전 12:13) 되었다. 이 일은 오순절에 시작되었고, 그 날 이후로 이 성령 세례는 모든 신자의 복으로 자리 잡게 되었다. 이것은 참으로 엄청나고도 복된 진리이긴 하지만, 우리는 성령님을 근심시켜 드릴 수 있다. 그렇다면 개인

속에 내주하시는 성령님은 신자를 책망하는 일을 하신다. 이 성령 세례는 교회에게도 매우 복된 진리이다. 성령님은 잠시 자기 백성들과 함께 계시다가 떠나셔야만 했던 주 예수님과 같지 않다. "그가 또 다른 보혜사를 너희에게 주사 영원토록 너희와 함께 있게 하시리라."(요 14:16) 성령님께서 교회 안에 영구적으로 임재하실 수 있는 것은 그리스도께서 이루신 구속(救贖)의 공로 덕분이지, 우리에게 주어진 특권을 사용한 결과여부에 달려있지 않다는 사실에 주목하라. 그럼에도 우리가 여전히 주의해야 하는 것은, 교회 안에서 역사하시는 성령님의 역사는 이러한 특권들을 우리가 합당하게 사용하느냐 또는 남용하느냐에 따라 달리 작용한다는 점이다.

275

주 예수 그리스도와 연합을 이루고 있는 하나님의 교회에게는, 우선적으로 그리스도의 위격에 의해서 주어진 자리가 있다. 둘째로 그리스도께서 완성하신 구속에 의해서, 셋째로 성령의 임재에 의해서 은혜의 자리에 있다. 교회는 예언의 대상이 아니다. 교회는 하나님의 생생한 은혜의 능력에 의해서 돌봄을 받으며, 그 은혜에 의해서 신성한 영광의 자리에 들어간다. 성령께서 교회를 형성하신 그 순간부터, 이미 지상에서 그리스도의 몸으로서 대우를 받고 있다. "온 몸이 머리로 말미암아 마디와 힘줄로 공급함을 얻고 연합하여 하나님이 자라게 하심으로 자라느니라."(골 2:19) 한 어린아이가 자라는 것처럼, 몸과 그 몸의 지체들은 각자 자신의 자리에서 장성한 분량에 이르도록 자라간다.

교회는 두 가지 독특한 측면이 있다. 에베소서 1장과 2장은 하늘에 있는 그리스도의 몸, 그리고 지상에 있는 성령으로 말미암아 하나님의 거하실 처소로서의 교회를 언급한다. 교회의 두 번째 특징은 매우 중요하다. 지상에서 성령님에 의해 형성되는 하나님의 교회는 필연적으로, 그리스도의 영광을 지상에 나타낼 책임의 문제를 동반한다. 하나님의 은혜 아래 있다고 해서 책임이 면제되는 것은 아니다(Responsibility never changes God's grace). 교회가 지상에 있는 동안, 교회는 이 땅을 떠나 계신 머리의 영광을 나타낼 책임이 있다. 물론 이 말이 율법 아래 있다는 의미는 아니다. 다만 교회는 자신을 구속하신 그리스도의 영광을 나타낼 책임이 있으며, 이 땅에 있는 동안 책임을 다해야 한다. 그래서 교회는 이 어둔 세상에서 빛으로 나타나야 하는 것이다. "어그러지고 거스리는 세대 가운데서 하나님의 흠 없는 자녀로 세상에서 그들 가운데 빛들로 나타내며"(빌 2:15), "이는 너희를 어두운 데서 불러내어 그의 기이한 빛에 들어가게 하신 자의 아름다운 덕을 선전하게 하려 하심이라."(벧전 2:9) 그리고 바울은 고린도후서 3장 2절에서 이렇게 말했다. "너희는 우리의 편지라 우리 마음에 썼고 뭇 사람이 알고 읽는 바라." 여기서 사용된 "편지"라는 단어는 단수이다. "편지들"이 아니다. 이는 하나의 몸, 하나의 그리스도의 편지를 의미한다. 교회는 그리스도를 모든 사람에게 천거하는 편지이기에, 사람들은 교회를 통해서 구속의 능력과 보이지 않는 그리스도의 성품을 읽고 또 볼 수 있어야 한다. 교회 안에 거하시는 성령을 통해서 교회의 구성원은 보이지 않는 머리를 증거하는 보이는 증인들이 되었다. 예수님은 요한복음 17장에서 "저희도 다 하나가" 되게 해달라고 기도하셨다. 그렇게 하나가 된 결과는 무엇인가? "세상으로 아버지께서 나를 보내신 것을 믿게 하옵소서"였다(요 17:21). 오늘날에도 이러한 하나됨의 효력이 나타나야 한다. 교회가 그리스도와 함께 영광 중에 나타날 때, 세상은 필연적으로 아버지께서 아들을 보내신 것을 알게 될 것이다. 그 뿐 아니라, 아버지께서 예수님을 사랑하신 것처럼 우리도 사랑하신 것과 우리도 예수님과 동일한 영광에 들어간 것을 보게 될 것이다. 그러므로 세상이 교회가 하나 되었다는 것을 믿으려면, 교회가 그리스도의 편지로서 책임의 자리에 있는 것과 교회가 하나 된 것을 보는 것은 그 이전에 이루어져야 한다. 그 책임이란, 하늘에 있는 머리의 생명이 능력 가운데 지상에 나타나는 것이다. 따라서 우리는 책임의 자리가 은혜 아래서 이루어지는 것을 보게 된다. 왜냐하면 우리가 풍성한 은혜 아래 있는 자라는 인식을 통해서만 우리의 책임을 감당할 수 있기 때문이다. 우리가 지상에서 책임 있는 공동체의 자리에 들어갈 때, 우리는 이 책임 아래 있는 교회의 행실이 어떠해야 하는지를 비로소 인식하기 시작할 것이다.

따라서 이 두 개의 장, 즉 요한계시록 2-3장에서 우리는 몸의 머리이신 주님, 즉 몸의 지체들에게 은혜를 흘려 내려주시는 주님이 아니라, 심판자의 성격을 띠고서 과연 그들이 받은 은혜를 따라 바른 행실을 하고 있는지를 살피면서 촛대 사이를 거니시는 주님을 볼 수 있다. 심판의 원리는 다음과 같다. "교회가 처음 시작되었을 때 주어진 은혜와 특권을 너희 각 사람이 어떻게 사용했는가에 따라서 심판할 것이다." 우리 각 사람이 이렇게 주어진 은혜를 어떻게 평가했느냐에 비례해서 심판이 이루어지는 것이기에, 이것은 우리 각 사람에게 엄중한 말씀이다. 결코 율법을 기준으로해서 정죄 받는 것이 아니다. 하지만 내가 그리스도의 사랑을 이해한 만큼, 그 사랑에 조화를 이루지 못하고 실패했다는 자각과 더불어, 그 은혜에 합당한 응답을 하지 못했다면 나의 마음은 더욱 고통을 느끼게 될 것이다. 왜냐하면 영적 실패는 죄와 연결되어 있고, 소위 나의 어깨에 하나님의 이름을 지고 있었기 때문이다. 우리는 이러한 사례를 이스라엘을 통해서 볼 수 있는데, 이스라엘의 죄악됨은 사람이 죄인임을 입증할 뿐만 아니라, 하나님의 이름이 그곳에 있기 때문에, 죄와 하나님의 이름을 연결시킨다는 것이다. 이러한 토대 위에서 주님은 이스라엘을 책망하셨다. "하나님의 이름이 너희로 인하여 이방인 중에서 모독을 받는도다."(겔 20:27, 롬 2:24) 그들은 주의 이름이 거룩히 여김을 받도록 지켜야 했으며, 그 이름에 의해서 그들도 보호를 받을 수 있었다. 이것은 살아계신 하나님의 교회도 마찬가지이다. 세상은 교회를 통해서 완전한 거룩과 완전한 사랑을 실제적으로 볼 수 있어야 한다. 왜냐하면 우리는 하나님의 거룩에 참여한 자가 되었을 뿐만 아니라, 하나님의 무한하고 또 완전한 사랑의 대상이기 때문이다. 교회는 지상에서 지속적으로 그처럼 고상한 자리를 차지하고 있으며, 그 자리에서 섬김과 봉사를 해야 하며, 하늘에 계신 머리로부터 은혜를 받아 세상에 나타내야 한다. 교회는 그리스도를 육체적으로 안 적이 없다. 교회가 유일하게 아는 그리스도는 세상이 거절한 그리스도이며, 지금 하늘에 계신 그리스도이다. 그러므로 교회는 세상에서 불러냄을 받아 완전히 구별된 존재이기에, 세상 밖에서 머리되신 그리스도를 나타내는 존재여야 한다. 게다가 교회는 그리스도를 천거하는 편지여야 한다. 여기서 "편지"라는 단어가 가진 힘을 느껴보라. 세상은 당신 속에 계신 그리스도를 보고 싶어 한다. 돌 판에 새겨진 율법을 보는 것처럼 선명하게 당신에게서 그리스도를 보고 싶어 한다. 우리는 모든 사람이 알고 읽을 수 있는 생생한 그리스도의 편지이기 때문이다. 그러므로 우리의 행실은, 과연 하나님의 은혜가 우리를 위해서 행한 것이 무엇이며 또 우리를 불러하고자 하는 일이 무엇인지를 깨닫는 정도에 따라 크게 달라질 수밖에 없다. 따라서 주님은 이러한 원리를 포기하지 않으신다. 주님은 인내 가운데 기다리긴 하시지만, 교회를 증인으로 삼으시고 증거하도록 부르신 이상의 원리를 포기하지 않으신다.

277

이제 다른 주제를 살펴보자. 어째서 요한계시록 2-3장에 있는 교회들을 향해 편지 형식을 사용하고 있는가에 대한 것이다. 여기에는 표면적으로 두 가지 요소가 있다. 첫 번째, 이것은 역사적 사실을 다루고 있기 때문이다. 여기서 말하고 있는 상태에 처한 교회들이 지상에 실재적으로 존재했다. 그리고 두 번째, 도덕적 교훈들은 각 개인 성도들에게 주어졌으며, 들을 귀 있고 또 주님의 마음을 알고자 하는 깨닫는 마음을 가진 모든 사람들에게 적용 가능하도록 설정되었기 때문이다. 이는 매우 단순한 내용이다.

하지만 좀 더 살펴보면, 우리는 여기서 사용된 교회들의 숫자가 가진 중요성을 보게 된다. 7이라고 하는 숫자는 완전성을 상징하고 있는데, 요한계시록에는 여러 차례 일곱이라는 숫자가 사용되고 있다. 일곱 인, 일곱 나팔, 일곱 대접 등. 이 숫자를 선택한 이유는 하나님께서 교회에 대해 생각하시는 완전한 원형들의 총체를 보여주고, 또한 교회는 교회가 처음 시작되었을 때 주신 은혜를 따라서 지상에서 책임 있는 존재임을 밝히기 위한 것이다. 그렇다고 해서, 요한계시록이 기록될 당시 지상에 이 일곱 개의 교회만 있었다는 말은 아니다. 우리가 잘 아는 대로, 골로새 교회, 데살로니가 교회, 기타 등등 많은 교회가 있었다. 하지만 이러한 교회들은 선택되지 않았다. 왜냐하면 그 교회들은 이처럼 교회에 대한 완벽한 그림을 그리는데, 성령님께서 필요로 하시는 도덕적 요소들이 맞지 않았기 때문이다.

278

머리와 몸이 하나를 이루고 있다는 사실을 생각해보면, 우리는 책임의 자리가 아니라 특권의 자리에 있다. 우리는 그리스도의 생명과 그리스도의 영광을 현재적인 소유로서 신령한 복의 분량과 결말로 가지고 있다. 하지만 요한계시록의 이 두 개의 장은 교회의 실제적이고도 다양한 상태를 그리고 있다. 그래서 그 다음으로 중요한 점은, 이 일곱 교회들은 각 교회들이 가지고 있는 독특성과 책임이 어떻게 연결되어 있는지를 설명하고자 선택되었다는 것이다. 그리고 더하여 생각해볼 것은, 이러한 독특성들은 한 번에 포괄적으로 전체 몸에 모두를 적용시킬 수 없다는 점이다. 왜냐하면 각 교회들이 다 다른 상태에 있기 때문이다. 따라서 하나의 교회에 대해서 말씀하고 있는 내용을 다른 교회에도 그대로 적용하는 것은 불가하다. 왜냐하면 교회별로 책임과 약속이 다 다르기 때문이다. 어쨌든 세부적인 내용들을 다룰 때 알게 될 것이지만, 명목상의 교회의 경우에는 각각 독특한 특징을 가지고 있지만 그럼에도 명목상의 교회의 다른 부분들이 부분적으로는 동시에 존립하는 것이 가능하다. 이것을 정리하면 이렇다. 각각의 설명은, 어떤 의미에선, 일반적으로 교회에 적용할 수 있지만, 모든 특징을 한 번에 그리고 동시에 적용시켜선 안된다. 그러므로 이 일곱 교회들을 살펴볼 때, 이 새로운 세대의 시작부터 끝까지 하나님 앞에 책임 있는 존재로서, 지상에 있는 교회의 상태에 대한 연속적인 그림으로 이해하는 것이 가능하고, 그래서 예언적인 방식으로 이해하거나, 또는 전체 그림을 완성하는데 필요한 몇 개의 그림 조각들을 가지고 각각의 상태를 설명하는 것으로 이해하는 것도 가능하다. 최종적으로 명목상의 교회는 주님의 입에서 토하여 내침을 당할 때까지 세상에 다양한 모습으로 나타날 것이다.

그렇다면 당신은 "교회가 그리스도의 몸일진대, 어떻게 그리스도의 입에서 토하여 내침을 당할 수 있죠? 영광 가운데 그리스도와 함께 있어야 하는 것 아닌가요?"하고 묻고 싶을 것이다. 만일 당신이 그리스도의 몸인 교회를 언급하고 있는 것이라면, 그렇게 될 것이다. 하지만 지상에 있는 외형적인 몸으로서 교회는 그 모습이 어떠하든지, 즉 에베소 교회의 모습을 띠고 있든지 아니면 다른 교회의 모습을 띠고 있든지, 책임의 문제를 벗어버릴 수 없다. 지상에 있는 교회를 바라보라. 지상에 있는 교회는 그 행실에 대해 책임을 지고 있다. 만일 게으른 종이 주인의 뜻을 행치 않았다면, 그는 종이 아닌 타인 사람처럼 다루심을 받는 것이 아니라, 종의 자리에 있는 자로서 외식하는 죄를 지은 종으로 다루심을 받게 될 것이다. 그래서 성경은 그를 가리켜 "너는 종이 아니다"라고 말하지 않고, 다만 "이 무익한 종을 바깥 어두운

데로 내어 쫓으라"(마 25:30), "외식하는 자의 받는 율에 처하리니"(마 24:51)라고 말하고 있다. 따라서 이 사람은 자신의 입술의 고백을 따라서 대우를 받았고 또 정죄를 받게 될 것이다.

이스라엘의 경우도 마찬가지이다. 그들은 세상에서 하나님의 이름을 가진 사람들이었다. 그들은 실패했다. 그들은 책임 있는 백성으로 다루심을 받았고, 옛 언약 아래 있는 자로서 이제는 버림을 당했다. 주님은 잎사귀밖에 아무 것도 없는 말라버린 무화과나무를 향해 "이제부터 영원토록 사람이 네게서 열매를 따먹지 못하리라"(막 11:14)고 말씀하셨다. 무화과나무는 열매를 맺어야 했건만, 주님이 열매를 구했을 때 아무것도 얻을 수가 없었다. "이제부터 영원토록 네게 열매가 맺지 못하리라"(마 21:19)고 말씀하셨고, 무화과나무가 즉시 말라 버렸다. 이렇게 하나님의 이름을 세상에 나타낼 택한 그릇이었던 이스라엘은 버림을 당했다. 그럴지라도 이 일은 하나님의 신실하심의 문제를 일으키지 않는다. 왜냐하면 하나님은 장래 말일에 이스라엘을 회복시키실 것이기 때문이다. 그때 은혜가 다시 흘러나갈 것이며, 아브라함의 참 자손인 그들 가운데 남은 자들을 일으킬 것이고, 그들로 더 나은 특권의 자리에 들어가게 할 것이다. 그렇다면 이스라엘 민족이 전체적으로 버림을 받은 것이기에, 하나님은 새로운 것을 일으키신 것이다. 그래서 유대인과 이방인 중에서 사람들을 불러냄으로써, "주께서 구원받는 사람을 날마다 교회에 더하게" 하셨다(행 2:47). 이 구절의 핵심은 개인 구원의 확실성에 있는 것이 아니라, 하나님께서 세상 앞에 자기 이름을 맡길 그릇을 선택하셨다는데 있다. 증거의 그릇인 교회가 실패한다면, 믿는 개인들은 하늘나라에 갈 것이지만, 교회는 반드시 심판에 들어가게 될 것이다. 하나님은 교회에 대해서 오래 참아오셨다. 하지만 이 모든 일 후에도, 다만 들포도만을 맺는다면, 뿌리째 뽑히게 될 것이다. 물론 신실한 남은 자는 하늘나라에 들어갈 것이지만, 지상에서 공개적인 증거의 그릇이었던 교회는 내쳐지게 될 것이다.

279

로마서 11장을 보면, 우리는 하나님께서 과거 이스라엘에게 하셨던 것처럼, 지상에서 자신의 이름을 맡기시고, 지상에서 공개적이고 가시적인 체제를 갖춘 신적 기관을 두고 일하시는 원칙을 볼 수 있다. "그러므로 하나님의 인자와 엄위를 보라 넘어지는 자들에게는 엄위가 있으니 너희가 만일 하나님의 인자에 거하면 그 인자가 너희에게 있으리라 그렇지 않으면 너도 찍히는바 되리라."(롬 11:22) 하나님은 자신을 계시하신 바에 따라 온전히 일치하지 않는 명목상의 교회를 버리실 것이다. 왜냐하면 이는 하나님의 은혜와 선하심의 문제나 개인 구원의 문제가 아니라, 다만 책임의 문제이기 때문이다. 따라서 하나님은 이러한 교회들을 통해서 우리에게 심각하고도 중대한 경고를 하신다.

이는 구약시대 유대인들을 거울로 삼아 오늘날 이방인 교회들에게 교훈을 주는 것과 같은 이치인 것이다. 하나님은 이스라엘에게 하신 모든 약속의 말씀을 이루실 것이다. 그럼에도 하나님은 세상에 자신의 이름을 증거하는 증인으로서 이스라엘이 실패했기에, 그들을 버리셨다. 우리는 이 사실을 잘 알고 있다. 마찬가지로 하나님은 교회가 지상에서 책임의 자리에서 실패하면, 교회도 버리실 것이다. 따라서 우리는 하나님께서 하나님의 백성들이 모든 세대 아래서 마땅히 감당해야 하는 책임과 증거에 실패했을 때 그들을 어떻게 치리하시는지를 볼 수 있다. 물론 개인들의 구원문제는 이스라엘이나 교회나 동일하게 영원히 안전하다. 하지만 둘 다 공적인 책임의 자리에선 내어쫓기게 된다. 따라서 우리는 여기서 책임 뿐만 아니라 실패에 따른 결과가 무엇인지를 보게 된다.

제 3강
에베소 교회를 향한 예언 메시지

280

이제 하나님께서 에베소 교회에 하신 말씀을 통해서 긍정적인 본보기와 경고를 살펴보자. 물론 이렇게 하는 것은 우리 영혼을 강건하게 하는 수단이 된다. 성경에 보면, 이렇게 하는 것이 우리를 교훈하시는 하나님의 행동이며 섭리인 것을 알 수 있다. 게다가 나의 영혼에게 이 진리를 즉각적으로 적용시킬 때 엄청난 기쁨이 되는 것을 경험한다. 성경의 일반적인 원리들은 매우 은혜롭다. 하지만 이 진리를 개인적으로 우리 마음과 양심에 적용시킬 때에는 더욱 행복에 빠져든다.

일곱 교회들을 향한 메시지에서 우리는 무엇보다, 그리스도의 특징이 각 교회의 상태에 적용되고 있는 것을 볼 수 있다. 처음

에베소 교회를 향해서는 그저 일반적인 묘사로서 그리스도를 "오른손에 일곱 별을 붙잡고 일곱 금 촛대 사이에 다니시는 이" (계 2:1)로 소개하고 있다. 즉 그리스도를 특히 심판을 집행하시는 분으로서 묘사하고 있는 것이다. 두 번째로, 각 교회 가운데 충성스러운 사람들을 시험하는 시험의 특별한 성격을 볼 수 있다. 그리고 세 번째로, 시험 가운데 있는 사람들의 믿음을 강화시켜줄 목적으로 특별한 약속이 주어지고 있는 것을 볼 수 있다. 이는 특별한 환경에 맞는 충분한 은혜와 자비가 제공되고 있음을 보여준다. 그리고 네 번째로, 충만한 복이 주어지는 때를 바라보도록 격려하고 있다. 그래서 우리는 그리스도께서 성도들을 자기에게로 휴거시키실 때, "이기는 자"에게 주어지는 복과 상급을 충분히 기대하게 된다.

이 일곱 교회는 두 그룹으로 구분된다. 첫 번째 그룹은 세 개의 교회로, 두 번째 그룹은 네 개의 교회로 이루어져 있다. 이것은 매우 흥미로운 부분이다. 교회는 일반적으로 처음 세 개의 교회에서는 그리스도의 몸된 교회로 인정을 받고 있다. 다시 말해서, 성도들은 개인적으로 이기는 자가 되어야 하지만, 전반적으로 몸 안에 있는 지체로 설정되어 있다. 소수의 남은 자는 나중 네 개의 교회로 갈수록 더욱 희소(稀少)해진다. 따라서 이러한 구분을 통해서, 우리는 명목상 교회의 주요한 특징을 알 수 있다. 처음 세 개의 교회를 향한 메시지는 주로 권고의 말이다. "귀 있는 자는 … 들을지어다"라는 말이 충성스러운 이기는 자들을 향한 약속보다 앞서 나온다. 나중 네 개의 교회를 향한 메시지에는 이기는 자들에게 주시는 약속이 귀 있는 사람 보다 먼저 나온다. 처음 세 개의 교회를 향한 메시지에는 귀 있는 사람이 앞서 언급되고 있으며, 일반적으로 교회를 향한 메시지가 주어지고 나서, 이기는 충성스러운 남은 자를 불러낸다. 나중 네 개의 교회를 향한 메시지에는, 이기는 자들을 불러낸 후에 권고가 주어진다. 게다가 처음 세 개의 교회를 향한 메시지에는 주의 재림이 언급되지 않으며, 동일한 이유로 남은 자에 대한 언급도 없다. 네 번째 교회인 두아디라 교회부터, 그리스도의 재림을 언급하고 있다. 이때부터 초대 교회의 질서로 돌아가는 것이 아니라, 그리스도의 재림이 남은 자의 소망으로 제시되고 있다. 공적인 고백 공동체는 이때부터 전체적으로 부패하기 시작했다.

281

처음 세 개의 교회를 보면, 교회의 생각은 이를 테면, 본래 상태와 입장으로 돌아가는 것이었고, 회개하기만 한다면 회복될 수 있는 여지가 어느 정도는 있었다. 지난 시간에 우리가 이미 살펴보았지만, 하나님은 책임의 자리에 있는 백성들을 징벌하시는 심판을 행하실 때 두 개의 기준을 갖고 계신다. 그들을 그 자리에 들어가게 해준 은혜가 있는데, 이 은혜는 그들에게 기준을 제공할 뿐만 아니라, 이 은혜 때문에 회복의 가능성이 있는 것이다. 혹은 그들을 불러낸 영광이 있다. 처음 세 개의 교회에서 우리는 이 둘 중에서 은혜를 볼 수 있다. 하지만 두아디라 교회에서는 또 다른 것이 소개되고 있다. 교회는 전체적으로 소망 없는 상태에 떨어졌으며, (나는 여기서 지상에서 가시적인 공동체로서 증거의 책임 가운데 있는 교회에 대해서 말하고 있다.) 이럴 때 항상 개인의 소망이 주어지게 된다. 성령의 메시지는 특별히 이기는 자들에게 주어지며, 그리스도의 재림 시에 나타나게 될 영광이 격려 차원에서 주어진 것을 볼 수 있다. 그러므로 두아디라 교회에서 우리는 남은 자들을 향해서 "다만 너희에게 있는 것을 내가 올 때까지 굳게 잡으라"(계 2:25)는 말씀이 소망으로 주어진 것을 보게 된다.

이처럼 일반적인 진리들과 더불어 우리는 처음 에베소 교회에 주신 메시지 속에 담긴, 심판을 집행하시는 그리스도의 특징을 눈여겨 볼 필요가 있다. 그리스도는 "오른손에 일곱별을 붙잡고" 계신 분이시며 (즉 모든 권위와 권세를 가지고 계신 분이시다) 또한 "일곱 금촛대 사이에 다니시는" 분이시다. 즉 교회들 사이를 다니시면서 빛이 밝게 타오르고 있는지, 혹 주님이 불을 밝히신 참 빛이 꺼져가고 있지는 않은지를 살피고 계신다.

결과적으로 우리는 각 교회들이 책임의 자리에 있는 것을 보게 된다. 그렇다면 이 에베소 교회를 향한 메시지에서 주님이 본래 의도하신 것과는 다른 그림을 지적하기 전에, 어쨌든 주님이 인정하시는 모든 요소들을 언급하심으로써 어떻게 이 책임의 문제를 다루시는지, 그 방식을 살펴보자. 주님은 "내가 네 행위와 수고와 네 인내를 안다"(계 2:2)고 말씀하셨다. 주님이 우리에 대해서 모든 것을 알고 계실 뿐만 아니라, "마음의 생각과 뜻"(히 4:12)까지 감찰하신다는 것은 얼마나 복된 일인가! "그럼에도 불구하고 너를 책망할 것이 있나니 너의 처음 사랑을 버렸느니라."(계 2:4)고 주님이 말씀하셨다. 또 다른 중요한 원칙을 살펴보자. 과연 무엇이 죽음 보다 강한 사랑으로 교회를 사랑하신 그리스도로 하여금 질투 나게 했던 것일까? 그리스도께서 교회를 사랑하신 그 사랑을 잊는다는 것은 전적으로 불가능하며, 마찬가지로 교회 또한 그리스도를 사랑함으로 그 사랑에 보답하는 것이 없다면 그리스도께서 만족하실 수 있다는 것도 불가능하다. 그러므로 기억하자. 사랑을 만족시키는 것은 오직 사랑뿐임을. 주님이 책망하시는 방식은 교회를 향한 자신의 사랑의 힘을 드러내시는 것으로 하신다. 그 사랑은 교회에게서 동일한 사랑으로 보답을 받을 때까지 만족을 느낄 수 없다. 주님은 자신의 사랑에 대한 보답이 시원하지 않다면 그 속에서 시원함을 느끼실 수 없다. 어쨌든 교회는 자신에 대한 그리스도의 사랑에 냉담해지기 쉽다. 외적으로는 얼마든지 "행위와 수고와 인내"가 있을 수 있다. 하지만 수고와 고생을 아무리 많이 한다 해도, 단지 육신적인 열심일 뿐, 진정 사랑에 의한 것이 아닐 수가 있다. "그대는 처음 사랑을 버렸다." 여기에 엄청난 해악이 있다. 이는 당신이 얼마나 많이 고생하고 수고했는가의 문제가 아니다. 만일 당신이 하는 모든 봉사의 동기가 그리스도를 향한 사랑이 아니라면, 그것은 사도 바울이 말한 것처럼 "소리 나는 구리와 울리는 꽹과리"일 뿐이다. 거기엔 진정한 사랑의 울림이 없다.

282

여기 에베소 교회를 향한 메시지에서 우리는 실패에 이르게 하는 가장 중요한 원리가 무엇이지를 볼 수 있고, 그 결과 전체 교회에 임하게 된 일반적인 큰 심판이 무엇인지를 볼 수 있다. "그러므로 어디서 떨어진 것을 생각하고 회개하여 처음 행위를 가지라 (여기서 우리는 주님께서 그들이 떠난 지점으로 돌아오도록 촉구하시는 것을 볼 수 있다.) 만일 그리하지 아니하고 회개치 아니하면 내가 네게 임하여 네 촛대를 그 자리에서 옮기리라."(계 2:5) 주님은 교회가 세상에서 주님이 교회를 사랑하신 그 큰 사랑을 나타내는데 실패한 상태에 머물러 있는 것을 허락하실 수 없으셨다. 만일 그리하신다면, 주님은 "신실하고 참된 증인"이실 수 없을 것이다. 이처럼 온유하고 또 신실한 책망은 그리스도의 사랑이 결코 식어버릴 수 없다는 복스러운 증거이다. 그럼에도 대부분 우리는 실패하고 있다.

이런 점에서 주님이 개인 영혼들을 다루시는 방식은 교회를 다루시는 방식과 정확히 일치한다. 주님은 자신에게서 떠나간 모든 징후들을 주목하실 뿐더러 항상 "회개"의 문을 열어 두신다. 하나님이 죄를 보시는 빛을 통해서 죄를 인지했다면, 즉시 회개할 필요가 있다. 회개한다면, 즉각적인 회복이 이루어질 것이다. 양심이 죄 아래 굴복하는 순간, 즉시 자백하라. 그리하면 죄가 닿지 않는 영역으로 옮겨질 것이다. 죄악이 들끓는 곳에 영혼의 정직성은 악을 인지하고, 그것을 고백할 능력으로 입증된다. 그러므로 교회이든 또는 개인 영혼이든 하나님의 회복을 경험하려면, 하나님 앞에서 이러한 정직한 상태에 들어가야 한다. "하나님이 그 사람을 긍휼히 여기사 이르시기를 그를 건져서 구덩이에 내려가지 않게 하라 내가 대속물을 얻었다 하시리라 그런즉 그 살이 어린아이보다 연하여져서 소년 때를 회복할 것이요 그는 하나님께 기도하므로 하나님이 은혜를 베푸사 그로 자기의 얼굴을 즐거이 보게 하시고 사람에게 그 의를 회복시키시느니라."(욥 33:24-26) 양심을 다해 죄를 판단하라. 그리하면 그 죄에서 회복시켜줄 한결같은 하나님의 사랑을 경험하게 될 것이다. 이 일은 그리스도인의 삶에서 날마다 일어나야 한다. 징계의 심판이 하나님의 백성에게 있을 것이지만, 그 속에 회복시키는 하나님의 사랑도 있을 것이다. 이러한 것이 바로 징계하시는 하나님의 사랑이다.

이제 우리는 주님이 어째서 처음 사랑을 떠난 교회를 책망하시는지 그 이유를 알게 되었다. 그들의 상태를 정죄하시는 방식을 통해서 그리스도의 완전하고도 변함없는 사랑이 빛을 발하고 있다. 우리는 삶 속의 다양한 인간관계 속에서 이러한 일을 종종 경험하지 않는가? 남편과 아내의 관계를 예로 들어보자. 아내는 집안일을 하며, 자신의 의무를 다한다. 남편이 흠을 잡을만한 것은 전혀 남겨두지 않을 것이다. 하지만 만일 아내를 향한 남편의 사랑은 처음과 동일하지만, 남편을 향한 아내의 사랑이 식어졌다면, 그녀가 하는 일이 과연 남편을 만족시킬 수 있을까? 아마 그렇지 않을 것이다. 이것은 교회와 그리스도의 관계도 동일하다. 그리스도는 자기 사랑에 대한 보답을 받기를 바라신다. "나는 그대가 행하는 선행의 질(質)을 모르는바가 아니요. 그렇지만 내가 원하는 것은 그대요."라고 말씀하신다. 전에 봉사의 일을 할 때, 모든 일의 중심을 차지하고 있었던 사랑은 가고 없다. 그렇다면 봉사도 별로 가치가 없다. 사랑이 없다면, 영혼의 안식도 없다. 사랑이 없으면서도, 봉사하는 일은 얼마든지 가능하다. 적어도 그리스도께서는 넘치는 애정은 아닐지라도, 변함없는 애정의 대상으로서 교회가 자신을 바라보기를 바라신다. 만일 그리스도께서 지속적인 우리 애정의 대상이 아니라면, 거기엔 마음의 분산이 있는 것이다. 바로 이것이 에베소 교회가 실패하게 되는 일의 원인이었다. 그리스도를 향하는 사랑의 일편단심은 상실되었다. 그리스도만을 바라보는 사랑의 눈길도 끝났다. 교회를 사랑하시는 그리스도의 사랑에 대한 반향(反響, reflection)도

멈추었다. 그리스도께서는 "너를 책망할 것이 있나니"(계 2:4)라고 말씀하시는 중에도, "네가 참고 내 이름을 위하여 견디고 게으르지 아니한 것을 아노라"며 좋은 점은 칭찬하신다. 어떤 사람은 "이 상황에서 주님은 무엇을 더 원하시는 걸까?"라고 말하고 싶을 지도 모른다. 주님은 "나는 바로 너 자신을 원한다."라고 말씀하신다. 이것은 교회에 대한 문제임을 기억하라. 이제 주님은 "그러므로 어디서 떨어진 것을 생각하고 회개하여 처음 행위를 가지라."고 말씀하신다. 이 말씀은 나에게 매우 엄중하면서도 또한 매우 감격스러운 말씀으로 다가온다. 왜냐하면 우리는 그들보다 우리의 처음 사랑에서 너무 멀리 떠나 왔기 때문이다. 여전히 충성스러운 사람의 마음은 그리스도 안에서 확실한 피난처를 발견한다. 이는 그 사람의 영혼은 그러한 책망 속에서도 그리스도의 변함없는 사랑을 찾아내기 때문이다.

283

여기서 주님이 좋은 점으로 지적하시는 것은 무엇인가? "행위, 수고, 그리고 인내"이다. 영적 하락을 엿볼 수 있는 것은 없지만, 이렇게 열심히 행한 행위들이 처음 사랑과 아무 연관이 없어 보인다. 여기서 우리가 주목할 것은, 교회는 전에 유대인들이 행했던 것과는 전혀 다른 영적 봉사를 하고 있다는 점이다. 하나님은 유대인들이 사랑으로 행할 것을 기대하지 않으셨지만, 가련한 죄인들에게 베푸신 은혜를 받은 교회는 은혜로 행할 것을 기대하신다. 유대인은 의(義)를 지켜 행해야 하는 율법을 이방인이 감히 들어올 수 없는 담처럼 사용했고, 사랑이 흘러나갈 문을 걸어 잠근 채로 있었다.

284

이러한 에베소 교회와는 정반대였던 데살로니가 교회를 예로 들어보자. 데살로니가 교회는 처음 사랑의 신선함 가운데 행했고, 그 결과 어떤 열매가 있었는가? "너희의 믿음의 역사와 사랑의 수고와 우리 주 예수 그리스도에 대한 소망의 인내"(살전 1:3)가 있었다. 에베소 교회를 칭찬했던 것과 동일한 결실을 냈던 것이다. 그렇다면 차이점은 무엇이었을까? 에베소 교회에 행위가 없었던 것이 아니라, 그 행위의 영적 샘이 말랐던 것이었다. 반면 데살로니가 교회에는 영적 샘이 솟아나고 있었다. 기독교의 위대한 세 가지 원리는 믿음, 소망, 그리고 사랑인데, 이 세 가지 모두가 데살로니가 교회에서는 작용하고 있었다. 그들의 "행위"를 특징짓고 있었던 믿음은 하나님과의 교통을 누리는 가운데 행하도록 그들을 지켜주었다. 그들의 "수고"를 특징짓고 있었던 사랑은 권능의 원천과 그들을 연결시키고 있었다. 그들의 "인내"를 특징짓고 있었던 소망은 주님의 재림을, 그들 영혼이 늘 바라볼 대상으로 삼게 해주었고, 그렇게 그들은 인내하며 섬기며 기다리고 있었다. 따라서 우리는 데살로니가 교회에서 운동력있게 역사하는 영적인 능력을 볼 수 있는데, 이는 그리스도를 항상 바라볼 대상과 삶의 목적으로 삼고 있었고 또 그 모든 것을 사랑이 아우르고 있었기 때문이다. 만일 내가 열심히 수고하고 있는데 사랑의 영도 함께 하고 있고, 전체적인 봉사가 이러한 사랑의 특징을 띠고 있다면, 그렇지 않은 경우와 얼마나 다른 차이를 낼 수 있을까! 복음을 전하는 일을 하고 있는데, 만일 그리스도의 사랑이 나의 영혼 속에서 샘솟듯 솟아나고 있다면, 나는 과연 잃어진 세상을 향해 하나님의 사랑을 얼마나 충만하게 증거할 것인가! 아! 우리는 얼마나 자주 그리스도인의 의무 속에 갇혀 거룩한 봉사를 감당하고 있으며, 우리 영혼을 향한 그리스도의 사랑을 생생하게 인식하는데서 흘러나오는 힘으로 하는 것이 아니라 먹먹한 의무감에서 사역을 하고 있는지 모른다.

의와 참 성결은 하나님의 특성이기에, 교회의 특징에는 하나님의 본성인 사랑과 더불어 의와 성결의 자리가 있기 마련이다. 그래서 주님은 "악한 자들을 용납지 아니한 것"을 칭찬하셨다. 교회의 정상적인 상태는 악 가운데서도 선을 행할 충만한 능력 가운데 우뚝 서서, 성령의 능력을 의지함으로써 밝은 증거를 하는 것이다. 교회는 선(善)과 악(惡)이 투쟁하는 장소가 아니라, 악 가운데서도 선이 이기는 장소이기에, 항상 그러한 상태를 유지해야 한다. 하지만 교회가 영적인 하락을 경험하고 있다고 생각해보자. 그렇다면 거기엔 악이 함께 하고 있는 것이다. "그 배에서 생수의 강이 흘러나리라"는 것이 교회의 온전한 상태이다

(요 7:38). 이것이 정상적인 교회의 상태이며, 유일하고도 절대적인 상태이다. 그렇다면 악을 제거할 능력이 임하며, 능력이 임할 때마다 축복의 상태에 들어가게 된다. (사도행전을 보라.) 반대로 능력이 멈추면, 교회 내 악의 문제는 다시금 일어나게 된다. "네가 악한 자들을 용납지 아니하였도다." 이제 악이 들어왔다. 그렇지 않다면 이렇게 말씀하지 않았을 것이다. 더 이상 흘러넘치는 선한 역사는 없어졌고, 선을 행하는 모습을 찾아볼 수 없게 되었다. 안전과 축복만을 부르짖는 교회 속에서 선을 행하는 것은 없는 실상을 본다는 것은 고통스러운 일이다. 둑은 무너졌고, 악이 들어왔다. 그렇지 않다면 악이 문제가 되지 않았을 것이다. 사도행전 5장에서 아나니아와 삽비라의 경우를 생각해보라. 그들은 헌신의 모양을 내고 싶어 했다. 왜냐하면 초대 교회는 헌신이 없이 세워질 수 없었기 때문이다. 그렇게 위선이 교회 안으로 들어왔다. 하지만 선의 능력이 거기에 있었기 때문에 겉모양만 선으로 포장하고자 했던 악을 폭로할 수 있었다. 돈을 사랑하는 마음이 실제로 그들을 장악하고 있었지만, 교회를 사랑하는 모습으로 자신을 포장하고 있었다. 교회는 이렇게 매우 슬픈 일과 더불어 시작되었다. 악이 감히 틈타지 못하도록 선이 완전히 장악하고 있었던 것이 아니라, 선과 악이 싸우는 모습으로 시작되었던 것이다. 그리고 교리에 대해서도 같은 일이 일어났다. "오직 네게 이것이 있으니 네가 니골라당의 행위를 미워하는도다 나도 이것을 미워하노라."(계 2:6) 인내가 필요했다. 우리는 이

때 필요했던 일이 처음 상태를 회복하는 것이 아니라, 인내하는 것이었음을 볼 수 있다. 우리는 그리스도인으로서 우리의 행실에서도 특별히 이러한 인내하는 특징이 나타나도록 유념해야 한다. 악과의 싸움이 시작되었을 때, 개인들에게 정말로 필요한 것은 인내하는 능력이기 때문이다.

285

이제 또 다른 원칙을 살펴보자. 그리스도께서 미워하시는 몇 가지 경우가 있다. "네가…미워하는도다 나도 이것을 미워하노라." 니골라당의 교리는 은혜를 정욕을 위한 기회로 바꾸었으며, 그리스도와 악을 혼합시켰다. 이것은 끔찍한 일이었다. 어찌 하나님과 악을 조화시킬 수 있단 말인가! 이는 사탄이 은혜를 변질시킴으로써 가짜 은혜를 만들어내는데 성공했기 때문이다. 그 결과 하나님과 악을 공존하게끔 만들었다. 그것은 하나님께서 "내 마음이 싫어하나니"라고 말씀하시는 바로 그것이었다. 우리는 이미 그리스도의 특징이 심판을 집행하시는 것임을 살펴보았다. 그리스도는 촛대 사이를 거닐고 계신다. 여기서 교회의 일반적인 상황을 보면, 결과적으론 심판의 대상이다. 그러므로 경고는, 교회가 그 자리에서 옮겨지게 되리라는 것이다. 요약하면, 우리는 세 가지 요소를 볼 수 있다. 즉 책임, 실패, 그리고 심판이다. 이제 에베소 교회에 주신 약속을 생각해보자. **"이기는 그에게는 내가 하나님의 낙원에 있는 생명나무의 과실을 주어**

먹게 하리라."(계 2:7) 여기서 낙원은 주님 자신을 위해서 준비된 곳이다. 이곳은 전에 하나님께서 아담에게 찾아오셔서 아담이 하는 일을 살피고자 방문했던 낙원이 아니다. 만일 아담이 일을 잘 감당했다면, 하나님은 그에게 낙원에 계속 남아 있도록 하셨을 것이지만, 악을 행했기 때문에 그를 낙원에서 추방하셨다. 하지만 이제 하나님은 사람을 하나님 자신의 낙원으로 이끌어 들이신다. 하나님이 오셔서 죄를 찾아내시고 그 결과 사람을 쫓아내신 사람의 낙원과, 구속의 결과로 더 이상 사람을 내어 쫓지 않는 하나님의 낙원은 얼마나 다른가. 하나님의 낙원에는, 옛날 에덴 동산처럼 두 개의 나무가 아니라, 오직 하나의 나무만 있다. 선악을 알게 하는 나무는 더 이상 없다. 선악을 알게 하는 나무 때문에 우리는 책임의 문제에 처했다. 우리는 장차 하나님의 낙원에서 하나님의 거룩하심을 충족시킨 성결 가운데서 생명나무의 과실을 먹게 될 것이다. 사실 우리는 이미 본질상, 의와 참된 거룩함으로 우리를 새로이 창조하신 하나님의 형상을 따라 지식에까지 새롭게 하심을 받은 사람이다. 이제 오직 하나의 나무만 있다. 그것은 바로 생명나무이다. 하나님에게서 생명의 완전한 원천을 공급받는 나무이다. 이 생명나무에 참여하는 것은 책임에 속한 문제가 아니라 구속과 생명을 주는 능력과 및 하나님의 계획과 생각에 따라 완성된 구속에 속한 문제이다. 따라서 생명나무의 과실을 먹는 것은 우리가 책임을 다한 결과가 아니라 우리가 구속에 참여한 결과인 것이다. 왜냐하면 이 책임이 그저 면제된 것이 아니라, 사실은 그리스도 자신의 사랑으로 완성되었기 때문이다. "이기는 그에게는 내가 하나님의 낙원에 있는 생명나무의 과실을 주어 먹게 하리라." 은혜가 이기고자 하는 개인들이 필요로 하는 모든 것을 공급해준다. 교회가 실패했을 때 그저 실패의 물결에 휩쓸려 떠다닌 것이 아니라, (교회의 실패를 분별할 줄 아는 영적인 에너지를 가진 개인 성도들은 하나님 앞에서 그 실패를 인식하고, 다른 사람들이 처음 사랑을 떠나는 것을 보고 절망하거나 침체하는 대신) 그들은 스스로 분발하여 이기는 자가 된다. 그럼에도 은혜가 역사하고 있음을 보는 것은 잘하는 일이다. "내 은혜가 네게 족하도다." 결과적으로 이기는 자들은 하나님의 낙원에서 자신의 자리를 얻게 될 것이며, 생명나무가 맺는 풍성한 과실을 먹게 될 것이다.

286

이 모든 것을 일반적인 원칙으로 적용해보면, 우리는 충성스러운 사람의 마음에 은혜가 어떻게 작용하여 속 사람을 능력으로 강건하게 해주는지, 그 비밀을 발견할 수 있다. 만일 우리가 "내게 사는 것이 그리스도"라고 고백할 수 있다면, 그것은 모든 시련과 어려움을 능히 헤쳐 나갈 수 있게 해주는 한결같은 은혜를 경험하고 있다는 뜻이다. 비록 더 큰 시련과 실패가 몰려올지라도, 은혜가 하나님을 나의 영혼에 더욱 실제적으로 체험하도록 해줄 것이다. 그 결과 나는 이전에는 결코 알 수 없었던 하나님을 이런 식으로 알게 된다. (아브라함은 "시험을 받을 때에 믿음으로 이삭을" 드렸다. 그리고 나서 아브라함은 하나님을 이전에는 결코 알 수 없었던 "부활의 하나님"으로 알게 되었다.) 많은 방해와 장애에도 불구하고, 명백한 실패를 보면서도, 결코 실패하지 않으시는 그리스도를 바라봄으로써 승리하신 그리스도를 더욱 누릴 수 있다는 것은 얼마나 놀라운 위안인가! "여호와의 은밀하심이 주를 경외하는 자에게 있음이여 그 언약을 저희에게 보이시리로다."(시 25:14, 다비역 성경)

에베소 교회를 향한 메시지를 보면, 우리는 교회의 실패가 시작되고 있는 것을 볼 수 있다. 그러한 것이 심판자의 증거이다. 실패의 결과는, 회개치 아니하면 교회의 촛대가 옮겨지는 것이다. 이로써 교회는 처음 행위로 돌아가도록 부르심을 받게 되었다. 돌이키지 않으면 교회는 지상에서 더 이상 증인으로 설 수 없게 될 것이다.

287
에베소 교회는 외적인 행위, 의를 행하는 것, 그리고 거짓 교사들을 거절하는 일에서 실패하고 있었던 것이 아니라, 사랑에 보답하면서 그리스도와의 친밀한 사귐을 나누는 것에서 실패하고 있었다. 에베소 교회의 행위는 양에 있어서나 열심에 있어서 부족하지 않았다. 다만 믿음, 소망, 사랑이란 교회의 특징이 무너지고 있었다. 그리스도는 교회가 언제 그리스도를 향한 사랑을 잃어버렸는지를 알고 계신다.

제 4강
서머나 교회를 향한 예언 메시지

287

우리는 지난 강의에서 요한계시록 전체에 흐르는 심판의 특징을 살펴보았다. 심판은 우선적으로는 교회들에 대한 심판, 그리고 세상에 대한 심판으로 이어질 것이다. 따라서 우리는 촛대 사이를 거니시고, 심판을 집행하시고, 일이 진행되어 가는 것을 살피시는 주님의 모습을 볼 수 있다. 이에 주님은 "내가 너희 각 사람의 행위대로 갚아 주리라"(계 2:23)고 말씀하신다. 게다가 우리는 하늘에서 그리스도와 연합을 이루고 있는 교회와 땅에서 그리스도를 나타낼 책임이 있는 교회 사이의 차이점을 보는 것이 얼마나 중요한 일인지에 대해서도 살펴보았다. 우리는 그리스도의 생명에 참여하고 있고, 하늘에서 그리스도와 연합을 이루고 있다. 하지만 동일하게 그리스도는 교회를 세상 앞에서 자신의 이름을 나타낼 그릇과 "모든 사람이 알고 읽는 그리스도의 편지"로 정하신 것도 사실이다. 어쨌든 이 땅에서 책임 있는 존재로서 교회의 책임문제가 개인 구원문제를 건드리지 않는다는 것도 살펴보았다. 개인을 향한 하나님의 성실하심과 하나님의 이름을 지고 있는 공동체의 심판은 별개의 사안이다. 하나님은 개인들을 하나님 영광의 풍성에 이르도록 이끌어 가실 것을 자신의 성실하심을 두고 약속하셨다. 하지만 동시에, 하나님은 친히 그들을 두신 자리에서 그들이 책임을 다했는지 아니면 실패했는지에 따른 책임을 물으셔야만 한다. 우리는 지상에서 증거의 자리에 있는 그릇으로서 교회를 심판하시는 하나님과, 성령에 능력에 의해서 하늘에서 그리스도와 연합을 이루고 있는 신부로서 교회를 향해 자신의 성실하심으로 일하시는 하나님을 혼동해서는 안된다. 더욱이 하나님은 과연 성도들이 말씀에 순종하는 삶을 살면서 선을 행했는지, 경고의 말씀에 반응하여 양심을 일깨우고 깨어 경성하는 삶을 살았는지에 따라서 성도들을 개인적으로 심판하실 것이다. 성도들은 하나님의 공의로운 심판 앞에 엎드릴 것이며, 결국 복을 받게 될 것이다. 비록 시련, 훈련, 그리고 징계가 있었지만, 이 모든 것들은 결국 하늘의 부르심을 받은 교회에게 유익한 것으로 작용할 것이다. 하지만 "슬기로운 자는 재앙을 보면 숨어 피하여도 어리석은 자들은 나아가다가 해를 받느니라."(잠 22:3)는 말씀처럼, 결국 하나의 몸으로서 명목상의 교회는 주님의 입에서 토하여 내침을 당할 것이다. 각 지역교회에 주신 메시지를 보면, 거기엔 그리스도에 대한 특별한 계시가 있고, 그 계시는 특별한 심판을 불러오는 것을 볼 수 있다. 뿐만 아니라 각각 특별한 필요에 맞는 특별한 약속이 주어지고 있는데, 이는 충성스러운 사람들에게 견딜 수 있는 힘을 주기 위하여 마음을 연단시키기 위해서 보증으로 주어진 것이다.

288

우리는 교회를 특징짓는 첫 번째 요소가 책임의 자리에 세워진 것임을 에베소 교회를 통해서 살펴보았고, 에베소 교회는 그 본래의 자리, 즉 "처음 사랑"을 버린 것에 대해서 살펴보았다. 이제 교회는 더 이상 머리이신 그리스도에게서 은혜를 공급받는 대상이 아니다. "그에게서 온 몸이 각 마디를 통하여 도움을 입음으로 연락하고 상합하여 각 지체의 분량대로 역사하는"(엡 4:16) 몸으로서의 교회가 아니라, 다만 여기 지상에서 개인 성도들의 마음과 양심에 책망과 경고와 약속을 제시해야만 하는 대상으로서 책임의 자리에 있는 교회이다.

여기서 기억해야 할 또 다른 사항은, 우리는 더 이상 성령님이 실제적으로 역사함으로써 형성되고 모이게 된 그리스도의 몸으로서의 교회를 찾아볼 수 없다는 점이다. 만일 여기서 말하고 있는 심판이 그리스도의 몸으로서의 교회를 심판하는 것이라면, 그것은 정말 말이 되지 않는다. 왜냐하면 그리스도는 결코 성령의 사역의 결과인 그리스도의 몸으로서의 교회를 심판하시지 않기 때문이다. 만일 성령께서 일하신다면, 거기엔 은혜 가운데 역동적으로 역사하는 능력이 있다. 심판을 집행하시는 그리스도는 성령님이 역사하신 열매에는 실제성이 있음을 잘 알고 계신다. 첫 번째 위대한 진실은, 주님은 자신의 사랑의 대상인 교회가 그 사랑에 대한 답례로 사랑을 나타낼 것을 기대하신다는 점이다. 만일 주님이 그 열매를 볼 수 없다면, 그것은 처음 사랑을 버렸기 때문인 것이다. 그렇게 처음 사랑을 떠나는 것이야말로 완전한 실패로 가는 첫걸음이다. 따라서 주님은 "회개하여 처음 행위를 가지라 만일 그리하지 아니하고 회개치 아니하면 내가 네게 임하여 네 촛대를 그 자리에서 옮기리라"(계 2:5)고 말씀하셨다.

또 다른 내용을 살펴보자. 여기서 심판의 대상은 개인이 아니라 교회들이다. (그럼에도 개인들은 이 메시지를 통해서 교훈을 얻고, 경고를 통해서 유익을 얻을 수 있다.) 따라서 성령께서 교회들에게 말씀하신다. 하지만 교회에게서 반응도 없고, 회개도 없고, 처음 행위를 가지는 것도 없고, 처음 사랑으로 돌이키지도 않는다면, 촛대는 옮겨지게 될 것이다. 이어서 촉구하는 말씀이 개인들에게 주어진다. "귀 있는 자는 성령이 교회들에게 하시는 말씀을 들을지어다."(계 2:7)

비록 교회로서 실패했고 또 촛대는 옮겨질 터이지만, 여전히 개인적으로 자신의 영성으로 이기는 자들이 있다. 이기는 일은 교회가 처해 있는 상황과 연결되어 있음을 주목하라. 개인들의 책임은 자신이 처한 상황에서 이기는 자가 되는 것이다. 이러한 상태는 성령께서 충만한 복을 쏟아부어주신 때의 상태와 전혀 다른 상태에 들어갔기 때문이다. 이렇게 이기는 일은 세상에서 일어나는 일이 아니라, 교회 안에서 일어나야 하는 일이다. "세상을 이긴 이김은 이것이니 우리의 믿음이니라."(요일 5:4) 성령님은 세상에서 사탄의 올무에 대항해서 자신의 믿음을 지킬 수 있도록 약속을 제시함으로써 충성스러운 사람의 마음을 부흥시키실 것이다. 하지만 영적 부패의 역사가 교회 안에 들어오게 되면, 양심은 필연적으로 자신이 속해 있는 교회 안에서 자신의 자리를 보존하고자 하는 방향으로 움직이게 된다. 유혹과 난관과 그리고 위험이 사람을 옭죄기 시작한다. 서머나 교회에 말씀을 주실 때, 교회는 이미 처음 사랑을 버렸다는 사실을 기억해야 한다. 성령께서 이 교회를 향해 말씀하시는 순간, 이 교회는 이미 타락한 교회로서 더 이상 성도들을 안전하게 보호하는 장소가 아니었다. 성도는 하나님의 능력과 뜻을 따라 행해야 함에도, 타락한 교회에서는 더 이상 그렇게 행할 수 없다. 타락한 교회는 더 이상 나를 오류에서 보호해줄 수 없다. 다만 심판의 대상일 뿐이다. 아무 것도 보장해줄 수 있는 것이 없다. 사실상 교회는, 사도들이 살아 있는 동안에만 사도적 권능과 힘 아래 보호를 받았을 뿐, 스스로 진리를 지키고 유지하지 못했다. (사도행전 20

장 28,29절, 그리고 베드로후서 1장 15절을 보라.)

289

교회가 더 이상 개인들을 이러 저러한 위험에서 지켜줄 수 없게 되었기에, 개인들이 따로 불러냄을 받는다. 교회는 이러 저러한 부분에서 옳을 수도 있지만, 어쨌든 나는 나의 영적 안전을 도모해야 하며, 하나님의 말씀을 통해서 자신의 믿음을 지키며 그러한 교회와는 거리를 두어야 한다. 이는 성령의 분별력을 통해서 하나님의 말씀을 적용해봄으로써 내가 따를 수 있는 것과 내가 따를 수 없는 것을 반드시 분별해야 하기 때문이다. 상황이 이 정도까지 되었다면, 더 이상 축복은 없으며, 교회에는 신령한 요소가 더 이상 남아있지 않게 된 것이다. 이제 우리는 주님이 보시고 또 칭찬하시는 것을 볼 수 있어야 한다. 책임에서 실패하고 있는 교회에 더 이상 안전은 없다는 것을 보는 것이 얼마나 중요한 일인지 두말할 필요가 없다. 그러므로 이 상황에서는 내가 받아 들여야 하는 것과 거절해야만 하는 것을 분별해야만 하는 개인적인 책임 아래 들어가게 된다. 교회는, 본래 하나님의 목적에 따르면, 개인들이 신령한 복을 받는 장소였고, 성도 개인들은 그리스도께서 그들로 들어가게 하신 신령한 상태를 보존시킬 수호자였으며, 성령께서 역동적으로 일하실 때 나타나는 성령의 능력을 담는 그릇이자 또한 그 능력을 흘려보내는 통로였다. 하지만 처음 상태를 떠난 교회에는 더 이상 그러한 모습을 찾아볼 수 없다. 우리가 이미 아나니아와 삽비라, 그리고 고린도 교회의 사례를 통해 살펴본 대로, 사도들만이 그 상태를 실제적으로 유지시킬 수 있었다. 그럴지라도 우리 개인에게 책임이 없는 것은 아니다. 이 때 우리는 그리스도를 바라보아야 한다. 오직 그리스도만이 교회가 처해있는 상태를 회복시키는데 필요한 은혜를 주실 수 있기 때문이다.

    교회의 발전이란 말에 대해서 함께 생각해보자. 사탄은 사람들이 이 단어를 매우 좋아하도록 하는데 성공했다. 살아계신 하나님의 교회에 이 개념을 도입한다는 것은 너무도 불순하고 또 부정한 생각이 아닐 수 없다. 하나님 속엔 발전될 것이 전혀 없기 때문이다. 하나님은 그 자체로 완전하시고, 변화될 것이 전혀 없으신 분이시다. 하나님께서 우리로 보기를 바라시는 것은, 요한일서 1장 1,2절에서 보는 것처럼 그리스도 안에서 계시된 하나님 자신의 완전하심이다. 아버지와 함께 계셨던 영원한 생명이 나타났다. 분명한 것은, 우리가 만일 모든 풍성이 그 속에 거하시는 영원한 생명의 본체이신 그리스도의 완전하심 밖에서 무언가 완전한 것을 찾을 수 없을진대, 이렇게 나타난 영원한 생명의 발전이란 있을 수가 없다는 사실이다. 하나님은 빛이시다. 그리스도는 참 빛이셨다. 이 빛이 성령의 능력을 힘입어, 그리스도의 위격의 영광을 온전히 밝혔다. 이 "빛(Light)"되신 그리스도 보다 더 밝고 더 충만한 것이 있는가? 과연 우리는 이 "진리

(Truth)"이신 그리스도의 계시 외에 무엇을 더할 수 있는가? 그리스도에 관해 배울 것이 많이 있다. 하지만 여기서 소개되신 그리스도는 삼위 하나님의 제2위격이신 하나님의 아들(a Person)이시지, 그저 교리 또는 교의(a doctrine)가 아니다. 만일 이것이 단지 교의(敎義)의 문제라면 우리는 무언가 또 다른 교의를 더할 수 있을 것이다. 하지만 영원한 생명은 교의의 문제가 아니라, 계시된 하나님의 아들로서 살아있는 인격을 영접하는 문제이다. 만일 영원한 생명의 실체가 그리스도 자신일진대, 무엇이 더 계시되어야 한단 말인가? 우리는 하나님이 역사하신 것에 아무 것도 더할 수 없다. 아! 에베소 교회를 보면, 사람들은 거기서 떨어졌다. 그들은 처음 사랑을 버렸고, 무언가에서 떨어졌다. 거기에 발전은 없었다. 물론 우리는 처음 계시된 것 외에 배울 것이 있고, 또 배워야 한다. 하지만 하나님은 시작 부분부터 이미 완전한 것을 우리에게 주셨다. 왜냐하면 하나님은 완전한 것이 아닌 것, 무언가 모자란 것, 하나님의 마음에 만족스럽지 않은 것 등을 새로운 것처럼 주는 분이 아니시기 때문이다.

290

첫 사람 아담은 완전히 무죄상태에서 시작했지만, 아담은 타락했다. 아론의 제사장직도 처음엔 완전했지만, 나답과 아비후에게 와서 실패했다. 하나님이 처음 심으신 것은 그것이 무엇이든지, 하나님은 자신의 마음을 따라서 전적으로 순전한 참 종자로 심으셨다. 하나님에게서 오는 것은 무엇이든 완전한 것이며, 아무리 공을 들인다 해도 더욱 온전케 만들 수는 없다. 이는 매우 단순하지만 명백한 진실이다. 우리 영혼과 그리스도 사이에 무언가를 끼어 넣는 것은 기독교 시스템을 뿌리째 뽑아내고 전복시키는 것이 된다. 이것은 하나님께서 지금까지 자신을 알리신 것 이상으로 자신을 피조세계에 계시하실 수 없다거나, 이전에 행하신 것보다 더 나은 것을 행하실 수 없다는 말이 아니다. 하나님은 다 하실 수 있다. 둘째 아담은 첫째 아담보다 월등히 탁월하시다. 하지만 하나님이 신약시대에 새로이 설립하신 것은 절대적으로 완전하며, 거기엔 하나님의 마음이 담겨있다. 인간은 그것을 개선하거나 추가할 수 없다. 우리를 위해서 설립된 것은 그리스도 안에서 하나님의 완전한 나타남이다. 따라서 발전의 개념은 거절되어야 마땅하며, 참람하기까지 하다. 요한은 "태초부터 있는 생명의 말씀"과 말세에 성도들이 안전하게 보호받는 길에 대해서 언급하면서, "너희는 처음부터 들은 것을 너희 안에 거하게 하라 처음부터 들은 것이 너희 안에 거하면 너희가 아들의 안과 아버지의 안에 거하리라"(요일 2:24)고 말했다. 인간의 책임이 오면, 심지어 영광도 사라지게 된다. 하나님은 "내가 너를 순전한 참 종자 곧 귀한 포도나무로 심었거늘 내게 대하여 이방 포도나무의 악한 가지가 됨은 어찜이뇨?"라고 물으신다. 이처럼 인간의 손에 들어간 것은 처음 상태를 떠나는 일이 반복적으로 일어났다.

291

　이제 새로운 원칙을 살펴보자. 이렇게 처음 상태에서 이탈되는 일이 일어났을 때, 하나님은 세상의 적대감을 통해서 역사하는 사탄의 능력을 두 가지 용도로 이용하셨다. 첫째, 성도 속에 있는 신성한 생명을 자극시키신다. 둘째, 더 이상 주님에게서 이탈하는 것을 막으신다. 이 때문에 그들은 어쩔 수 없이 환난에 들어가게 되는 것이다. 따라서 서머나 교회에 이르게 되면, 우리는 거기서 환난을 보게 된다. 만일 당신이 그리스도의 삶의 역사를 들여다보면, 십자가에 이르기까지 그리스도에게 시련과 고통이 계속해서 가해진 것을 볼 수 있을 것이다. 그리스도는 그렇게 항존하는 악에서 건지심을 받을 필요가 없었다. 왜냐하면 그 모든 고난은 다만 그리스도의 완전성을 더욱 드러내줄 뿐이었기 때문이다. 오히려 그리스도는 그 받으신 고난으로 순종함을 배우셨고, 이로써 온전하게 되었다. 인자로서 그리스도는 도덕적으로 더욱 영광에 합당하게 된 것이다. 그래서 히브리서 기자는 "그가 아들이시라도 받으신 고난으로 순종함을 배워서 온전하게 되었은즉"(히 5:8,9)이라고 말하고 있다. 그리스도 안에 있었던 모든 것이 반대와 무시를 당하는 환경을 통해서 온전히 드러나게 되었다. 그리스도의 길은 십자가에 이르기까지 짙은 어둠이 깔려 있었다. 그리스도는 사탄을 이기셔야만 했으며, 이제 당당하게 "이기는 그에게는 내가 내 보좌에 함께 앉게 하여 주기를 내가 이기고 아버지 보좌에 함께 앉은 것과 같이 하리라"(계

3:21)고 말씀하실 수 있다.

하나님께서 성도들에게 박해와 시련을 가하는 사탄의 능력을 이용하시는 두 번째 목적은 하나님에게서 그 이상의 이탈을 막기 위한 것이다. 성도들의 마음에는 안락하고 번창한 환경에서 쉬고 싶은 마음이 항상 있기 마련이다. 왜냐하면 성도 속에 있는 육신은 자연스럽게 쉼을 얻고자 세상과 타협하려는 경향으로 기울기 때문에, 그 결과 필연적으로 속에서부터 영적 부패가 일어나게 된다. 이런 일은 일어나서는 안된다. 그러므로 하나님은 "이곳은 너희의 쉴 곳이 아니니 일어나 떠날지어다 이는 그것이 이미 더러워졌음이라"(미 2:10)고 말씀하신다. 핍박은 하나님 교회가 죄로 물든 이 세상에 있는 동안 당연히 받아야 하는 몫이다. 교회가 초대 교회 시대부터 쉼을 구하기 시작했을 때, 하나님은 바로 그들 가운데 박해를 일으킬 수밖에 없으셨다(행 8:1).

마태복음을 보면, 주님은 산상수훈을 통해서 천국의 정신과 특징을 아름답게 설명하셨다. "심령이 가난한 자는 복이 있나니 … 애통하는 자는 복이 있나니 … 온유한 자는 복이 있나니" 등등. 복은 주님이 소개하고 증거하는 것의 실체가 가진 특징이었다. 하나님은 하나님의 눈에 무엇이 복된 것인지를 보여주고 계셨다. 그리고 나서 그리스도의 은혜가 처음으로 나타났으며, 천국 곧 그리스도가 통치하시는 나라의 도덕적 특징과 원칙들이 그 은혜에 어울리도록 자연스럽게 나타난 결과임을 보여주었다. 그리스도께서 일으킨 기적들은 주변에서 몰려든 군중들의 이목을 끌었고, 그리스도는 거기서 더 나아가 천국의 참 정신과 특징이 무엇인지를 들은 사람들에게 그 의미를 설명하셨다. 사실 그들은 자신들의 생각과는 상당히 다른 개념에서 누가 복이 있는지를 들었던 것이다. 그리고 마태복음 거의 끝에 가서, 즉 마태복음 23장에서 복이 아닌 "화 있을진저! 화 있을진저! 화 있을진저!"라는 말을 들었다. "보라 너희 집이 황폐하여 버린 바 되리라 내가 너희에게 이르노니 이제부터 너희는 찬송하리로다 주의 이름으로 오시는 이여 할 때까지 나를 보지 못하리라."(마 23:38,39) 이렇게 사람의 적대감이 온전히 드러나게 된 것은, 사실 그리스도의 어떠하심이 완전히 드러났기 때문이었다. 마태복음의 시작은 그리스도의 마음 속에 있었던 것이 풍성하게 흘러나오는 것으로 복스럽게 시작되었지만, 그리스도의 삶의 행보마다 사람들의 마음 속에 있었던 것을 드러내는 것으로 작용했기 때문에, 마침내 "화 있을진저 외식하는 서기관들과 바리새인들이여"라는 말씀으로 마칠 수밖에 없었다.

292

다시 본 주제로 돌아와서, 하나님께서 우리에게 환난을 보내시고, 외부에서 반대하는 사람들을 일으키시고, 이로써 은혜를 나타내시며, 부패할 수 있는 성향에서 보호하시는 역사에 대해 살펴보자. 그리스도에게 가까이 나아가도록 우리를 자극시키는 이러한 역사는 언제나 은혜를 가져올 수밖에 없다. 따라서 하나님은 교회를 위한 복을 가져다주는 도구로 사탄도 사용하신다. 예를 들어 욥의 경우를 생각해보자. 하나님은 욥에게 복을 주시기 위해서 얼마나 경이로운 방법으로 사탄을 사용하셨던가! 사탄과 대화를 시작하신 분은 하나님이셨고, 하나님은 사탄이 욥에게 관심을 갖도록 하기 위해서 무엇을 해야 하는지 정확하게 아셨다. 그래서 "네가 내 종 욥을 유의하여 보았느냐?"(욥 1:8)고 물으셨다. 사탄 속에 있는 악은 욥을 박해하고 재앙을 주고 싶은 욕망으로 꿈틀거렸다. 하지만 사탄의 이러한 악조차도 욥에게 복을 주고 싶어 하시는 하나님이 사용하시는 도구였다. 사탄조차도 자기 속에 있는 악이 그렇게 사용될 수 있는지를 알 수 없었다. 또 다른 예로 바울을 살펴보자. 바울은 셋째 하늘에 이끌려 갔으며, 거기서 세상에 복음을 전하고 교회에 진리를 가져다주기에 자신을 적합하게 만들어줄 하나님의 능력을 받게 되었는데, 그러한 예수 그리스도의 영광에 대한 계시가 이후에 필연적으로 통과해야 했던 모든 시련 가운데서도 자신을 붙들어주는 힘이 되었다. 그렇다면 여기서 육신의 역할은 무엇일까? 어쩌면 육신은 바울을 이렇게 충동질할지도 모른다. "이보게. 바울. 당신은 셋째 하늘에 가보았지. 당신 외에 그곳에 가본 사람은 아무도 없다네." 이런 이유 때문에, 바울의 육체에 가시 곧 사탄의 사자를 주셨으니, 이는 자고하지 않게 하기 위한 것이었다. 이 때문에 바울은 주님께 이것을 제거해달라고 세 번씩이나 간구했지만, 주님은 거절하셨다. 이는 혹 바울이 분량을 넘어 자랑하지 않도록 하기 위한 것이었다. 하지만 바울은 주님에게서 다음과 같은 확증의 말씀을 들었다. "내 은혜가 네게 족하도다 이는 내 능력이 너의 약함 가운데서 온전하여짐이라."(고후 12:9) 이 말씀은 계속해서 자신을 돌보시는 주님을 바라볼 수 있게 했기에 바울에게 힘이 되었고, 이로써 바울은 자신의 연약함을 배울 수 있게 되었다. "육체 속에 있는 가시는 너무 자고하지 않게 하고자 주님이 주신 사탄의 사자"라는 사실이 분명해졌다. 이제 바울과 관련된 모든 것은 그리스도의 은혜와 힘의 문제가 되었고, 더 이상 바울에게 힘이 있느냐 없느냐는 문제가 되지 않게 되었다. 이제 바울은 담대하게 "이러므로 도리어 크게 기뻐함으로 나의 여러 약한 것들에 대하여 자랑하리니 이는 그리스도의 능력으로 내게 머물게 하려 함이라"(고후 12:9)고 말할 수 있게 되었다.

293

하나님께서 성도들을 연단하시는 도구로 사탄을 이용하신다는 말은 참으로 놀랍게 보인다. 그럼에도 하나님은, 우리가 지금까지 살펴본 대로, 그렇게 하신다. 하지만 여기서 주의할 것이 있다. 요한계시록 2장 10절을 보면, 하나님은 "내가 너희 가운데 몇 사람을 옥에 던져 넣을 것이다"라고 말씀하시지 않고, "마귀가 장차 너희 가운데서 몇 사람을 옥에 던져"라고 말씀하신다(계

2:10). 과연 주님은 그것을 막으실 수 없단 말인가? 물론 막으실 수 있다. 하지만 시련이 필요했기에, 주님은 마귀가 하는 일을 막지 않으셨고, 그 결과 시련을 통해서 성도들은 복을 받게 될 것이다. 또 다른 사례를 베드로를 통해서 살펴보자. 주님은 "사단이 밀 까부르듯 하려고 너희를 청구하였으나 그러나 내가 너를 위하여 네 믿음이 떨어지지 않기를 기도하였노니"(눅 22:31,32)라고 말씀하셨다. 과연 베드로는 믿음이 떨어졌는가? 전혀 그렇지 않다. 사실 베드로에겐 키질하는 일이 필요했다. 왜냐하면 그는 너무 자기 육신을 믿었고, 자만했기 때문이다. 하지만 주님은 그의 믿음이 떨어지지 않도록 기도해주셨다. 다시 말해서 베드로는 시련을 통과하는 가운데, 그리스도를 의지하는 마음을 잃지 않고, 다만 그리스도의 사랑을 확신하고 견딤으로써 이후에 예비된 복을 받을 필요가 있었다. 그러한 믿음의 시련을 경험했던 베드로는 자신의 경험을 상기하며 이렇게 말했다. "너희 믿음의 시련이 불로 연단하여도 없어질 금보다 더 귀하여 예수 그리스도의 나타나실 때에 칭찬과 영광과 존귀를 얻게 하려 함이라."(벧전 1:7) 마치 알곡 가운데 왕겨를 키질해 내듯이 사탄이 밀 까부르듯 할 때에도, 주님은 사탄을 사용하신다. 그리고 시련을 통해서 연단된 믿음을 가지게 된 성도들에게 주님은 이렇게 말씀하신다. "너는 돌이킨 후에 네 형제를 굳게 하라."(눅 22:32)

교회가 처음 사랑을 버림으로써 타락하게 되면, 교회는 시련의 용광로 속으로 들어가게 될 것이다. 그 속에서 교회는 자기 속에 있는 악한 성향, 즉 죄와 사망의 몸에 남아 있는 육신적 본능을 따라 행동할 것이며, 세상의 유혹과 세상의 악에 동조하는 모습을 띠게 된다. 교회가 "처음 사랑"의 신선함 가운데 행하기만 한다면, 세상은 교회를 좌지우지할 능력이 없다. 그리스도는 분명 교회 앞에 유일한 사랑의 대상이지만, 교회가 다른 곳에서 마음의 만족을 추구하게 될 때 불신앙을 향해 마음을 여는 것이 된다. 이렇게 교회가 그 처음 사랑에서 떠나게 되면, 교회는 자신의 악한 육신성의 먹이가 되고, 주변의 악을 따라 행하게 되며, 시련의 용광로 속으로 떨어지게 된다. 사실 그곳은 사탄이 교회를 핍박하는 장소다. 그럼에도 교회가 사탄이 거하는 곳, 곧 세상이라는 더 위험한 장소로 들어가는 것을 막아주는 곳이기도 하다.

294

요한계시록 2장 9절을 보자. **"내가 네 환난과 궁핍을 아노니 실상은 네가 부요한 자니라."** 교회가 처음 시작되었을 때, 그리스도인은 겉보기엔 가난하고 멸시받는 존재였다. 처음 사랑을 떠나가면서 교회는 세상 철학과 사상의 조류에 휘말려드는 위험에 깊이 빠져들게 되었다. 주님은 그리스도인들을 대적하도록 세상 철학자들을 풀어놓으셨고, 거짓된 안락과 기쁨 속에 젖어있는 그리스도인들에게 슬픔을 안겨주었다. 세상은 거짓 유혹으로 교회를 유혹하는 대신, 세상 악의 진수를 가지고 교회를 세상 일에 깊이 관여하도록 함으로써 아버지의 사랑에서 떠나게 했다. 그러자 그들은 세상의 적대감이 성도들을 몰아넣은 가난과 하찮음 속으로 빠져들었다. 주님은 "실상은 네가 부요한 자니라"고 말씀하셨다. 이렇게 가난하고 멸시받는 소수의 성도들은, 실상은 하늘에 속한 신성하고 무진장한 영적인 부를 가지고 있었다. 그들은 세상에서 번성하고 확장되었고, 주님이 주는 것이 아니라 세상이 주는 번영 속에 안주하고 싶어 했다. 이들을 너무도 사랑하시는 주님은 이들이 주님만을 의지하도록 시련의 풀무불 속으로 넣을 필요가 있었다. 주님은 교회를 그 받은 복과 함께 시련 가운데 던져 넣으실 것이며, 이렇게 주님은 세상의 적대감을 이용해서 교회를 그 본래의 소망과 특권의 자리로 돌아오게 하실 것이다. 이를 위해서 이상해보이긴 하지만 주님은 그들을 "십일 동안 환난"을 받게 하시며, 그들이 바라볼 본향은 땅이 아니라 하늘인 것을 가르치신다. 이로써 주님은 그들이 땅에서 영구히 거주할 사람들이 아니라, 다만 나그네와 순례자로서 이 세상을 통과해야 하는 사람들이며, 주님도 이 땅에 계시는 동안 순례자로 사셨으며, 지금 영광 중에 계신 분이 세상에 대해서 순례자이셨음을 깨우치신다. 뿐만 아니라 이러한 시련은 정해진 시간이 있음을 알게 해주신다. 하나님은 사탄을 회초리처럼 사용하시는 것이 사실이긴 하지만, 그럼에도 사탄은 결코 허락받은 한계를 넘어 우리 머리카락 하나도 건드리지 못한다.

교회는 자신이 어디서 떨어졌는지를 알고, 그 처음 상태를 깊이 생각할 필요가 있다. 이에 그리스도께서는 마귀로 하여금 그들 가운데 몇 사람을 감옥에 가두는 일을 하도록 허용하시면서, "네가 죽도록 충성하라 그리하면 내가 생명의 면류관을 네게 주리라"고 말씀하신다. 그들은 어쩌면 순교를 당할 수도 있다. 그렇다면 그 결과는 무엇인가? 예수님께서 그들에게 생명의 면류관을 주실 것이다. 교회는 세상의 품에 안겼다. 여전히 살아있는 믿음을 행사하고 있고, 그리스도를 합당한 자리에 모시고 있으며, 힘을 발휘한다. 하지만 일단 그리스도를 포기하는 순간이 오고, 박해가 가해지면 거기엔 순교자가 생긴다. 심지어는 가장 세속적인 교회에도 순교자가 있다. 이런 일은 종종 볼 수 있다. 우리가 살고 있는 지금 이 시대에도 마찬가지이다. 오늘날 그리스도인들 대부분은 세상이 추구하는 것과 동일한 것을 추구하고 있다. 즉 부귀와 권력과 세상의 영향력 등을 움켜쥐고 싶어 한다. 이 세 가지는 정확하게 주님에게 없는 것이었다. 나 자신이 힘과 영향력을 가진 곳에서 조차도 나그네처럼 지내야 한다고 말하는 것일까? 그렇지 않다. 주님께서 그 세 가지에 대해서 세상 조류에 등을 돌리셨을진대, 그리스도인들이 이것들을 탐한다면 반드시 풀무불을 통과하게 될 것이다. 교회가 세상과 세상에 속한 것들을 탐익하게 되면, 반드시 하늘의 그리스도와 십자가에 못 박히신 그리스도를 포기해야만 한다. 하나님의 교회는 교회의 참 본질을 잃지 않고서는 세상과 세상 종교와 영합할 수는 없는 법이다.

295

유대교의 목적은 이 세상과 더불어 종교적으로 연합을 이루는 것이었다. 그래서 하나님은 과연 사람이 하나님과 연합을 이루고서도 세상에 속한 것들을 움켜쥔 채 하나님 자신에게로 이끌릴 수 있는지를 시험하셨다. 이를 위해서 하나님은 사람에게 웅장한 성전과 아름다운 의복과 장엄한 예식과 음악과 노래를 주셨고, 인간 본성의 취향과 감정을 하나님 자신과 혼합하는 것을 허락하셨다. 하지만 이 일은 사람과 하나님 사이에 제사장을 둘 필요가 있었음을 주목하라. 이것은 결코 빛이신 하나님의 임재 속에 들어가는 것도, 하늘에서 하나님과 친밀한 사귐을 나누는 것도 아니었다. 이 모든 땅에 속한 일들은 우리 영혼과 하나님을 먼 거리에 두고 서로 격리시키는 결과만을 가져왔을 뿐이다. 세상과 종교가 서로 연결되어 있는 곳은 어디나 제사장이 있기 마련이다. 당신이 사람을 제사장으로 삼는 순간, 인간 제사장은 결코 하나님 앞에 설 수 없다. 그는 결코 빛 가운데 설 수 없다. 그 사람도 제사장을 필요로 하는 하나의 죄인일 뿐이기 때문이다.

하지만 우리는 이제 하나님께 가까이 나아왔다. 하나님이 빛 가운데 계신 것처럼, 우리도 빛 가운데 서 있을 수 있다. 우리는 제사장이다. 하나님의 임재 속에 들어왔기 때문에, 하나님과 우리 사이에 다른 제사장은 필요치 않다. 그리스도는 예루살렘 성문 밖에서 고난을 당하셨다. 그리스도의 피가 하늘 성소에 있는 시은소에 뿌려졌을 때, 이로써 우리는 성화되었고, 그리스도와 우리의 연합은 하늘에서 이루어졌다. 우리는 더 이상 지상에 있는 예루살렘과는 상관없게 되었다. (지상에 더 이상 거룩한 도시는 없다.) 우리는 세상 밖으로 불러냄을 받았으며, 그리스도와 함께 하늘 성소의 휘장 안으로 들어왔다. 세상은 이제 우리에게 영문 밖이다. 그래서 성경은 "우리는 그 능욕을 지고 영문 밖으로 그에게 나아가자."(히 13:13)라고 말하고 있다. 이것은 정확하게 사도 바울이 히브리서에서 가르치고 있는 바이다. 그들은 세상 특징을 가진 종교, 즉 유대교와 함께 계속해서 나아갈 수 없었다. 왜냐하면 유대교는 하나님이 세우신 땅에 속한 종교였기 때문이다. 이제 사도 바울은, 자신이 과거에는 그리스도를 육체대로 알았을지라도, 더 이상 그같이 알지 않는다고 말하고 있다. 바울이 아는 그리스도는 오로지 하늘에 계신 천상의 그리스도였다.

유대교 아래서 육체에 속한 예식이 사람과 하나님을 연결하고 있었다. 하지만 그리스도께서 세상에서 거절을 당하셨기에, 제자들도 땅에서는 거절당했지만 하늘에서는 받아 주신 그리스도를 통해서 그들은 하늘의 자리를 얻을 수 있었다. 땅인가, 아니면 하늘인가? 더 이상 중간은 없다. 그리스도는 온전히 하늘에 속한 분이시다. 우리는 함께 일으킴을 받았고, 그리스도 예수 안에서 함께 하늘에 앉아 있다. 교회가 그리스도 안에서 하늘에 앉아 있는 것이 무엇인지를 잃어버린 순간, 신실한 사랑 가운데 계신 주님은 우리에게 역사하도록 사탄의 능력을 풀어 놓으실 것이며, 이로써 우리가 간절히 염원하고 추구했던 그 세상이 바로 사탄의 보좌가 있는 장소임을 알게 하실 것이다. 물론 그런 경우, 우리는 세상과 세상의 사상이 전적으로 우리를 적대시하고 있음을 확실히 알게 될 것이다. 그 다음 우리는 그리스도와 및 우리를 향한 그리스도의 생각을 받아들이게 될 것이다. 주님은 "네가 장차 받을 고난을 두려워 말라"(계 2:10)고 말씀하신다. 왜냐하면 주님은 "처음이요 나중이요 죽었다가 살아나신 이"(계 2:1)이시기 때문이다.

296

서머나 교회를 향해 말씀하시는 그리스도의 특징은 "죽었다가 살아나신 이"이시다. 그리스도는 단지 신성한 하나님이 아니라, 죽으셨다가 다시 살아나셔서 세세무궁토록 사시는 분이시다. 인자로서 그리스도를 생각해보면, 그리스도는 거절당하셨고 버림받으셨다. 따라서 인자이신 그리스도만 생각한다면, 막달라 마리아처럼 우리는 빈 무덤 아니면 부활하신 예수님을 보게 될 것이다. 만일 당신의 마음이 그리스도에게 고정되어 있다면, 이 세상에서 당신이 찾을 수 있는 전부는 예수의 빈 무덤일 뿐이다.

그 속에서 무엇을 찾고자 애쓸지라도 아무것도 찾을 수 없을 것이다. 그렇다면 우리는 이 세상과는 아무 관계할 것이 없다. 만일 우리가 영으로 하늘에 계신 우리의 머리와 연합을 이루고 있을진대, 우리의 신령한 복은 모두 거기에 있다. 하지만 세상에 머무는 동안 우리 마음과 우리 영혼을 하늘에 머물게 하는 일은 끊임없이 어려움을 겪을 것이다. 그러나 반드시 그리 해야 한다. 반대로 우리가 세상에 매달리지 않으면, 세상이 우리를 붙들고자 애쓸 것이다. 만일 부패가 일어난다면, 처음 사랑을 버리게 될 것이고, 그때 환난에 들어가게 된다. 이는 우리로 "세상을 본받지 않게" 하려는 것이다. 이것이 바로 서머나 교회가 겪었던 일이었다. 그들은 처음 사랑을 떠났고, 그 결과 환난을 겪어야 했으며, 이를 통해서 자신들이 세상에 속하지 아니했음을 상기하도록 했다. 유대주의가 몰래 들어왔고, 발전의 개념이 들어옴으로써 자신을 소수의 작은 무리로 여기는 대신 "자신이 보지 않은 것을 억지로 주장하고 자기 육신의 생각으로 헛되이 과장하는"(골 2:18 KJV 참조) 일이 일어났다. 그들의 숫자는 놀라울 정도로 증가되었고, 이로써 그들은 육신을 자랑하는데 빠지게 되었다. 사실, 교회는 전체적으로 유대교의 계급구조를 빠르게 수용했다. 그러자 환난이 임했고 교회는 시련 속으로 들어가게 되었다. 만일 죽음에 이를 정도의 환난이 일어났다면, 거기엔 살아계신 주님에 대한 살아있는 믿음이 있었다는 증거였다. 그렇게 순교의 죽음을 당한 성도는 둘째 사망의 해를 당하지 않을 것이다. 이러한 박해의 역사를 보면, 교회의 생생한 능력과 진리는 박사들의 교리에 있었던 것이 아니라, 순교자들의 피에 있었음을 확실히 알게 된다.

제 5강
버가모 교회를 향한 예언 메시지

297

이제 버가모 교회에 주신 메시지를 살펴보자. 주님은 "내가 네 행위를 알고 또 네가 어디 사는 것을 내가 아노니 거기는 사탄의 보좌가 있는 데라"(계 2:13)고 말씀하셨다. 여기서 우리는 악이 가진 보다 간교한 특성을 볼 수 있다. 주님은 사탄이 할 수 있는 모든 일을 용인하신다. 교회는 박해를 견디고 충성을 나타내었다. 주님은 "네가 내 이름을 굳게 잡아서 *내 충성스러운 순교자 안디바가 죽임을 당했음에도* 나를 믿는 믿음을 저버리지 아니하였도다."(계 2:13, 이텔릭체는 저자의 말)라고 말씀하셨다. 하지만 지금 교회는 밖에서 오는 세상의 박해가 아니라, 안에서 일어나는 교리의 부패 때문에 고통을 받고 있다. 사실 세상의 박해는 교회를 공격하지만 오히려 교회를 정결하게 하는 결과를 내었다. 하나님의 교회는 사탄의 보좌가 있는 세상에서 책임의 자리에 있다. 만일 교회가 (세상이 십자가에 못 박은 그리스도께서) 하늘에 영광 중에 계신 그리스도이심을 증거하는 증인이기를 멈춘다면, 세상도 더 이상 교회를 박해하지 않을 것이다. 교회의 역사가 시작된 이래로 교회의 자리는 하늘에 있다. 그 하늘의 자리는 교회에게 증인의 역할을 하도록 요구한다. 이는 개인의 복음전도의 문제가 아니라, 교회의 공동체적 사명의 문제이다.

사람들은 그리스도께서 십자가에 못 박히셨기 때문에 사탄은 더 이상 이 세상 임금이 아닐 거라고 생각한다. 하지만 나는 오히려, 사탄이 이 세상 임금이 된 것은 그리스도께서 십자가에 매달리셨을 때부터라고 말하고 싶다. 물론 사탄은 인간의 마음 속에선 항상 임금이었다. 하지만 그리스도께서 거절당하실 때까지, 인간 속에 어느 정도는 선(善)이 있을 것이라는 소망은 있었다. 하지만 십자가는 인간의 마음은 사탄에게 온전히 종속되어 있으며, 아무 것도 건질 것이 없음을 입증하고 증명했다. 물론 십자가는 사탄의 능력을 파괴했다. 왜냐하면 그리스도는 십자가에서 사망의 권세 잡은 자 곧 마귀를 멸하셨기 때문이다. 다른 말로 하자면 십자가에서 이루신 사역은, 비록 이 완성된 사역의 열매가 권능 가운데 다 우리에게 실현된 것은 아니지만, 그럼에도 우리를 하나님 앞에서 의(義) 가운데 서게 해주었을 뿐만 아니라, 사탄의 권세를 무장 해제시켰고, 그의 머리를 상하게 했다. 하나님은 이미 온갖 방법으로 인간을 시험하셨고, 마지막으로 유대교 시스템을 통해서 율법에 의한 책임 아래 두심으로써 순종을 요구하셨다. 인간은 거기서 실패했음에도, 이렇게 결론을 내렸다. "만일 내가 좋아하는 일을 할 수만 있다면, 모든 것이 다 잘 될 것이다." 그래서 하나님은 느부갓네살 왕을 선택하시고, 모든 세상 권력을 그 손에 맡김으로써 인간을 또 다시 시험하셨다. 두 방법 모두, 즉 유대교 아래 있는 유대인을 시험하고 또 세상 권력을 모두 가진 이방인을 시험했을 때, 인간은 모두 실패했다. 그리고 그리스도께서 오셨다. 사탄은 그리스도를 없애고자 모든 것을 걸었다. 하지만 그 결과는 사탄 자신의 패배로 끝났다. 하지만 아직 그에겐 그리스도를 추방시켜버린 세상을 조종할 시간이 남아 있다. (주님을 십자가에 못 박아 처형한 사건을 통해서 보듯이) 세상은 아직까지는 사탄의 도구이다. 이 세상 임금인 사탄이 왔다. 그리고 대제사장, 바리새인들, 본디오 빌라도, 유대인, 그리고 이방인 모두가 사탄을 따랐다. 세상을 주무르는 사탄의 권세를 보고 두려움에 빠진 주님의 제자들은 주님을 버리고 도망쳤다. 다른 말로 해서, 온 세상이 그리스도를 죽이는 일에 사탄을 따랐으며, 그 순간부터 사탄은 이 세상의 임금으로 등극했던 것이다. 그리스도께서 세상에 의해서 거절당하실 때까지 사탄은 세상 임금으로 나타날 수 없었다. 주님은 그런 그를 인정하시고, 그를 "이 세상 임금"으로 부르시면서 이렇게 말씀하셨다. "이제 이 세상의 심판이 이르렀으니 이 세상 임금이

쫓겨나리라."(요 12:31) "이 세상 임금이 오겠음이라 그러나 저는 내게 관계할 것이 없으니."(요 14:30)

298

하나님의 교회는 하늘에 있는 하나님의 황태자와 연합을 이루기 위해 세상으로부터 불러냄을 받았다. 그러므로 그리스도인은 사탄의 보좌가 있는 곳, 곧 세상에 살지만 그럼에도 세상은 그리스도인의 본향도 아니고 영구히 거할 거처도 아니며, 세상사와는 관계할 것이 전혀 없다. 하지만, 아! 교회는 실제적으로 머리를 붙들지 않을 위험이 있으며, 세상 특징을 띨 수가 있다. 만일 "내게 사는 것이 그리스도"일진대, 그리스도는 결코 세상 종교를 조금도 소유하지 않으셨음을 기억하라. 육신 안에 있는 사람은 반드시 자신과 머리되신 그리스도 사이에 무언가를 두고자 하는 성향이 있다. 그리스도인과 세상 종교의 차이점은 하늘과 땅만큼 차이가 있다. "너희가 세상의 초등 학문에서 그리스도와 함께 죽었거든 어찌하여 세상에 사는 것과 같이 의문에 순종하느냐?"(골 2:20) 이 말은 세상에 속한 사람은 반드시 의문에 순종하게 된다는 뜻이다. 세상 사람이 의문(儀文, ordinances), 곧 규례들이 없이 어찌 종교적인 사람이 될 수 있을까? 하지만 의문(儀文)은 그리스도와는 아무 상관이 없다. 의문에 속한 모든 것들은 그리스도의 십자가에 못 박혔다. 죽었다가 다시 사신 그리스도의 능력을 알고 그 안에서 행하지 않는다면, 결단코 세상의 종교, 의문, 그리고 그와 같은 것들에서 벗어날 가능성은 없다. 육신 안에 있는 사람은 자신과 하나님 사이에 의문에 속한 종교를 둘 수밖에 없다. 하지만 만일 하늘에 있는 머리와 연합을 이룬다면, 하나님께 가까이 나아가는데 부족한 것이 전혀 없게 된다. 그 사람은 그리스도와 하나이기 때문이다. 만일 그가 머리와 하나됨을 이루고 있지 않다면, 그는 그리스도에게 끊어진 사람이다. 그리스도와 우리 영혼 사이에 그 무언가를 두게 되면, 모든 것이 다 사라지게 된다. 그때에는 우리의 위치가 전혀 달라지기 때문이다.

이렇게 세상과 영합하려는 우리 속에 있는 부패한 성향은 고난을 불러 올 수밖에 없다. 하지만 고난을 견디는 자에겐 거기에 해당하는 약속이 주어졌다. "네가 죽도록 충성하라 그리하면 내가 생명의 면류관을 네게 주리라."(계 2:10) 고난을 보내신 것이 주님이신 것은 분명한 사실이지만, 주님에게 무슨 도덕적인 악이 있는 것은 결코 아니다. 주님은 악으로 사람을 시험하실 수 없는 분이시다. 주님은 서머나 교회 사람들에게 세상과 영합하려는 타락한 악한 본성이 있음을 가르치셨고, 그 본성 때문에 고난을 받게 될 것을 경고하셨다. 그럴지라도 주님은 발람의 악한 가르침을 허용하지는 않으셨다. 왜냐하면 그리스도께서는 자신의 성도들을 바른 길로 인도하기 위하여, 때리는 막대기를 사용해서 도덕적인 시험에 빠지도록 하는 분이 아니시기 때문이다.

오히려 주님은 자신의 거룩한 지혜로써 모든 상황을 안배하신다. 버가모 교회를 향한 대적의 계략은 서머나 교회처럼, 고난에 빠지게 하는 것이 아니었다. 전략을 바꾸어, "발람이 발락을 가르쳐 이스라엘 앞에 올무를 놓아 우상의 제물을 먹게 하였고 또 행음하게"(계 2:14) 하는 것이었고, 또한 발람의 교훈을 지키게 하는 것이었다. 발람은 버가모 교회 사람들로 하여금 종교적으로 세상과 연합시키고자 했다. 사탄의 계략 가운데 더 강력하고도 슬픈 것은, 힘으로 성도들을 공개적으로 박해하는 것이 아니라 성도들을 육신적인 악에 빠지게 하는 것이다.

299

에베소 교회는 "처음 사랑"을 떠난 교회였고, 우리는 거기서 배도의 시작을 볼 수 있다. 서머나 교회는 고난이라는 용광로 속에 들어간 교회였다. 박해는 사탄의 최종적인 전략이 아니었다. 죽도록 충성하는 자는 순교자의 명예를 얻을 것이며, 생명의 면류관을 쓰게 될 것이다. 하지만 새로운 위험이 나타났다. 그들은 사탄의 보좌가 있는 곳에 거하고 있었다. 세상은 사탄의 보좌가 있는 곳이다. 육신을 즐겁게 하려는 영적인 부패가 일어났고, 교회는 세상과 연합을 이루어 교회를 더욱 발전시킬 수 있다는 가르침이 유포되었다. 원수가 교회 안에서 일하고 있었다. "거기 네게 발람의 교훈을 지키는 자들이 있도다."(계 2:14)

서머나 교회가 박해를 받은 것과 버가모 교회가 시험을 받은 것 사이에는 매우 흥미롭고도 유익한 교훈이 있다. 서머나 교회를 향해서 주님은 "네가 장차 받을 고난을 두려워 말라 볼지어다 마귀가 장차 너희 가운데서 몇 사람을 옥에 던져 시험을 받게 하리니 너희가 십 일 동안 환난을 받으리라 네가 죽도록 충성하라 그리하면 내가 생명의 면류관을 네게 주리라"(계 2:10)고 말씀하셨다. 이는 마치 주님께서 "나는 너를 위해 죽임을 당했다. 이제 네가 나를 위해 죽기까지 충성할 차례다."라고 말씀하시는듯하다. 서머나 교회에서 주님은 그들이 들어가 있는 복된 자리가 이끌어오는 결과, 즉 박해를 막고자 개입하는 대신, 그들로 하여금 돌이켜 교회의 참 본질을 보고, 영원하면서도 하늘에 속한 약속을 확증시켜 주시며, 충성하는 자에게 면류관을 주실 것을 약속하심으로써 영적으로 하락하고 있는 교회를 붙들고자 하셨다. 하지만 버가모 교회에서는, 사탄의 보좌가 있는 곳에 그들이 거하고 있다는 사실을 밝힘으로써, 전혀 다른 방식으로 진실을 드러내고 있었다. 주님은 세상을 심판하지 않고는, 세상과 얽히고 설키게 하는 올무를 제거하실 수는 없으셨다. 당신은 어쩌면 세상과 협력하는 일을 하고 있고, 또 세상의 정신으로 교회 일을 하게 하는 사탄의 간교함에 빠져있을 수 있다. 거짓 선지자는 교회로 하여금 사탄의 보좌가 있는 세상에 살도록 안내하면서, 세상은 더 이상 교회의 박해자가 아님을 가르친다. 그렇다면 이세벨의 교훈은 아직 들어오지 않았을지 모르지만, 발람의 가르침이 이미 교회 안에 들어온 것이다.

　가장 끔찍스럽고 두려운 특징이 발람의 가르침 속에 있다. 하나님은 이스라엘을 약속의 땅으로 인도하고자 하셨지만, 이스라엘은 실패했다. 이는 사탄이 발락과 발람이라고 하는 자신의 도구를 사용해서, 이스라엘 백성이 가나안 땅에 들어가는 일을 방해했기 때문이다. 사탄은 자신의 종들을 통해서 이스라엘을 저주하도록 애썼지만, 그들은 그렇게 할 수 없었다. 왜냐하면 하나님은 "이스라엘의 패역을 보지" 아니하셨고(민 23:21), 게다가 사탄의 능력으로는 하나님의 백성들을 저주할 수 없었기 때문이다. 그래서 발람이 말한 대로 "야곱을 해할 사술이 없고 이스라엘을 해할 복술이" 없었던 것이다(민 23:23). 하나님은 발람의 입술을 주장하셨고, 그로 하여금 저주 대신 하나님 자신을 대신해서 복을 빌어주는 말을 하게 하셨다. "마귀를 대적하라 그리하면 너희를 피하리라."(약 4:7) 마귀가 대적하는 자로 다가올 때 그에겐 아무 힘이 없다. 그가 가진 힘의 비밀은 유혹하는 자와 속이는 자로 활약하는데 있다. 사탄이 이스라엘을 저주하는 일에 실패했을 때 이스라엘을 유혹하여 악에 빠지게 했던 것처럼, 사탄은 버가모 교회 사람들로 하여금 "우상의 제물을 먹게 하였고 또 행음하게" 했던 것이다. 이스라엘은 우상의 제물을 먹었고 또 음행을 저질렀다. 그럴진대 거룩하신 하나님께서 어찌 그들을 약속의 땅에 들어가게 하실 수 있단 말인가? (민수기 25장을 읽으라.)

300

버가모 교회에서 사탄은 유혹하는 자로서 교회 안에서 일하고 있다. 반면 서머나 교회에서 사탄은 박해하는 자로서 교회 밖에서 일하고 있다. 그러므로 서머나 교회는 "네가 장차 받을 고난을 두려워 말라"는 권면의 말씀을 들었다. 약함은 "두려움" 속에 있다. 뿐만 아니라 위험도 두려움 속에 있다. 성도가 박해를 피하고자 할 때, 종종 박해를 생각하면서 두려움에 떨게 된다. 하지만 일단 박해의 상황 속에 들어가게 되고 또 믿음이 있다면, 성도는 박해를 벗어나고자 하나님을 바라보게 될 것이며, 그렇지 않으면 자신이 결코 행복하지 않다는 것을 절실히 느끼게 될 것이다. 그제야 그는 세상과 분리하는 것이 무엇이며, 또 무엇이 자신의 진정한 분복인가를 절실하게 생각하게 된다. 하지만 하나님의 교회가 사탄의 영역에 거주하고 있기에, 만일 사탄이 박해자로서 역사하지 않는다면, 사탄은 자신이 할 수 있는 한 최대한도로 세상에 속한 것을 교회에 주는 일을 할 것이다. 사탄은 이미 "이 모든 권세와 그 영광을 내가 네게 주리라 이것은 내게 넘겨 준 것이므로 나의 원하는 자에게 주노라"(눅 4:6)고 말한 적이 있다. 만일 사탄이 세상에 대해서 이렇게 말하는 것이 가능하다면, 사탄이 교회를 부유하게 하는 것도 가능하다. 그렇다면 세상은 교회의 심장을 소유하게 될 것이다. 교회는 부활하신 머리이신 그리스도를 붙드는 대신, 세상을 붙들게 될 것이다. "네 보물 있는 그곳에는 네 마음도 있느니라."(마 6:21) 발람은 비록 거짓된 사람이었지만 선지자였다. 그래서 여호와의 이름을 사용할 수 있었고, 자신이 말하고자 하는 바를 하나님의 말씀으로 선포할 수 있었다. 우리는 여기서 교회로 하여금 세상을 편하게 생각하도록 만드는, 교회 속에 침투한 발람의 정신을 볼 수 있다. 마태복음 24장 48-49절을 보면 "그 악한 종이 마음에 생각하기를 주인이 더디 오리라 하여 동무들을 때리며 술친구들로 더불어 먹고 마시는" 일이 있었다. 악한 종일지라도 종으로 대우를 받았다는 사실을 기억하라. 만일 사탄이 그리스도인으로 하여금 세상을 편안하게 느끼도록 할 수만 있다면, 그의 목적은 달성된 것이다. 그렇다면 그리스도인도 우상을 모신 성전에 가서 먹고 마시는 일을 하게 될 것이다.

　니골라당의 교훈을 보면, 우리는 하나님의 교회에서 육신이 활동하는 것을 볼 수 있다. 즉 육신적인 마인드로 교회 사역을 하는 것이다. 발람의 경우를 보면, 거짓 선지자에 의해서 세상의 정신이 교회 안에 들어왔고, 유혹을 통해서 교회로 하여금 세상과 영합하도록 만들었다. 이제 교회는 그리스도를 죽인 세상에 살면서 고요하고 평안함을 느끼며, 세상을 친구로 여기게 되었다.

301

우리는 여기서 교사 또는 종교 지도자를 볼 수 있다. 그래서 성경은 "발람의 교훈을 지키는 자들이 있도다 발람이 발락을 가르쳐 이스라엘 앞에 올무를 놓아 우상의 제물을 먹게 하였고 또 행음하게 하였느니라."(계 2:14)고 말한다. 발람의 교리를 가르치는 교사가 있었다. 뿐만 아니라 성경은 "이와 같이 네게도 니골라당의 교훈을 지키는 자들이 있도다 내가 이것을 미워하노라"고 말한다(계 2:15, KJV 참조). 에베소 교회를 보면 문제는 "니골라당의 행위"였다. 하지만 여기서는 악한 행위를 허용하는 "니골라당의 교훈(가르침)"이 문제이다. 이것은 무법주의를 의미한다. 무법주의는 율법만을 무시하는 것이 아니라, 그리스도도 무시한다. 이러한 무법주의는 그들 속에서 일어나는 내적인 부패와 연결되어 있으며, 세상과 영합됨으로써 더욱 촉진된다. 에베소 교회에서 시작된 영적 실패 이후(악의 뿌리는 여기서 시작되었다), 고난을 통해서 하나님을 위한 불꽃을 다시금 일으켰건만, 또 다시 세상과 화평을 이루고 사탄의 보좌가 있는 곳에 거주하는 것을 만족히 여기는 상태로 돌아가고, 게다가 악한 교리, 거짓 가르침을 위하여 문을 열어두고, 육신성과 영성을 구분하지 못할 정도로 무법주의에 빠짐으로써 교회가 여전히 영적으로 추락하고 있는 것을 보는 것은 슬픈 일이다. (우리는 교회를 생각하면서 이러한 짐의 무게를 느껴야 할 것이다.) 사탄은 자신이 충분히 영적으로 부패시킬 수 있다면, 박해하는 일을 하지 않는다. 왜냐하면 사탄의 박해는 우리 영혼을 하나님을 향해 불타게 할 뿐이기 때문이다. 반면 사탄의 교묘한 유혹은 부지불식간에 우리 영혼을 하나님과 분리시키는 작용을 한다. 이세벨은 악이 무르익었을 때, 등장할 것이다. 비록 그 정도로 악이 무르익지 않은 상태일지라도, 악한 행실을 허용하는 가르침이 유행하게 된다. 그렇다면 그 다음 세대의 교회에서, 우리는 이 악한 가르침에 의해서 태어난 자녀들을 보게 될 것이다. 이 악한 가르침이 그들이 태어나는 도덕적 출생지가 되기 때문이다.

우리는 주님의 눈과 마음이 그들이 사는 곳, 심지어 사탄의 보좌가 있는 곳까지 그들을 좇아가는 것을 볼 수 있다. 주님은 "네가 어디 사는 것을 내가 아노니"라고 말씀하셨다(계 2:13). 주님은 그곳에서 돌이키도록, 즉 세상과 영합된 정신에서 돌이키도록 이 경고의 말씀으로 그들을 불러내신다. "회개하라 그리하지 아니하면 내가 네게 속히 임하여 내 입의 검으로 그들과 싸우리라."(16절) 여기서 그리스도의 입에서 나오는 검은 심판하시는 말씀이다. 이런 상태에 있을 때, 하나님의 말씀만이 성도들을 바른 길로 이끌어낼 수 있는 유일한 원천이다. 이제 약속은 더욱 개인적인 것이 되고, 개인들에게 주어진다. "이기는 그에게는 내가 감추었던 만나를 주어 먹게 하리라."(17절) 이러한 감추었던 만나를 통해서 지속적으로 유지되는 것은 (이렇게 표현할 수 있다면) 우리 속에 감춰진 충성심이다. (결국 속에 있는 씨앗이 열매로 나타나듯이, 말씀이 속에 심겨졌다면 모든 사람이 볼 수 있도록 나타나는 법이다.) 몸으로서 교회는 세상에서 살아간다. 그리고 필연적인 결과지만, 하나님을 향하여 충성스러운 영혼의 마음속에 있는 비밀스러운 생명은 말씀의 능력에 의해서 밖으로 표출될 수밖에 없다. 하나님께 비밀스러운 충성을 끊임없이 바칠 수 있는 것은, 우리 영혼과 하나님이 그 성격이 결코 변할 수 없는 내적인 연결에 의해서 서로 연결되어 있기 때문이다. 이러한 영적인 역사와 (그리스도의 입에서 나오는 검으로 싸우는) 말씀에 의한 심판의 역사 사이에는 엄청난 차이가 있다. 그리스도와 연합을 이룬 지체들은 하나님과 비밀스럽게 연결되어 있기에 충성을 다할 것이며, 땅에서 고난을 받을 것이다. 하지만 장래 그리스도께서 재림하시고, 그 입에서 나오는 검으로 세상을 심판하실 때, 그들은 그리스도와 함께 심판하는 일을 하게 될 것이다!

302

만나는 하나님의 아들께서 우리 영혼에 생명을 주기 위하여 성육신하신 것을 상징하고 있다. 하나님의 아들 그리스도의 성육신은 우리의 모든 상황을 체휼하실 수 있기 위한 겸비의 성육신이었다. 광야를 통과하는 동안 날마다 우리의 모든 필요를 공급하실 수 있는 은혜의 성육신이었다. 왜냐하면 만나가 하늘로서 내려온 산 떡이신 예수님과 연결되어 있기 때문이다. "나는 하늘로서 내려온 산 떡이니 사람이 이 떡을 먹으면 영생하리라." (요 6:51) 그렇다면 감추인 만나는 무엇일까? 이스라엘 백성을 위한 만나는 하늘에서 이스라엘의 진영 주변에 내렸다. 그들은 날마다 양식으로 만나를 거두었다. 마찬가지로 그리스도는, 이 광야 같은 세상을 지나는 동안 우리 영혼의 필요를 채워주시는 분이시다. 하지만 이것은 감추인 만나가 아니다. 이스라엘이 약속의 땅을 들어가기 전에 하나님 앞에서 만나를 담은 금 항아리를 두어 간수하게 했는데, 이는 그들이 광야에서 먹은 양식을 기념하기 위한 것이었다. 이 감추인 만나는 그리스도께서 이 땅에서 고난을 받으신 것을 기념하는 것이다. 즉 그리스도께서 광야에 계시는 동안 인자로서 겸비하셨고, 고난당하는 사람이셨지만, 지금은 하늘에서 하나님의 영원한 기쁨이신 분이심을 기억하고 기념하기 위한 것이다. 그렇다면 우리도 영원한 상태에 들어가게 되면, 이기는 자로서 또한 그리스도와 연합을 이룬 자로서 세상과 분리의 길을 충성스럽게 걸었던 자로서 전에 겸비하셨던 그리스도를 기뻐하시는 하나님과 더불어 기뻐하는 영원한 기쁨을 누리게 될 것이다. 하나님이 맛보시는 기쁨과는 정도는 다를지언정 우리도 동일한 기쁨을 맛보게 될 것이다. 만일 우리가 발람을 우리 마음 속에 들어오도록 허용하는 대신, 거절당하신 그리스도와 함께 충성스러운 삶을 산다면, 우리는 지금 이 땅에서도 영으로 그리스도를 즐거워하게 될 것이다. 하지만 만일 우리가 세상과 어울리며 경건하지 않은 삶을 산다면, 우리 영혼은 결코 그리스도를 즐거워할 수 없다. 만일 우리가 그리스도를 즐거워하는 척하고 있다면, 그것은 니골라당의 교훈에 젖어있는 것이다. 하지만 우리가 세상에서 그리스도께서 사신 삶을 이해하고, 그대로 살아간다면, 그것에 비례해서 우리 영혼은 그리스도로 충만하게 될 것이다. 만일 우리가 세상 정신으로 살고 있다면, 이 일은 결코 가능하지 않다. 심지어 복음서에서 말하고 있는 그리스도의 모습조차도, 그것을 우리 영혼의 양식으로 삼지 않는 한, 우리 영혼의 기쁨이 될 수 없다. 사람은 흔히 진리는 매우 아름답다고 말은 한다. 하지만 진리가 인간의 상상력을 자극하는 것으로 그친다면, 진리는 결코 그 사람에게서 선을 이룰 수 없을 것이다. 하나님은 자기 아들을 그저 고통을 받도록 이 세상에 보내신 것이 아니라, 사람들로 그리스도를 본받도록 보내신 것이다.

303

"흰 돌"은 자기가 좋아하는 사람을 뽑는다는 개념을 전달해준다. 흰 돌은 한 사람이 다른 사람을 인정한다는 비밀스러운 표식이다. 장차 하늘나라에선 모든 사람에게 동일하게 임하는 기쁨이 있다. 천천만만의 성도들이 찬송으로 화답하는 장엄한 찬송의 메들리가 울려퍼질 것이다. 게다가 이 땅에서도 우리 모두가 그리스도 안에서 공통적으로 누리는 기쁨이 있다. 그리스도는 우리의 공공의 사랑 뿐만 아니라 개인적인 사랑도 받고 계신다.

따라서 그리스도 안에서 나 자신이 누리는 기쁨을 여러분은 결코 알 수 없을 것이다. 마찬가지로 나 자신도 여러분의 개인적인 기쁨을 알 수 없다. 상대적으로 지극히 큰 사랑은 얼마든지 있을 수 있다. "그 돌 위에 새 이름을 기록한 것이 있나니 받는 자밖에는 그 이름을 알 사람이 없느니라."(계 2:17) 그 이름은 그것을 받은 사람 외엔 아무 의미가 없을 것이다. 그리스도는, 타인은 결코 간섭할 수 없는 기쁨을 주시는 방식으로 우리 영혼에 자신을 계시하신다. 인격적인 교통을 통해서 누리는 개별적인 기쁨은 우주적인 기쁨과는 다를 뿐만 아니라, 보다 더 강렬하다. 우리가 이 땅에서 누리는 개인적인 기쁨조차도 방해받지 않는다. 교회에 주신 다른 약속들과 마찬가지로 이 약속도 미래에 누리게 될 하늘의 축복이다. 그럼에도 이 약속은 지금 기쁨과 힘을 얻게 해주는 촉매제이다. 하나님의 영께서는 우리로 하여금 그 날을 기대하게 하신다. 우리는 믿음으로, 그리스도의 은혜와 사랑을 담은 비밀스러운 표식으로써 이 "흰 돌"을 지금 그리스도에게서 받을 수 있다. 다른 사람이 나를 대신해서 이것을 받을 수 없고, 다른 사람을 대신해서 내가 받을 수도 없다. 이 흰 돌은 모든 것을 다르게 볼 수 있게 해준다. 비록 온 세상이 나를 잘못된 사람으로 생각할지라도, 만일 그리스도께서 나를 인정하신다는 것을 표시하고 있는 흰 돌을 가지고 있다면, 우리 마음은 얼마나 담대하며 든든할 것인가! 다시 말하지만, 우리는 모든 것을 말씀으로 판단해야 한다. 그리스도의 입에서 나오는 검과 같은 말씀만이 발람의 역사를 분별하고 또한 청산하게 해주기 때문이다. 이제 나는 세상이 무어라 말하든 신경 쓰지 않을 것이다. 그리스도께서 말씀하신 것만이 중요하다. 다가오는 영광의 날에 그리스도께서 말씀하신 모든 것이 나에게서 이루어질 것이다.

발람의 교훈이 교회에서 가르쳐지고 있다는 사실은 우리의 마음을 아프게 한다. 성도들 사이에서, 이기는 자를 축복하기 위해 기다리고 계신 그리스도에게 충성하는 일에 아무 관심도 없게 된 상황에 주목하라. 그렇다면 영혼을 그리스도와의 친교 속으로 안내해줄 방법이 아무것도 없게 된 것이다. 악이 영혼을 부패시키는 역사를 왕성하게 하는 곳에서 그리스도께 충성을 운운하는 것처럼 안타까운 일도 없을 것이다. 그러한 영적 상태에 떨어진 교회에서 우리 영혼과 그리스도 사이에, 그리스도의 인정을 받는다는 복스러운 인식은 설 자리가 없다. 만일 상황이 그렇게 된 것이 교회 안에 거짓된 가르침이 자리를 잡고 있기 때문이라면, "이기는 자가 되라"는 권면의 말씀이 필요하다. 성령이 교회들에게 하시는 말씀을 들을 수 있는 귀를 가진 사람은 그 무슨 악이 교회를 두르고 있을지라도 이겨내야 한다.

제 6강
두아디라 교회를 향한 예언 메시지

304

두아디라 교회를 향한 메시지를 살펴보기 전에, 우선 두아디라 교회에 대해서 살펴보자. 우리는 이세벨이 등장하는 시기를 생각해볼 필요가 있다. 여선지자는 항상 있었지만, 이세벨은 자녀를 둔 어미가 되었다. 이렇게 이세벨에게서 태어난 사람들은 영적 부패 속에서 태어난 사람들이다. 이 사람들은 부패함과 악으로 가득한 사람들이었고, 영혼들을 잘못된 길로 이끌었다. 주님은 "만일 그의 행위를 회개치 아니하면 … 내가 사망으로 그의 자녀를 죽이리니"(계 2:22,23)라고 말씀하셨다. 하지만 교회가 이러한 상태에 이른 것을 보는 순간, 즉시 우리는 만국에 대한 심판으로 넘어가는 것을 보게 된다. "만국을 다스리는 권세를 주리니 그가 철장을 가지고 저희를 다스려 질그릇 깨뜨리는 것과 같이 하리라."(계 2:26,27) 신자의 마음이 주님의 재림을 향하도록 인도함을 받고 있다. "내가 또 그에게 새벽 별을 주리라."(계 2:28)

이처럼 복된 약속으로 이 장을 마치게 된 것을 기쁘게 생각한다. 그때까지 주님은 우리에게 감추인 만나가 되어주신다. 아무쪼록 주께서 우리와 모든 성도들에게 발람의 정신과 가르침에 속한 모든 것을 경계할 수 있는 영성을 주시길 빈다. 우리는 예수님과 하나 되었고, 그분의 몸의 지체들이다. 우리는 그리스도의 살 중의 살이요 뼈 중의 뼈다. 오로지 그리스도와 이러한 연합을 이룬 사람만이 영원히 하늘에 거할 것이다. 우리가 그리스도와 연합을 이루고 있다는 사실을 아는 것과 그것이 우리 영혼 속에서 실제로 이루어지는 것만이 우리가 사는 이 시대의 모든 유혹으로부터 이기는 길이다. 주님은 우리가 하나님의 우편에 계신 그리스도와 하나됨을 이루고 있다는 복스러운 진리에 충성하는 자가 되길 바라신다. 이제 사람들은 나와 하나님 사이에 그들의 규례나 그들의 종교를 밀어 넣으려고 애를 쓸 것이다. 하지만 나는 이렇게 말할 것이다. "그런 일은 가능하지 않다. 나는 하나님께 너무나 가까이 있기에, 당신은 우리 사이에 아무 것도 넣을 수 없다. 은혜가 나로 하여금 들어가게 한 자리가 있다. 그밖에 다른 모든 것은 안중에도 없다."

우리는 교회 안에 있는 악을 판단하도록 부르심을 받았다. 왜냐하면 하나님은 교회 안에 발람과 이세벨을 용인할 수 없으시기 때문이다. 그러므로 주께서 우리가 교회 안에 있는 실패를 늘 판단해야 할 것을 기억하게 해주길 바란다. 우리는 특별히 우리가 살고 있는 이 시대에 이 일을 성실하게 할 필요가 있다. 만일 교회가 판단 받을 것이 있다면, 교회는 믿음을 가진 사람들을 보호할 수 있는 아무런 기능을 할 수 없을 뿐만 아니라 아무런 보호 장치가 없는 상태에 빠진 것이다.

305

충성스러운 성도들이 거룩한 삶을 계속해나가는 것이 불가능할 정도로 교회 내에 악(evil)의 수위가 높을 때, 그 교회가 매우 번성했던 상태에 있을 때 그들이 누렸던 것보다 거기에서 나와 따로 모이는 것이 (어쩌면 큰 시련을 겪을 수도 있지만) 더욱 높은 수준의 지식과 능력의 삶으로 들어가는 길이다. 엘리야 시대에 하나님은 매우 특별한 방식으로 자신의 이름을 보존하셨다. 이스라엘 민족은 전체적으로 매우 끔찍한 상태에 떨어졌기에, 하나님은 그들을 끊어내지 않을 수 없었다. 하지만 때가 무르익지 않았다. 엘리야 시대에 이스라엘 백성들은 바른 상태에 있지 않았다. 그때 갈멜 산에는 성전도 없고, 제사도 없고, 제사장도 없었다. 그럼에도 불구하고 하나님은 거기서 소수의 충성스러운 자들을 찾아내셨다. 하지만 예루살렘에 있는 백성들은 하나님을 아는 지식도 없었고, 하나님과의 사귐을 누릴 수도 없었다. 다만 하나님의 강력한 권능이 선지자의 증거하는 말씀에 신적인 권위를 더하기 위해 역사하고 있었다. 모세 시대에도 마찬가지였다. 그를 둘러싼 이스라엘 백성들이 실패했을 때, 그만 홀로 주님께 충성하고 있었다. 모세가 하나님께 가장 가까이 나아갔을 때, 이스라엘은 결코 좋은 상태에 있지 않았고, 오히려 모두가 잘못된 상태에 있었다. 황금 송아지를 만들었을 때, 모세는 "장막을 취하여 진 밖에 쳐서 진과 멀리 떠나게"(출 33:7) 했다. 그리고 모세는 거기서 하나님을 만났고, "사람이 자기의 친구와 이야기함 같이 여호와께서는 모세와 대면하여 말씀하셨다."(출 33:11) 우리는 민수기 12장에서 이 사실을 암시하는 듯, 영광스럽게 모세를 차별화시키는 것을 볼 수 있다. 아론과 미리암이 모세를 비방했을 때, 하나님은 이렇게 말씀하셨다. "내 말을 들으라 너희 중에 선지자가 있으면 나 여호와가 환상으로 나를 그에게 알리기도 하고 꿈으로 그와 말하기도 하거니와 내 종 모세와는 그렇지 아니하니 그는 내 온 집에 충성함이라 그와는 내가 대면하여 명백히 말하고 은밀한 말로 하지 아니하며 그는 또 여호와의 형상을 보거늘 너희가 어찌하여 내 종 모세 비방하기를 두려워하지 아니하느냐?"(민 12:6-8)

307
모세가 진 밖에 세운 장막에서 하나님을 만났을 때, 그는 매우 탁월한 상태에 있었고, 어쩌면 하나님이 시내 산 정상으로 불러냈을 때보다 더 높은 상태에 있었을 것이다. 사실 우리는 성경에서 이러한 것을 지속적인 원리로 발견한다. 즉 현저하고도 우주적인 실패가 일어날 때, 하나님은 거기서 충성스러운 사람들을 불러내시고, 지금까지 전체 공동체에게 주셨던 증거와 능력 보다 더 큰 것을 주신다. 그래서 이것을 깨달은 이드로는 이렇게 말했다. "여호와는 모든 신보다 크시므로 이스라엘에게 [죄와 반역으로 하나님을 대적함으로써] 교만하게 행하는 그들을 [은혜와 능력을 나타내심으로써] 이기셨도다."(출 18:11) 이것은 주 예수의 공생애 시대에도 마찬가지였다. 주님은 이러한 원리를 가장 복스럽고 영광스럽게 나타내신 분이셨다. 이스라엘과 세상이 합작하여 하나님의 아들을 십자가에 못 박은 가장 어둡고도 가장 중한 죄를 지은 순간에, 주님 자신이 세상과 자기 백성들의 죄악된 행실을 향해 은혜와 의를 베푸시고 나타내시는 지극히 충만하면서도 가장 복스러운 증거였다. 그러한 때 이스라엘의 마음은 살쪄있었고, 처음 상태보다 더 악한 귀신 일곱이 들어가서 거함으로써 나중 형편이 전보다 더욱 심한 상태에 있었다. 전에 제사와 모형과 선지자들을 통하여 다양한 방법으로 말씀하신 하나님은 이제 자기 아들 곧 온유하고 겸손하신 주 예수님을 통하여 말씀하고 계셨던 것이다.

이제 이러한 상태가 이세벨이 두아디라 교회에 출현하게 된

배경이었다. "내가 네 사업과 사랑과 믿음과 섬김과 인내를 아노니 네 나중 행위가 처음 것보다 많도다."(계 2:19) 명목상 교회가 이러한 상태에 빠지게 되자, 성도들은 이전에 알지 못했던 다른 종류의 힘에 휩쓸리게 되었다. 그래서 교회 역사는 이 때를 가리켜 "암흑시대"라고 불렀다. 그럼에도 우리는 이 시대에 매우 충성스러운 사람들과, 다른 시대에서는 볼 수조차 없는 어마어마한 헌신, 그리고 하나님을 증거하는 일에 자신의 목숨까지도 아끼지 않은 모습 등을 볼 수 있다. 나태하고 게으른 우리 시대에는 정말 볼 수 없는 진귀함이 아닐 수 없다!

308

"**내가 네 사업과 사랑과 믿음과 섬김과 인내를 아노니 네 나중 행위가 처음 것보다 많도다.**"(19절) 여기서 우리는 사랑과 믿음이 역사하고 있는 것을 볼 수 있다. 에베소 교회에 부족했던 것이 이 두 가지였다. 이제 주님은 "내가 그들을 소망으로 격려하리라"고 말씀하신다. 이로써 우리는 믿음, 소망, 그리고 사랑이 조화를 이루는 것을 볼 수 있다. 이 세 가지가 기독교가 가진 위대한 원리다. 데살로니가 교회처럼, "믿음의 역사와 사랑의 수고와 우리 주 예수 그리스도에 대한 소망의 인내"가 역동적으로 나타나지는 않았지만, 그래도 그들에겐 이 세 가지가 여전히 작동하고 있었다. 여기서 주목할 것은, 하나님은 항상 무언가 나쁜 것을 말씀하기 전에 좋은 것들에 주목하시고 칭찬으로 시작하신다는 점이다.

여기서 우리는 심판하시는 그리스도의 모습을 볼 수 있다. "**그 눈이 불꽃같고 그 발이 빛난 주석과 같은 하나님의 아들이 이르시되**"(18절) 불은 모든 것을 사르는 심판을 상징한다. 불은 하나님의 눈처럼 모든 곳을 뚫고 들어간다. 하지만 주님이 처음 보신 것이 무엇인가? 주님은 분명, 즉각적으로 끔찍스러운 악을 보셨다. 그럼에도 주님은 우선적으로 이 가난한 성도들에게서 아무도 신경 쓰지 않는 것일 수도 있지만, 주님의 마음을 기쁘시게 하는 것에 주목하셨다. 주님은 그렇게 멸시당하는 소수의 성도들에게서 자신을 기쁘게 하는 것들을 찾아내신다. 빛나는 주석 같은 주님의 발은 하나님께서 이 땅에 나타내시는 공의의 변함없는 특징을 표현하고 있으며, 그 공의가 주님의 순결하고 실수가 전혀 없는 심판의 토대를 이루고 있다. 그래서 장막에서 제사를 드리는 제단이 주석(놋)으로 되어 있었고, 사람의 죄에 대한 심판이 거룩한 제단 십자가에서 그리스도에게 이루어진 것이다. 이제 하나님의 눈은 악의 한 가운데서도 지극히 작은 충성의 불꽃을 피우는 사람을 주목하고 있다. 불법으로 가득한 세상에서 주님을 사모하는 마음으로 심장이 고동치는 것이 없다면, 하나님의 눈은 그 사람을 지나칠 것이다. 이 사실은 역경 가운데 있는 영혼의 마음을 붙잡아준다. 우리가 이 사실을 알고 있다면 마음이 행복해지는 것을 느낄 것이며, "내가 아노니"라는 두 글

자의 의미를 제대로 알기만 한다면 우리 영혼은 하늘로서 오는 위안으로 가득해질 것이다. 이제 우리는 하나님의 눈이 우리의 행실과 행사를 주목하고 있다는 행복한 인식 가운데 기쁨의 행보를 하게 될 것이다.

이제 20절을 보자. "**그러나 네게 책망할 일이 있노라 자칭 선지자라 하는 여자 이세벨을 네가 용납함이니.**" 이제 교회는 전체적으로 악을 용납하고 허용하는 상태에 돌입했다. 이전 에베소 교회는 이렇지 않았다. 에베소 교회는 "악한 자들을 용납하지 아니했다." 이제 교회 안에 악한 정신을 공개적으로 허용하는 상태에 떨어진 것이다. 이 일은 그들 가운데 악한 교훈을 가르쳤던 것보다 더 심각한 상태로까지 번졌다. "자칭 선지자라 하는 여자 이세벨을 네가 용납함이니 그가 내 종들을 가르쳐 꾀어 행음하게 하고 우상의 제물을 먹게 하는도다." 그들은 자신을 선지자로 부르는 여자를 용납했고, 교회에서 하나님의 말씀을 지키고 가르치고 있다고 말은 하지만 실상은 거짓말하는 자를 받아들였던 것이다. "내가 그에게 회개할 기회를 주었으되 자기의 음행을 회개하고자 하지 아니하는도다."(21절) 여기서 우리는 주님께서 즉시 심판을 행하지 않으시고, 회개할 기회를 주시는 것을 볼 수 있다. 주님은 그녀에 대해 인내하셨지만, 그녀는 회개하지 않았다. 하나님은 여기서 이방인들을 다루고 있지 않다. 이방인들에겐 복음을 전하고, 그들의 영혼이 그리스도에게 사로

잡히도록 하실 것이다. 하지만 여기에 교회에서 자신을 여선지자로 자칭하는 사람이 있다. 그리고 하나님의 종들을 가르쳐 음행을 저지르게 하고 또 우상의 제물을 먹게 하고 있다. 주님은 그녀를 자신의 고백을 따라서 대우하고 계신다. 주님은 그녀에게 회개할 기회를 주었지만 자신의 음행을 회개하고자 하지 않았다. 그러므로 반드시 심판을 받게 될 것이다.

309

여기선 촛대에 대한 언급이 없는 점에 주목하라. 주님은 회개할 기회를 주셨다. 하지만 여기선 "회개하지 아니하면 내가 네게 가서 네 촛대를 그 자리에서 옮기리라"(5절)고 말씀하지 않으셨다. 왜냐하면 이세벨과 그녀의 자녀들은 촛대로 인정받을 수 없기 때문이다. 심판에는 두 가지 성격이 있다. 왜냐하면 그들이 다 이세벨의 자녀는 아니기 때문이다. 음행을 저지르는 것은, 성경에서 악행을 저지르는 일에 대한 흔한 표현이다. 우상을 숭배하는 악이 가장 큰 악이다. 왜냐하면 우상숭배란 하나님의 백성들이 하나님이 아닌 다른 것에 자신을 헌신하고 바치는 행위이기 때문이다. 이에 대해서 주님은 첫 번째, "볼지어다 내가 그를 침상에 던질 터이요 또 그와 더불어 간음하는 자들도 만일 그의 행위를 회개하지 아니하면 큰 환난 가운데에 던질 것"으로 말씀하셨고, 두 번째, "내가 사망으로 그의 자녀를 죽이리니"라고 말씀하셨다. 이세벨의 자녀가 아닌 사람들이 있었지만, 악과 결탁하고 교제하는 일에 만족하는 사람들도 있었다. 주님은 그들을 향해 '나는 그들을 처벌할 것이며, 그들은 자기 행위의 열매를 먹을 것이다.' 라고 말씀하신다. "모든 교회가 나는 사람의 뜻과 마음을 살피는 자인 줄 알지라."(23절) '나는 악의 흐름을 따르는 사람과 굳게 서서 나에게 충성하는 사람을 구분할 것이다. 이세벨과 음행하는 사람, 거짓 예언의 영에 협조하는 사람은 "만일 그의 행위를 회개하지 아니하면 큰 환난 가운데에" 던질 것이다(22절).' 이세벨의 자녀인 사람, 거짓된 교리 덕분에 그리스도인의 자리와 이름을 차지하고 있는 사람, 그들은 심판을 받게 될 것이다. "내가 사망으로 그의 자녀를 죽이리라."(23절) 이것은 그들에게만 해당되는 환난이 아니다. 왜냐하면 그들은 완전한 심판의 대상이기 때문이다. 그들에겐 회개할 시간이 있었다. 이세벨에게서 태어난 사람들은 즉각적인 심판의 대상이 될 것이다. "내가 사망으로 그의 자녀를 죽이리라."(23절)

310

그리스도인들이 그러한 악을 만지작거리는 것을 보는 것은 너무도 슬픈 일이다. 예를 들어, 갈라디아서를 보자. 거기엔 유대교를 만지작거리는 성도들이 있었고, 율법을 다시 끌어오고자 했다. 이 말은 그들이 그리스도인이 아니었다는 뜻이 아니다. 그들은 자신들의 믿음과 하나님이 전적으로 미워하시는 것을 혼합시키고 있었다. 바울이 그들에게 복음을 전했고, 그 결과 부활하신 머리와 그들이 연합을 이루고 있고 또 그리스도의 다함없는 은혜의 공로 덕분에 그리스도 안에서 그들의 온전함을 확신하고 있었으며, 이제 "나는 너희가 아무 다른 마음을 품지 아니할 줄을 주 안에서 확신하노라"고 말했지만, 그럼에도 바울은 그들에게 "너희에 대하여 의심이 있음이라"고 말해야만 했다(갈 4:20). 이 일은 엄청난 경계를 요한다. 왜냐하면 우리 영혼은 항상 하나님이 전적으로 미워하시는 원리들과 혼합될 수 있는 위험에 노출되어 있기 때문이다. 골로새서를 보면, 그들은 머리를 붙들고 있지 않았다. 그들은 머리되신 그리스도와 그 몸의 지체들 사이에 무언가를 두고 있었다. 사도 바울은 성도들에게서 그리스도와의 즉각적인 교통, 인격적인 사귐을 방해할 수 있는 조금의 가능성이라도 있는 무언가를 볼 때마다 고뇌했다. 만일 참 그리스도인이 악을 만지작거리고 있다면, 그는 그 속에 하나님을 위한 불꽃을 다시 일으키게 하기 위하여 고난 속에 들어가게 될 것이다. 만일 그가 돌이키지 않는다면, 그에겐 심판 외엔 아무 것도 없다. 오늘날 이세벨의 자녀들, 즉 기독교의 부패에 젖어 있는 기독교 세계에 사는 모든 사람은, 만일 자신의 행위를 회개하지 않는다면 절망적인 고통 속으로 던져질 것이다. 이는 엄숙한 경고이지만, 사실이다. 하나님은 성도들에게, 그들이 그리스도와 하나 되었음과 그들과 머리되신 그리스도 사이에 무언가를 두고자 하는 사람은 사실상 참 기독교를 부인하는 것임을 가르치길 바라셨다. 이는 사도 바울에게 계시되었던 위대한 진리였다. 바울은 특별히 이 진리를 "나는 네가 박해하는 예수라"(행 9:5)고 자신을 소개하시는 하늘 영광 가운데 계신 주님에게서 받았다. 그러므로 그것이 무엇이든지, 율법이든 아니면 제사장 제도이든, 우리 영혼과 그리스도 사이에 들어오는 것이 있다면, 그래서 자신이 회심할 때 받은 위대한 진리, 곧 교회와 그리스도는 하나이며, 그 몸의 지체이며, 그 살 중의 살이요 또한 그 뼈 중의 뼈라는 진리를 부인하고 있다면, 그것이 바울의 마음에 고뇌를 일으켰던 것이다.

이처럼 복된 진리는 순수한 믿음의 사람에게만 계시된다. 이 진리는 우리 영혼에 힘을 주고 또한 다른 것들엔 아무 관심도 갖지 않게 한다. 하지만 우리 영혼과 그리스도 사이에 무언가를 두는 사람에게 이 진리는 아무 의미도 없다. 만일 내가 유대인이라면, 나는 지상에 있는 무언가 육신의 모양을 낼 수 있는 것을 원할 것이다. 그 결과 나와 하나님 사이에 무언가를 개입시키게 된다. 그렇다면 나는 하나님을 희미하게 알게 된다. 하지만 나는 그리스도인이다. 그러므로 내가 원하는 모든 것은 다 하늘에 있다. 다시 말하지만, 만일 내가 그리스도인이라면 나는 그리스도와 연합된 사람이며 나와 그리스도는 하나이다. 진정 그리스도와 연합되었고 또 그리스도와 하나라면, 아무것도 우리 사이에 끼어들게 해서는 안된다. 그리스도와 우리 자신 사이에 무언가를 두고자 시도한다면, 그것은 기독교를 포기하는 것이 된다. 많은 그리스도인들이 두려운 일이지만 실제로 이런 일을 하고 있다. 그런 사람들은 자신과 그리스도 사이에 얼마나 많은 것들이 끼어 있는지를 잘 알고 있다. 진정 그렇다면 그들은 하늘에 계신 그리스도와 자신이 연합을 이루고 있음을 부인하고 있는 것이다. 만일 당신이 지상에서 하나님과 나 사이에 하늘에 계신 그리스도가 아닌 다른 사람을 제사장으로 두고자 한다면, 당신은 즉시 나의 특권을 파괴하는 것이다. 만일 그리스도께서 제사장이 되시고, 내가 그리스도와 연합을 이루고 있다면, 나 또한 제사장이 되는 것이다. 그렇다면 이것이 지상에서 제사장제도를 수행하는 것일까? 그렇지 않다. 그리스도의 제사장 자리는 하늘에 있다. 지상 제사장 제도는 이중적으로 기독교를 부인한다. 그것은 종교시스템을 만들어내며, 위치상 땅에 속해 있다. 따라서 그리스도와 우리의 연합을 부인하게 된다. 만일 내가 유대인이라면 나는 지상에 있는 성전에 가야하며, 그렇게 하는 것이 옳다. 하지만 그리스도인이라면 하나님께로 나아가야 하며, 그것도 하늘에서 계신 하나님에게로 가야 한다. 그리스도와 연합을 이룬 자로서 나는 비록 나의 몸은 지상에 있지만, 그럼에도 지상에 예배처를 가질 수 없다. 그리스도께서 세상에서 쫓겨나 하늘에 계시듯이, 이제 나도 하늘에 있다. 만일 내가 지상에서 인간 제사장을 두려고 하면, 나는 하늘에서 땅으로 내어쫓기게 될 것이다. 제사장 제도는 본래 속한 자리에서만 행사되도록 정해졌다. 지상의 제사장 제도는 하나님이 지상에서 휘장 뒤에 있는 그룹 사이에 계실 때에나 적합한 것이었다. 반면 하늘의 제사장 제도는 하늘에서 집행되도록 정해졌다.

그렇다. 사랑하는 친구들이여. 만일 우리 영혼이 그리스도의 피로 씻음을 받았다면, 우리가 원하는 모든 것은 하늘에 있다. 우리 생명은 그리스도와 함께 하나님 안에 감추어져 있다. 그렇다면 필연적으로 우리에게 합당한 대제사장은 "거룩하고 악이 없고 더러움이 없고 죄인에게서 떠나 계시고 하늘보다 높이 되신 이"여야 한다(히 7:26). 그 선하신 주님만이 자신의 복스러운 진리를 통해서 우리 영혼에 힘을 주실 수 있으며, 그때에야 지상의 제사장 제도, 규례와 같은 모든 문제들을 순식간에 일소시키실 수 있다. 나는 반드시 하늘에 참 제사장을 두어야 하며, 그렇지 않다면 하늘의 그리스도는 나의 영혼과는 아무 상관이 없다.

311
이제 주님의 특징적인 모습을 보자. "나는 사람의 뜻과 마음을 살피는 자인 줄 알지라."(계 2:23) 주님은 이렇게 말씀하신다. '너는 나에게서 도망칠 수 없다. 아무리 악이 그럴듯해도, 아무리 하나님의 이름을 거기에 갖다 붙여도[5], 심판을 면치 못할 것이다. 왜냐하면 내가 나의 성도들을 그리스도 안이라고 하는 자

---

5) 이스라엘 백성은 여호와의 이름을 금 송아지에게 갖다 붙이면서 이렇게 선포했다. "이스라엘아 이는 너희를 애굽 땅에서 인도하여 낸 너희의 신이로다 하는지라 … 내일은 여호와의 절일이니라."(출 32:4,5)

리에 들어가게 한 것보다 너는 그들을 더 낮은 수준에 들어가도록 이끌었고, 또 하나님의 진리를 부패케 해서 그들로 우상숭배에 빠지게 했기 때문이다.'

312

24절을 보자. "두아디라에 남아 있어 이 교훈을 받지 아니하고 소위 사탄의 깊은 것을 알지 못하는 너희에게 말하노니 다른 짐으로 너희에게 지울 것은 없노라." 이 구절부터 시작해서 주님은 충성스러운 남은 자에게 격려의 말씀을 하신다. 그러므로 우리는 전혀 다른 방식으로 일하시는 주님의 모습을 볼 수 있다. "두아디라에 남아 있어 이 교훈을 받지 아니하고 소위 사탄의 깊은 것을 알지 못하는 [즉 음행을 저지르지 아니하고 우상의 제물을 먹지도 않은] 너희에게 말하노니 다른 짐으로 너희에게 지울 것은 없노라." 이 말씀은 악을 멀리하게 해주는 복된 말씀이긴 하지만, 우리 영혼이 점진적으로 힘을 받아서 그리스도의 장성한 분량에 이르도록 자라게 하지는 못한다. "다만 너희에게 있는 것을 … 굳게 잡으라."(25절)고 말씀할 뿐이다. 주님은 내가 사망으로 이세벨의 자녀를 죽이리니, "다만 너희에게 있는 것을 내가 올 때까지 굳게 잡으라."고 말씀하신다. 이제 주님은 그들의 믿음과 그들 영혼의 눈을 주의 재림에 맞추도록 하신다. 주님은 그들에게서 교회가 떠난 지점으로 돌이킬 것을 기대하지 않으시며, 다만 주의 재림을 바라보도록 교훈하신다. 다만

'나는 심판을 집행할 것이다.' 라고 말씀하신다. "내가 사망으로 그의 자녀를 죽이리라."(23절) 그러므로 당신은 이세벨이 바른 길로 돌아오거나 또는 촛대로서 기능을 회복할 것을 기대하지 말아야 한다. 그렇다. 당신의 눈은 다만 다른 것을 바라보아야 한다. 바로 여기에 소망이 있다. 이 소망은 데살로니가 교회가 "우상을 버리고 하나님께로 돌아와서 살아 계시고 참되신 하나님을 섬기며 또한 그의 아들이 하늘로부터 강림하실 것"을 기다렸던 것처럼, 그들이 처음에 가졌던 밝고도 복된 소망의 형태가 아닐 수도 있다. 여기선 다른 성격을 띠고 있는데, 주의 재림이 곧 충성스러운 사람들에게 피난처로 제시되고 있다. 왜냐하면 의(義)가 있어야 할 자리에 불법이 자리를 잡고 있었기 때문이다. 모든 것이 파손된 상태에 있을 때 "내가 올 때까지"란 말씀은 우리에게 위안을 준다. 주님은 이미 있는 "사업과 사랑과 믿음과 섬김과 인내"를 인정해주신다. 당신은 다만 작은 것 "너희에게 있는 것을 내가 올 때까지 굳게" 잡으면 된다. 주의 재림이, 교회가 이세벨의 악과 부패에 의해서 물들어 있는 상태에서도 주님을 충성스럽게 섬기는 소수의 사람들에게 위안을 주는 유일한 것으로 제시되고 있다. 주의 재림은 본래 교회의 밝고도 복된 소망이었으나, 여기서는 성격이 조금 달리 제시되고 있다. 즉 여기서는 세상의 부패에서 벗어나 휴거되는 것이 소망이다. 이렇게 세상의 부패에서 벗어나는 것은 주의 재림의 본질이 아니다. 사실상 다시 오시는 주님의 얼굴을 뵙는 것이 본질이며, 그것만이 진정 우리 마음을 만족시켜준다.

26-28절을 보자. 이제 주님은 주의 재림이 교회와 만국에 미치는 효과를 알게 하신다. **"이기는 자와 끝까지 내 일을 지키는 그에게 만국을 다스리는 권세를 주리라."**(26절) 이것은 참으로 놀라운 표현이다. 우리는 교회가 번성하고 있는 상태에 있을 때에도 이러한 것을 볼 수 없었다. 하지만 이제 명목상의 교회가 성도들에게 엄청난 시련을 줄 수 있는 위치에 들어가게 되고, 세상과 연합을 이루고, 부패한 자식들의 어미란 이름을 얻게 되고, 충성스러운 사람들이 악으로 둘러싸이게 되자, 그들의 영혼을 붙들어줄 특별한 약속이 주어지게 된 것이다. 우리는 교회 역사 속에서, 중세 암흑시대에 믿음의 사람들이 교회 안에 있는 악을 어떻게 헤쳐 나가야 했으며, 자신들에게 여러 이름을 붙여 핍박하는 것을 견뎌야만 했고 또 지상에서 권력을 잡은 자들에게서 극심한 박해를 받은 것을 알고 있다. 명목상의 교회는 실제로는 사탄의 권세를 빌려, 부패한 권력으로 세상 나라를 좌지우지했다. 그래서 그 결과는 이랬다. 즉 믿음을 가지고 인내했던 성도들은, 한편으로는 이세벨과 그 자녀들이 교회의 이름으로 가하는 핍박과 다른 편으로는 세상 나라의 권력이 가하는 핍박을 모두 견뎌야 했다. 약속은 밝은 새벽별이신 예수님 자신과 연합을 이루는 것이었다. 이 그리스도와의 연합에 대한 믿음이 있는 곳에, 만국을 다스리는 권세가 주어진다. 사탄의 권세 아래 있었던

세상은 성도들을 핍박하는 장소였지만, 장차 성도들 앞에 무릎을 꿇게 될 것이다. "[교회의 이름과 책임을 지고서 온갖 영적 부패 가운데서도] 이기는 자와 끝까지 내 일을 지키는 그에게 만국을 다스리는 권세를 주리라."(26절) (마태복음 24장에서, 시간은 달리 적용되지만 그럼에도 우리는 동일한 원리를 볼 수 있다.) **"내가 또 그에게 새벽 별을 주리라."(28절)** 주님은 이처럼 영적으로 저조한 상태에서도 자신이 그리스도와의 연합을 이루고 있다는 특별한 의식을, 충성스러운 남은 자들에게 주신다. 그들이 처해있는 상황의 어려움을 생각해보라. 즉 그들을 둘러싼 모든 사람들이 이세벨과 영적 부패에 가담하고 있고, 우상의 제물을 먹고 또 음행에 빠져있다. 그때 그들은 '나는 어찌해야 하는가?' 라고 부르짖는다. 그러자 주님은 대답하신다. '나를 따르라. 끝까지 내 일을 지키라. 그러면 그대는 마지막에 나의 분복에 참여하게 될 것이다. 나도 내 아버지께 받은 것이 그러하니라.' (27절)

313

우리는 여기 충성스러운 사람들에게 주어진 약속을 통해서 주의 재림이 가진 두 가지 특징을 볼 수 있다. 첫 번째는 세상과의 관계에서 그들이 가지게 될 지위에 대한 것인데, 즉 이기는 자는 "만국을 다스리는 권세"를 받게 된다는 것이다. 두 번째는 이기는 자들에게 주어지는 복으로서 "새벽 별"을 받게 된다는 것이다. 첫 번째 것은 시편 2편 9절과 연관이 있다. 이 세상을 이기며 승리하는 살아계신 하나님의 교회는 장차 세상을 심판하게 될 것이다. 하지만 두아디라 교회는 세상과 행음하고 있다. 이처럼 세상과 행음하는 일에 참여한 사람은 세상을 심판하는 권세를 받지 못할 것이다. 그러므로 세상을 정죄하는 위치에 들어가야 할 교회가 거룩과 및 세상과의 분리에 실패한다면 주님은 "내가 반드시 심판하리라"고 말씀하신다. (시편 2편을 읽으라.) 성도는 비록 세상으로부터 박해를 받을지라도, 하나님이 정하신 대로 세상의 권세를 인정하고 그 앞에 굴복해야 하지만(롬 13:1), 그럼에도 여전히 도덕적으로는 세상으로부터 분리된 길을 가야 한다. 그렇다면 우리는 이세벨의 막강한 영향력 아래서도 초연히 믿음의 길을 갈 수 있다. 이세벨이 가진 힘과 영향력을 다 쓰게 하라. 이기는 자는 순교자의 영예를 얻게 될 것이다. 마지막 때 세상의 권력은 하나님의 기름부음을 받은 자를 대적하기 위해서 연합할 것이지만, 그럼에도 하나님은 만국에 대한 자신의 권세를 집행하실 것이다. 그때 교회의 자리와 분복은 무엇일까? 그리스도는 지금 하나님의 우편에 앉아 계시며, 성령님은 교회를 하나로 모으기 위해서 강림하셨다. 그렇다면 성도들이 주님에게로 휴거된 이후에는 즉시 주님은 세상을 심판하고자 강림하실 것이다.

314

"내가 나의 왕을 내 거룩한 산 시온에 세웠다 하시리로다 내가 여호와의 명령을 전하노라 여호와께서 내게 이르시되 너는 내 아들이라 오늘 내가 너를 낳았도다."(시 2:6,7) 여기서 아들이란 말은 아버지의 영원하신 아들이란 의미가 아니라, 다만 세상에 태어난 사람으로서 땅을 통치할 수 있는 영광과 권세를 가진 왕으로 세움을 받은 사람이란 의미를 가지고 있다. "내게 구하라 내가 이방 나라를 네 유업으로 주리니 네 소유가 땅 끝까지 이르리로다."(시 2:8) 현재 그리스도는 이방 나라를 다스리고 있지 않다. 또한 세상을 위해 기도하고 계시지도 않는다. 그리스도께서 이 일을 하나님께 이루어주시도록 구하는 순간, 세상에 대한 심판이 시작될 것이다. "네가 철장으로 그들을 깨뜨림이여 질그릇 같이 부수리라."(시 2:9) 요한복음 17장에서 그리스도는 "내가 비옵는 것은 세상을 위함이 아니요 내게 주신 자들을 위함이니이다"(9절)라고 말씀하셨다. 주님은 현재 시편 2편을 기도하지 않고 있다. 그래서 지금은 이방나라들을 철장으로 깨뜨리고 계시지 않고, 다만 세상에서 영혼들을 불러 모으고자 복음을 보내고 계신다. 게다가 성령님을 보내셔서 그들을 주님 자신과 연합을 이루게 하시고, 교회를 형성하게 하는 일을 하신다. 하지만 주님께서 이방나라들에 대한 자신의 권리를 주장하시게 되면, 토기장이의 질그릇 같이 깨뜨리실 것이다. 이 일은 산 자에 대한 심판으로 이루어질 것이다. 따라서 시편 2편의 말미에는 다음과 같은 경고의 말씀이 있다. "그런즉 군왕들아 너희는 지혜를 얻으며 세상의 재판관들아 너희는 교훈을 받을지어다…그의 아들에게 입맞추라 그렇지 아니하면 진노하심으로 너희가 길에서 망하리니 그의 진노가 급하심이라."(시 2:10,12) 만일 이러한 주의 명령에 순복하지 않는다면, 그래서 오래 참으시는 가운데 충분히 회개할 기회를 주었건만 회개치 않는다면, 당신은 반드시 어린 양의 진노를 당할 수밖에 없다. "모든 무릎이 내게 꿇을 것이요."(롬 14:11)

여기서 우리가 주목할 것이 있다. 즉 교회의 분복은 그리스도와 하나가 되는 것이란 점이다. "이기는 자와 끝까지 내 일을 지키는 그에게 만국을 다스리는 권세를 주리니 그가 철장을 가지고 그들을 다스려 질그릇 깨뜨리는 것과 같이 하리라 나도 내 아버지께 받은 것이 그러하니라."(계 2:26,27) 성경은 그리스도에 대해서, "친히 그들을 철장으로 다스리실 것이라"(계 19:15)고 말한다. 세상은 반드시 의의 통치를 받아야 한다. 따라서 그리스도께서 세상에 다시 오실 때, 세상은 심판을 받을 것이며, 교회는 그리스도와 함께 그 심판하는 일을 하게 될 것이다. 하지만 교회는 지금 사탄의 보좌가 있는 곳에 거하고 있기에, 사방 모든 측면에서 악에 둘러싸여 있고, 세상을 바르게 하는 일에 손을 대지 못하고 있다. 그래서 그리스도는 자신의 충성스러운 남은 자들에게 이렇게 말씀하시는 듯하다. "두려워 말라. 핍박과 박해를 겁

내지 말고, 이세벨의 악행에 대해서도 두려워하지 말라. 다만 내 일을 끝까지 지켜라. 지금은 인내의 때이며, 겸손히 충성하는 시기이다. 내가 이스라엘 백성들 가운데 행했던 것처럼, 너도 세상 가운데서 나처럼 행하라. 그리하면 내가 만국을 다스리는 권세를 네게 주리라. 나도 내 아버지께 받은 것이 그러하니라. 내가 나의 권세를 행사하고 또 만국을 다스리는 때가 되면, 그 동일한 권세를 너에게도 줄 것이다." 바로 이것이 그리스도와 연합을 이룬 자들에게 주어지는 권세인 것이다.

315

그렇다면 그 때까지 세상을 바로 잡기 위해서 우리는 무슨 일을 해야 하는가? 없다. 우리는 이방 나라들의 분노에 참견해서도 안되고, 이방 나라들의 연합에 참여해서도 안된다. (그럼에도 우리는 늘 하나님이 정하신 대로, 위에 있는 권세들에게 복종해야 한다.) 게다가 우리는 이세벨의 악행에 참여함으로써 더럽힘을 받지 않아야 할 뿐만 아니라, 다만 하나님을 섬겨야 한다. 끝까지 주님의 일을 지켜야 하며, 인내 가운데 주님의 오심을 기다려야 한다. 장차 그리스도께서 만국을 다스리는 권세를 행사하실 때, 우리도 그리할 것이다. 우리의 관심은 그리스도께서 관심하시는 것이어야 하며, 그리스도의 관심이 곧 우리의 관심이 되어야 한다. 우리의 관심과 그리스도의 관심은 함께 묶여야 하며, 그럴 때 나눌 수 없게 된다. 골로새서에서 우리는 이와 동일한 내용을 표현하고 있는 구절을 볼 수 있다. "너희가 세상의 초등학문에서 그리스도와 함께 죽었거든 어찌하여 세상에 사는 것과 같이 규례에 순종하느냐?"(골 2:20) 그리스도는 하나님 안에 감추어 있다. 나도 마찬가지이다. (이것은 매우 합리적인 신앙이다.) 그리스도의 생명은 또한 우리의 생명이다. "이는 너희가 죽었고 너희 생명이 그리스도와 함께 하나님 안에 감추어졌음이라."(골 3:3) 이것은 우리의 상태와 그리스도의 상태가 같다는 의미이다. 즉 만일 그리스도께서 하나님 안에 감추어 있다면, 우리도 하나님 안에 감추어 있는 것이다. 따라서 그리스도께서 나타나실 그 때에 우리도 그와 함께 영광 중에 나타나게 될 것이다. 다시 말해서, 그리스도께서 아버지의 보좌에서 기다리고 계시는 동안, 전적으로 그리스도와 연합을 이룬 우리는 이 땅에서 그리스도를 기다리도록 부르심을 받은 것이다.

이제 시편 110편을 살펴보자. 이 시편에는 주님께서 "그러나 그 날과 그 때는 아무도 모르나니 … 아들도 모르고 아버지만 아시느니라"(막 13:32)고 말씀하신 의미에 대한 설명이 있다. 아들이신 주님은 하나님의 우편에 앉아 계시면서, 여호와께서 자신에게 예언적으로 "내가 네 원수들로 네 발판이 되게 하기까지 너는 내 오른쪽에 앉아 있으라"(시 110:1)고 하신 말씀이 이루어지기만을 기다리고 계신다. 그렇다면 이런 의미에서 아들이신 주님은 (이스라엘 백성들 가운데 거하실 때에는, 계시된 진리를 예언적으로 성취하는 하나님의 시역자이셨던 주님은) 그 날과 그 시간을 모른다고 말할 수밖에 없다. 이제 사도 바울은 히브리서 10장에서 "그리스도는 죄를 위하여 한 영원한 제사를 드리시고 하나님 우편에 앉으사 그 후에 자기 원수들을 자기 발등상이 되게 하실 때를 *기대하면서 기다리고 계신다*"고 말하고 있다(히 10:12,13, KJV 참조). 그때 그들은 우리에게도 발등상이 될 것이다. 따라서 빌라델비아 교회에 하신 메시지에 보면, 우리는 그리스도의 인내의 말씀을 지키도록 부르심을 받았다. 만일 그리스도께서 기다리고 계신다면, 우리 또한 기다려야 하는 것은 이상한 일이 아니다. 하지만 우리가 진정 기다려야 할 대상은 다름 아닌 그리스도 자신이시다.

316

그리스도와의 연합. 이것은 교회가 가진 고유하면서도 독특한 분복이다. 다른 것들, 즉 만국을 다스리는 권세와 같은 것들은 그에 따른 결과일 뿐이다. 그리스도는 세상에 대해선 심판장이시지만, 교회에 대해선 새벽 별이시다. 이사야는 "대저 여호와께서 브라심 산에서와 같이 일어나시며 기브온 골짜기에서와 같이 진노하사 자기 일을 행하시리니 그의 일이 비상할 것이며 자기의 사역을 이루시리니 그의 사역이 기이할 것임이라"(사 28:21)고 예언했다. 심판은 그리스도에겐 "비상한 일"이며 또한 "기이한 일"이다. 그리스도는 노하기를 더디 하시지만, 그럼에도 반드시 심판을 집행하시는 분이시다. 왜냐하면 그리스도께서는 불법을 영구적으로 허용할 수 없으시기 때문이다. 그리스도는 자신의 보좌를 이 땅에 세우실 것이기에, 사탄과 사탄의 악이 만연한 상태에서는 결코 자신의 보좌를 세우실 수 없다. 그러므로 반드시 이 땅에서 악과 모든 불법을 제거하실 것이다(마 13:41,42). 그리스도는 결코 악을 허용하지 않으실 것이다. 따라서 세상에서 그리스도인들을 대적했던 권세도 뿌리 뽑히게 될 것이며, 그 후에야 그리스도의 보좌가 세워질 것이다. 시편 94편 20절은 "율례를 빙자하고 재난을 꾸미는 악한 재판장이 어찌 주와 어울리이까?"라고 말하고 있다. 그런 일은 있을 수 없다. 그러므로 그리스도께서는 비상하고 기이한 일을 행하실 것이다. 하지만 자신이 마땅히 해야 할 일, 즉 하늘에서 자신과 연합을 이루고 있는 교회는 그리스도 자신이 입고 있는 하늘의 광채로 빛나게 하실 것이다.

"내가 또 그에게 새벽 별을 주리라."(계 2:28) 누가 새벽 별을 보는가? 밤새도록 깨어 있는 사람이다. 해가 중천에 뜬 것은 모두가 볼 수 있다. 하지만 밤에 자지 않고 깨어있는 사람, 즉 영적으로 어두운 세상 가운데서 새벽 별이신 주님을 갈망하는 사람만이 새벽 별을 볼 수 있을 것이며, 새벽 별을 자신의 분복으로 받을 수 있다. 그러한 사람들은 밤의 자녀가 아니라 낮의 자녀이다. 그러므로 그들은 밤새도록 날이 새기를 기다린다. 유대인의 왕으로 나신 예수님을 알리는 별이 떠올랐을 때, 거기엔 이스라엘의 위로를 바라는 안나와 시므온이 있었다. 그처럼 어두운 시기에 누가 안나의 친구였을까? 간단하게 말하자면, 이스라엘의 속량을 바라는 사람들이 있었고, 안나는 그들에게 예수님에 대해 말했다. 그들에게는 말라기 선지자가 말하고 있는 것이 이루어지고 있었다. "그 때에 여호와를 경외하는 자들이 피차에 말하매"(말 3:16) 그들은 여호와를 경외하는 사람들이었기에, 말라기 선지자가 말하고 있는 "내 이름을 경외하는 너희에게는 공의로운 해가 떠올라서 치료하는 광선을 비추리니 너희가 나가서 외양간에서 나온 송아지 같이 뛰리라"(말 4:2)는 말씀이 예수 그리스도를 통해서 이루어질 것으로 인해서 위안을 받을 수 있었다. 이들은 가난하고 멸시받는 사람들이었고, 거의 알려지지도 않은 사람들이었으며, 아무도 주목하지 않는 사람들이었다. 하지만 그들은 악하고 황폐화되어 있는 상태에 빠진 이스라엘의 속량을 기다리고 있었다. 그들은 하나님의 영광이 나타나길 바라고 있었고 또 하나님의 백성으로서 자신들의 특권을 알고 있었기 때문이다. 그들 속에 많은 연약함이 있었을지 모르지만, 불을 하늘에서 땅으로 내리게 했던 엘리야에게서 볼 수 있는 것보다 그들에게서 우리는 더 분명하고 밝은 믿음의 표식을 볼 수 있다. 그들은 성전을 바르게 만드는 일은 하지 못했지만, 하나님의 생각을 알고 그에 대해 피차 교제할 수 있었다. 엘리야는 외적으론 옳았지만, 내적으론 믿음이 없었다[6]. 엘리야는 남은 자들을 향한 하나님의 변함없는 은혜를 확신하지 못했다. 율법이 그의 신앙의 핵심이었다. 하지만 안나와 시므온은 그들 영혼 속에 하나님의 비밀을 품고 있었고, 좁고도 외로운 믿음의 길을 가고 있었다. "주의 비밀이 그를 경외하는 자들에게 있음이여 그의 언약을 그들에게 보이시리로다."(시 25:14, KJV 참조) 그들은 성전을 바르게 세우는 일을 하진 않았지만, 이스라엘의 위로를 기다리는 모든 사람들에게 피차 말했다. 그렇다고 해서 그들이 과연 자신들이 처한 상황에 만족했을까? 그렇지 않다. 다만 악에서 분리된 상태에서 그들은 이스라엘의 위로를 기다렸다. 그리고 그렇게 하는 것만이 자신들이 악에 물들지 않을 수 있는 방법이었다. 이 일은 우리 시대에도 마찬가지이다. 그리스도인은 이세벨을 변화시키실 수 없을 뿐만 아니라, 그 시대 종교 시스템에 단순히 가담하고 있는 사람들, 즉 그저 단순한 성전 예배자일 뿐인 사람들과 섞일 수도 없다. 그리스도인은 그들을 주의 심판에 맡기고, 모든 악에서 분리된 상태를 유지하면서, 영광의 날에 떠오를 새벽 별

---

6) 여기서 우리는 그리스도의 특징에 주목해야 한다. 율법 아래 완전하셨던 그리스도는, 한결같은 은혜로 인내하심으로써, 모든 것을 참으셨고, 목자의 음성으로 모든 양떼들을 우리 속으로 인도하는 일을 하셨다. 불순종하는 자들에게 하늘로서 불을 내리는 일을 했던 엘리야는 헌신적이었지만, 하나님만이 홀로 알고 계시는 남겨둔 칠천 인에게는 미치지 못했다. 그리스도는 불을 내리는 일을 거절하셨다. 율법을 지키고 온전케 하셨고 심판을 보류하셨으며, 이스라엘 양 무리 가운데서 가장 가난한 자들에게, 가장 범죄한 자들에게, 가장 깊은 곳에 숨어 있는 자들에게 여호와의 음성을 들려주고자 애를 쓰셨다. 그 결과, 모든 양무리가 그리스도의 소유가 되었고, 또한 심판하는 모든 권세가 그리스도께 주어진 것이다.

을 바라보면서 인내하고 기다리고 또 오랜 동안 슬픔의 밤 시간을 깨어 경성하면서 이 세상을 살아가야 한다. "이기는 자에게는 … 내가 또 그에게 새벽 별을 주리라." 이 새벽 별은 그리스도 자신이시다. 그리스도는 밤 시간을 지나고 있지만, 밤의 자녀가 아닌 낮의 자녀들에게 이런 식으로 계시되신다. 새벽 별은 해가 떠올라서 낮이 오기 전에, 모든 사람이 해를 보기 전에, 사라진다. 해가 떠오르기 전, 밤에 깨어 있는 사람들을 위하여 새벽 별이 있다. 세상은 해를 볼 것이지만, 그때 새벽 별은 사라지고 없다. 따라서 우리는 그리스도께서 세상에 공개적으로 나타나시기 전, 새벽 별이신 그리스도와 함께 하기 위해서 세상에서 사라질 것이다. 그리스도께서 나타나실 때, 그 때 우리도 그리스도와 함께 영광 중에 나타나게 될 것이다.

318

새벽 별을 언급하는 세 개의 구절이 있는데, 하나하나 중요한 의미가 있다. 베드로후서 1장에서 베드로는 "또 우리에게 더 확실한 예언이 있어 어두운 데 비취는 등불과 같으니 날이 새어 샛별이 너희 마음에 떠오르기까지 너희가 이것을 주의하는 것이 가하니라."(19절)고 말한다. 이스라엘의 선지자들은 땅이 복을 받는 날을 예언했다. 이사야는 "일어나라 빛을 발하라 이는 네 빛이 이르렀고 여호와의 영광이 네 위에 임하였음이니라"(사 60:1)고 말했고, 또 "보라 장차 한 왕이 의로 통치할 것이요"(사

32:1)라고 예언했다. 선지자들의 증거는 거룩한 산에서 제자들이 본 환상을 통해서 확증되었다. 게다가 그들은 장차 세상에 임하게 될 사건들을 예언했는데, 그 예언들은 온갖 형태의 반역적인 의지를 분쇄하고, 니느웨와 바벨론 등 이방 나라들의 권세를 깨뜨리고, 또 이 땅에 일어나게 될 짐승과 하나님을 떠난 예루살렘을 향해 부어지는 심판들로 이루어져 있다. 이렇게 심판이 예고된 것은 경고의 등불을 켜둔 것이다. 이 어두운 세상 가운데서도 예언의 말씀은 빛을 비추는 등불과 같다. 인간의 모든 범죄가 결국 하나님의 심판을 받을 것이란 사실을 알고 주의하도록 하기 위한 것이다. 그들 마음에 샛별이 떠오를 때까지 이 예언의 말씀을 읽고 경계하는 것이 절대적으로 필요하다. 왜냐하면 예언의 말씀은 어두운 곳을 비추는 빛이기 때문이다. 샛별이란 예언의 말씀을 읽을 때, 성령님께서 마음에 깨닫게 해주시는 영적인 이해와 영적인 지각(知覺)을 가리킨다.

사실 예언의 말씀은 어렵지 않다. 예언이 경고하는 바는 선명하다. 예언의 말씀은, 세상이 심판받을 것이란 사실을 예고해줌으로써, 나로 하여금 세상 정신에 물들지 않도록 경계심을 준다. 요한계시록에서 나는 개구리와 같은 더러운 영이 땅의 임금들, 즉 세상의 왕들에게로 가서 전능하신 하나님의 큰 날에 있게 될 전쟁을 위하여 그들을 모으는 내용을 읽게 된다(계 16:14). 만일 개구리가 누구이며 또 무엇을 의미하는지 제대로 이해하지 못할지라도, 그 예언의 중대한 의미는 분명히 알 수 있다. 그들은 결코 선한 능력이 아니다. 그들은 세상 왕들로 하여금 전능하신 하나님과 전쟁을 하도록 꾀는 일을 한다. 이처럼 예언의 말씀은 어두운 곳, 즉 그리스도가 없는 이 세상의 어두운 역사를 밝히는 빛이다. 우리가 요한계시록 22장에서 볼 수 있듯이, 새벽 별은 그리스도 자신이시다. 그리스도는 광명한 새벽 별이시다. 하지만 장차 세상에 나타나실 때에는 온 세상을 밝히는 의로운 해(the Sun of Righteousness)가 되실 것이다(말 4:2). 그리고 그 때에 심판이 있을 것이다. 악한 자들은 장차 주의 날에 발바닥에 밟히는 먼지와 같이 될 것이며, 불에 소멸하는 재와 같이 될 것이다. 해가 온 세상에 나타나기 전에, 별이 깨어 경성하는 자들에게 먼저 나타날 것이다. 따라서 이 예언의 경고를 통해서 이해할 수 있는 것은, 이 어두운 장소는 심판에 처해질 것이며, "밤이 깊고 낮이 가까웠다"(롬 13:12)는 것이다. 사람들이 어찌 생각하든, 지금은 밤이다. 길고도 피곤한 밤을 지새우는 동안, 나는 나의 영혼을 지탱해줄 새벽 별을 원한다. (그 심판의 날이 오기 전, 그리스도께서 바라고 소망하는 것은 교회를 자신이 있는 곳으로 영접하러 오시는 것이다. 이는 새벽 별이 이기는 자들에게 주어지는 것이기 때문이다.) 세상은 그때보다 지금 더 어둡고, 밤이 깊다. 게다가 밤은 새로운 날의 여명이 밝아올 무렵, 가장 어두운 법이다. 그 때 하늘엔 새벽 별이 나타나게 될 것이며, 깨어 경성하며 기다렸던 영혼은 그 새벽 별을 보는 기쁨을 누릴 것이다. 새벽 별은 이처럼 확실한 소망을 부여잡은 사람들의 마음을 고무(鼓舞)시킨다. 그렇다면 이 어두운 세상, 곧 하나님의 아들을 십자가에 못 박은 죄로 인해서 심판 아래 있는 이 세상에서 우리가 진정으로 바라는 것은 무엇인가? 혹 당신은 그리스도께서 오셔서 곧 심판하실 이 세상의 재물과 명예와 권세를 추구하고 있는 것은 아닌가? 그리스도의 영광에서 뿜어져 나오는 광선 한 줄기만으로도, 이 부패한 세상이 내뿜는 모든 영광을, 마치 가을 나뭇잎처럼, 즉시 스러지게 할 수 있다. 그런데도 당신은 재물을 쌓고 세상과 어울리고자 하는가? 그리스도께서 오실 때, 당신은 그 모든 것들을 가지고 무엇을 하려는가? 주님의 오심이 가깝다는 사실을 기억하라. 단지 세상이 심판받을 것이란 사실 때문에 이 세상으로부터 분리해야 하는 것일까? 그렇지 않다. 내가 가진 이생의 시간과 영원의 시간은 모두 그리스도 안에 있다. 샛별이 나의 마음에 떠올랐다. 나는 두려움에 의해서가 아니라, 기쁨으로 세상으로부터 분리할 것이다.

319

우리는 그리스도의 재림을, 새벽 별로 오시는 그리스도의 공중 재림과 해로서 오시는 그리스도의 지상 재림으로 구분할 필요가 있다*. 해는 온 세상을 비추기 위해서 떠오르며, 그것은 곧 심판을 의미한다. (이사야 2장과 말라기 4장 1-3절을 보라.) 이 모든 일에도 불구하고, 우리는 그리스도 안에서 우리의 분복을 가지고 있다. 우리는 이 세상에 속하지 않으며, 우리는 세상으로부터 구속을 받아, 주 예수 그리스도에게 속해 있다. 그리스도께서 이 세상을 심판하러 나타나시기 전에, 우리는 공중에서 주님을 만나게 될 것이다. 그렇다면 심판의 천둥번개는 우리를 건드릴 수 없다. 왜냐하면 우리는 하늘에서 그리스도와 함께 앉아 있고, 심판은 그 하늘로부터 임하는 것이기 때문이다. 요한계시록 4장에서 우리는 교회의 위치에 대한 가장 복스럽고 위안이 되는 그림을 볼 수 있다. 거기엔 이십사 장로들이 하나님의 보좌를 둘러싸고 각자 자신의 보좌에 앉아 있는데, 하나님의 보좌로부터 번개와 음성과 뇌성이 나온다(계 4:2-5). 그들은 전혀 움직이지 않는다. 이들은 과연 무의식 상태에 있는가? 그렇지 않다. 그 거룩하신 성품 가운데 계신 하나님이 언급될 때, 즉시 그들은 엎드리며 또한 자신의 면류관을 하나님께 내어 드린다. 네 생물이 보좌에 앉으신 하나님의 삼중적인 거룩성을 외칠 때, 하나님의 이 거룩성은 두려움을 불러일으키는 요인이 아니다. 오히려 보좌에 홀로 앉아 계신 분의 복됨을 온전히 자각하게 함으로써 오로지 예배를 드리고 싶고, 그 앞에 절로 엎드리게 하고, 자신의 면류관

---

* 역자 주 : 그리스도의 재림은 한 번이지만 두 가지 단계로 이루어져 있으며, 그 중간에 7년 대환란이 끼어 있다. 이것을 표현하자면, 1 course, 2 steps로 말할 수 있다. 그리스도께서 공중에 오심으로써(파루시아) 대환난 전에 교회를 휴거시키실 것이며, 이 땅에서는 대환난이 시작될 것이다. 그리고 대환난 끝에 세상을 심판하고자 교회와 함께 지상으로 강림(에피파니)하실 것이다. 따라서 그리스도의 공중 재림은 새벽 별로, 그리스도의 지상 재림은 해로 상징화된 것이다.

을 내어드리고픈 거룩한 충동을 일으킨다. 그 때에 그리스도는 새벽 별이시기에, 날이 새어 밝게 되면 샛별이 우리 마음에 떠오르게 될 것이며, 그 때 우리는 우리가 그리스도와 연합을 이루고 있는 것이 무엇인지 그 실체를 보게 될 것이며, 바로 그 자리에서 나오는 심판이 이 땅에서 시행될 것이다.

320

요한계시록 마지막 장에서 우리는 또 다시 별이 언급되고 있는 것을 볼 수 있다. "나 예수는 교회들을 위하여 내 사자를 보내어 이것들을 너희에게 증거하게 하였노라 나는 다윗의 뿌리요 자손이니[7] 곧 광명한 새벽 별이라 하시더라."(계 22:16) 하지만 주님께서 자신을 광명한 새벽 별로 소개하시는 순간, 성령과 신부는 즉시 "오시옵소서"라고 화답한다. 교회 안에 거하시는 성령님께서 "오시옵소서"라고 대답하시는 것이다. 이러한 반응은 주님 자신에 대한 계시와 연결되어 있다. 주님 자신에 대한 언급은 성령의 응답을 이끌어낼 뿐만 아니라 불러일으킨다. 이로써 교회도 주님의 오심을 소망하는 말을 하도록 감동을 받는다. 사랑으로 충만하신 하나님께서 교회로 하여금 예수님과 연합을 이루게 하셨을 뿐만 아니라, 주님의 이름이 언급되는 순간 "오시옵

---

7) 이것은 그리스도께서 시온의 왕이시며, 모든 약속의 원천이시며, 약속의 후사이심을 의미한다. "여호와께서 시온에서부터 주의 권능의 홀을 내어 보내시리니 주는 원수 중에서 다스리소서."(시 110:2)]

소서"라고 외치는 소리를 발하게 하셨다. 이는 즉각적인 반응을 일으키도록 심금(心琴)을 울리셨기 때문이다. 그런데 주님은 여기서 바로 "내가 진실로 **속히** 오리라"고 말씀하지 않으신다. 여기서 문제는 주님이 언제 오시는가에 있지 않고, 오시는 분이 주님 자신이라는데 있기 때문이다. 주님은 주님의 재림이 아무리 복된 생각일지라도 여기서 언급하지 않으셨고, 다만 주님 자신을 계시하고자 하셨다. 이로써 성령의 능력을 통해서 마음의 반응을 일깨우신다. 우리는 지금 주님을 위하는 존재이며, 장차 주님과 함께 하게 될 신부이다. 이것이 아니라면 아무 것도 아닌 것이다. 주님은 우리를 자신과 연합을 이룬 하나의 몸으로 부르신다. 이 얼마나 영광스러운 자리인가! 하나님 앞에서 그리스도와 동일시되는 자리에 있다는 것은 단지 경이로운 정도가 아니라 참으로 영광스러운 것이다. 예언의 말씀을 담고 있는 성경은 (예언의 말씀이 비록 장려하고 진실하며, 이 세상에 대한 엄격한 경고를 담고 있기에 영혼의 경각심을 일으키는 것이 사실이긴 해도) 그 어디에서도 이처럼 높은 자리로의 승격을 언급하고 있지 않다. 성령을 통해서 하나님의 가르침을 받은 영혼들만이 장차 오시는 예수님과의 살아있는 연합을 알 수 있을뿐더러, 예수님을 위해 현재의 시간을 소망 가운데 기다리는 신앙으로 살아간다. 다만 교리적으로만 예수님의 재림을 설명하는 것은 성도들의 영혼에 충분한 소망을 주지 못한다. 교회의 소망으로서, 교회를 데리고 가기 위해서 오시는 그리스도의 공중 재림은 예언에 속한 것이 아니다. 예수님을 알고 있는 영혼들에게 실제적인 기대감을 불러일으키고, 그러한 소망을 거룩하게 성화시킬 수 있는 것은 바로 그리스도를 친히 뵙고, 그분과 영원히 함께 하게 되리라는 진실한 소망인 것이다.

신부만이 신랑의 음성을 듣는다. 신랑의 음성은 즉시 그리스도의 재림을 신부의 갈망으로 표현하도록 자극시킨다. 이를 위해 주님은 교회로 하여금 재림을 확신하게 함으로써 반응하신다. 그리고 나서 요한계시록은 그리스도께서 이전에 교회에게 이 세상 심판에 관해서 무엇을 말씀하셨든지 간에 그리스도의 재림을 교회의 기대감으로 남긴 채 끝을 맺는다. 주 예수님은 자신을 세상을 떠나셨으나 장차 오실 분으로, 그리고 자신의 신부를 자신과 함께 하기 위해서 데리고 가실 분으로 제시하신다. 그리고 세상이 "평안하다, 안전하다" 말할 그 때에 멸망이 갑작스럽게 이를 것이며, 결코 피하지 못할 것이다.

321

사도 바울은 데살로니가전서 4장을 이러한 말로 마친다. "그리하여 우리가 항상 주와 함께 있으리라."(17절) 이것이 전부인가? 그렇다. 이것이 전부이다. 이는 그리스도를 사랑하는 것을 배운 사람은 더 이상 말할 것이 없기 때문이다. 그리고 나서 바울은 "때와 시기에 관하여는 너희에게 쓸 것이 없다"(살전 5:1)

고 덧붙였다.[8] 당신은 낮의 자녀이며, 주님이 오시는 그 날을 기다리고 있다. 이것을 당신의 마음에 감동적으로 전달하기 위해서 교리적으로 설명할 방법은 없다. 사람에게 사랑의 관계를 이해시킬 순 없기 때문이다. 그것을 이해하려면, 당신 자신이 사랑에 빠져보아야 한다. 회심하지 않은 영혼에게도 예언이 의미하는 바를 어느 정도는 이해시킬 순 있다. 하지만 그리스도 자신과 연합을 이룬 자가 느끼고 맛보는 것을 이해시킬 순 없을 뿐만 아니라 그리스도의 재림을 갈망하는 마음도 이해시킬 수 없다. 어째서 그런가? 왜냐하면 그것은 사랑의 관계에 속한 것이기 때문이다. 요한계시록 22장 16절 속에는 사랑의 관계가, 사랑의 감정이, 그리고 그에 따른 즉각적인 반응이 나타나 있다.

예를 들어보자. 한 여인이 남편을 기다리고 있다. 그 남편이 문밖에서 문을 두드린다. 입에선 한 마디 말도 하지 않는다. 하지만 그 아내는 이미 자기 남편이 문밖에 있음을 안다. 왜냐하면 문밖에 있는 그 사람은 바로 그녀가 사랑하는 사람이기 때문이다. 이처럼 그 아내의 마음을 일깨우고 심금이 울릴 때, 그 마음속에선 자연스러운 감정과 애정이 흐르는 법이다. 하지만 그런 일이 일어나려면, 서로의 마음이 사랑의 끈으로 묶여 있어야 한

---

8) 나는 데살로니가전서 5장 1절이 데살로니가 4장 14절과 직접적으로 연결되어 있음을 확신한다. 그리고 4장 15절부터 18절은 일종의 삽입구이다.

다. 애정이 있다면 반드시 반응이 있다. 이처럼 복스러운 진리로 우리 마음이 요동치려면, 그리스도의 사랑을 알고 또 우리에게도 그리스도를 사랑하는 마음이 있어야 한다. 게다가 성령의 능력을 통해서 예수님과 연합을 이루고 있다는 영적인 인식이 있어야 한다. 그럴 때에만 그리스도께서 신랑으로 자신을 계시하시는 순간, 심금이 울리면서, 본능적으로 "오시옵소서"라는 탄성이 터져 나오게 된다. 그리스도와의 연합의 진리를 교리적으로 또는 지식적으로 아는 사람에겐 이러한 반응이 일어나지 않을 것이다. 그리스도와의 연합이 성령의 능력으로 실제적으로 이루어진 사람과 그렇지 않은 사람 사이엔 주 예수님을 친히 뵙기를 바라는 마음에서 엄청난 차이가 있다. 왜냐하면 실제적으로 이루어진 사람은 그야말로 주님이 나를 그분의 일부가 되게 하셨고 또 그분의 신부가 되게 해주셨다는 선명한 믿음이 있으며, 뿐만 아니라 회개치 않는 죄인들을 심판하려 오시는 주의 재림을 바라보는 실제적인 믿음이 있다! 이처럼 예수님을 바라보는 소망이 가지고 있는 실제적인 효력에 주목하라. 이처럼 복된 소망은 하늘을 우리의 영원한 거처로 바라보면서 세상에서 분리하여 성화의 삶을 추구하는 것으로 나타나게 되어 있다. 만일 나의 마음이 주님을 향해 바르게 작동하고 있다면, 나를 둘러싸고 있는 것들 너머에 있는 하늘을 바라보게 될 것이다. 세상에는 재미있는 것들도 많고, 마음을 소란케 하고, 바삐 움직이게 하는 것들도 많다. 하지만 세상과 세상의 모든 것들은 결코 내 영혼의 평안함과 고요함을 방해할 수 없다. 왜냐하면 다시 오실 예수님과 우리가 맺고 있는 연합의 관계를 끊을 수 있는 것은 아무 것도 없기 때문이다. 우리의 소망을 흐릴 수 있는 것은 아무 것도 없다.

322

교회를 위해서 오시는 그리스도 재림의 특징을 보는 눈이 열리면, 무수히 많은 성경구절들의 의미가 제대로 살아나기 시작한다. 경건치 않은 자들에게 부어지는 심판에 대해서 말하고 있는 시편을 예로 들어보자. "의인은 악인의 보복 당함을 보고 기뻐함이여 그 발을 악인의 피에 씻으리로다."(시 58:10) 우리 그리스도인은 여기에 해당되는 사람들이 아니다. 이 구절은 유대인들의 언어이며, 그것도 자신들을 학대하는 원수의 폭정에서 건짐을 받게 되고, 영광 중에 재림하시는 그리스도로 인해서 땅의 모든 열방들이 통곡하게 될 때, 경건한 유대인들의 입에서 터져 나오는 외침이다. 나는 과연 나의 원수들이 멸망하기를 그리스도께 비는가? 결코 그렇지 않다. 나는 그리스도와 함께 하기 위해 그들에게서 떠날 것이다. 우리가 하나님의 공의로운 심판을 알고 있고 또한 그 무서운 심판이 그리스도를 거절하고 또 그분의 은혜를 멸시하는 자들에게 임할 것을 생각하니, 너무도 슬픈 마음이 일어난다. 그럼에도 나는 하늘에 있는 그리스도에게로 곧장 갈 것이다. 그리스도는 하나님 안에 감추어 있고, 나의 자리는 바로 그리스도 안에 있다. 그리스도 안(in Christ)이라고 하는 자리는 그리스도께 가장 가깝고도, 가장 친밀한 연합을 이루고 있는 자리이다. 나는 신부의 무리에 속해 있을 뿐만 아니라, 그리스도의 몸의 지체로서 그분의 살 중의 살이요 또한 그분의 뼈 중의 뼈이다. 우리가 이처럼 모든 복의 근원으로서 그리스도를 믿음으로 붙잡고, 그리스도와 연합을 이루고, 그래서 그리스도 자신과 하나가 될 때, 그때 모든 성경이 제 자리를 잡게 된다. 게다가 성령님에 의해서 하늘에 속한 것들에 대한 영적인 통찰력을 갖게 되고, 그 모든 것들이 우리에게 신령한 복으로 주어지게 되며, 땅에 속한 것들을 마음에서 떠나보낼 수 있게 된다. 무엇보다 우리 마음은 하늘에 있는 우리의 자리, 곧 예수님 자신에게로 고정되게 되며, 우리는 진실로 그분을 사모하면서 기다리는 마음을 가지게 된다. 그리스도께서 나타나실 때, 우리도 영광 중에 그리스도와 함께 나타나게 될 것이다. 그때부터 우리는 주님과 영원히 함께 하게 될 것이다.

주께서 우리에게 십자가의 구속이 이룬 엄청난 은혜의 경륜과 그리스도 안에 있는 우리의 지위에 대한 영적인 통찰력을 더해 주시고, 우리 마음이 온전히 그리스도에게로 향하게 해주시고, 다시 와서 우리를 자신이 있는 곳으로 데리고 가기로 약속하신 주님이 돌아오기를 고대하며 기다리는 사람처럼 날마다 행하게 해주시길 바란다. 또한 우리가 사는 세상의 어두움 가운데서도 깨어 경성하게 해주시고, 우리 마음에 샛별을 품고 날이 새어 해가 떠오르길 기다리게 해주시길 빈다! 주께서 우리를 우상숭배에서 지켜주시고, 무엇보다 이세벨의 유혹*에서 지켜주시길 바란다. 주께서 이처럼 어둡고 악한 세상에서 자신의 영광이 나타나게 하려는 목적에서 전에 아름답게 심으신 것을 부패시키고 망가뜨리는 것들을 수용함으로써 주님을 근심시켜드리는 일이 없게 해주시길 바란다.

---

* 역자 주 : 하나님의 은혜를 값싼 은혜로 바꾸어 방탕한 삶을 합리화하고, 게다가 은혜를 정욕을 만족시킬 구실로 삼는 무법주의적 사상을 가리킨다. 이러한 무법주의 신앙을 가진 사람들은 유다서에 말하고 있는 대로, 하나님의 은혜를 세상 사람들 앞에서 무가치한 것으로, 즉 색욕거리로 만드는 사람들이며, 무슨 죄를 짓더라도 이미 다 용서되었기 때문에 무조건 천당간다는 식의 신앙을 가진 사람들이며, 면죄부식 구원론을 가진 사람들이다. 이러한 사람들의 특징은 유다서에 잘 나타나 있다. 이 사람들은 입술만의 신앙을 가진 사람들이며, 경건한 삶도 없고, 성령도 없는 사람들이다.

Lecture 7

제 7강
사데 교회를 향한 예언 메시지

323

사랑하는 형제들이여, 이제 새로운 장을 시작하면서 사데 교회를 향한 메시지의 엄중성에 견주어 볼 때, 사데 교회와 특별한 방식으로 연결되어 있는 사람들을 위로하는 것으로 시작하고 싶다. 하나님의 영께서는 명목상의 교회(the professing church)에 대해서, 사데 교회를 통해서 그 이름, 그 특징, 그리고 세상에서 그 책임에 대해서 말씀하고 있는데, 이렇게 말씀하시는 요점보다 더 엄중한 것은 없다. 이는 사데 교회에 대해서 말씀하실 때, 그렇게 말씀하시는 요체가 바로 하나님의 아들께서 주실 수 있는 복의 충만함에서 나오고 있기 때문이다. 물론 복은 하나님의 본성과 능력의 표현으로서, 신적 은혜의 권능 가운데서 나오는 것이긴 하지만, 실상은 하나님의 생명에서 나온다. 교회는 그 사실을 고백하는 자리에 있기 때문에, 사데 교회를 향한 메시지도 필연적으로 명목상의 교회를 향하고 있을 수밖에 없다. 이 주제를 언급할 때마다 나는 약간의 부담을 느낀다. 왜냐하면 나 자신도 책임에서 자유롭지 않기 때문이다. 주께서 내가 느끼고 있는 이러한 책임감을 당신에게도 주시길 기도한다. (어쩌면 당신이 나 보다 더 큰 책임을 느끼고 있을지도 모르겠다.) 사데 교회는, 실상 이처럼 엄중한 상태에 있었다. 여전히 사데 교회에도 그리스도의 충만과 완전이 교회의 필요를 충족시키고자 주어진 사실로 인한 위안이 있다. 다른 모든 것이 실패한 듯 보일 때, 그리스도께서는 항상 그리스도 안에 있는 충만을 자기를 의지하는 사람들에게 가져다주신다.

주님의 특징이 이제 말씀하시는 대상이 되는 사람들의 상태에 적용되고 있다. (내가 전에 말했듯이, 이러한 방식이 요한계시록 2-3장에 있는 교회를 향해 말씀하시는 방식이다.) "하나님의 일곱 영과 일곱 별을 가진 이가 말씀하시되"(계 3:1) 이것은 에베소 교회에 말씀하신 "오른손에 일곱 별을 붙잡고(hold the seven stars)"(계 2:1) 계신 것과 같지 않다. 여기서 주님은 일곱 별을 가지신(hath the seven stars) 분이시다. 성경은 아무 의미도 없이 단어를 빠뜨리거나 또는 변경시키지 않는다는 사실을 항상 기억하라. 일곱 교회의 일곱 별(또는 사자, 영어로는 angels)[9]은 지역교회의 대표를 상징하고 있으며, 주님 아래서 영적 권위를 부여받은 사람을 가리킨다. 따라서 주님은 모든 지역 교회들을 통치하실 권위를 가지고 계신 수반(首班, the head of government)이시다. 에베소 교회를 향한 메시지에서, 그리스도는 자기 손에 모든 권세를 붙잡고 계시며, 교회의 상태를 감찰하시면서 또한 자기 오른 손에 대표자들을 붙잡고 계신 분으로 소개되었다. (별들은 전체 권위 시스템의 대표적인 위치를 차지하고 있는 인물을 상징하며, 그리스도의 눈에 각 교회들을 나름 특색 있게 만드는 영적인 에너지를 가진 인물이다. 교회의 사자들은 일곱 금 촛대 사이에서 그리스도의 이름으로 사역하는 인물이다.)

324

사데 교회에 실패가 있었다. 영적인 죽음이 들어왔고, 사망이 교회의 상태를 이루고 있었다. **"내가 네 행위를 아노니 네가 살았다 하는 이름은 가졌으나 죽은 자로다."**(계 3:1) 우리는 이미 실패와 영적 부패가 어떻게 교회 속으로 들어오게 되었는지를 살펴보았다. 하지만 사데 교회는, 다음과 같은 측면에서, 이전 어느 교회의 상태보다 더 악화된 상태에 있었는데, 여전히 죽은 상태에 있었지만 그럼에도 살았다는 이름을 가지고 있었다

---

9) 이러한 내용들을 다루는 것은 나의 목적이 아니다. 게다가 굳이 설명하자면, 회당의 천사는 결코 회당장이 아니었다. 그들은 오히려 회당의 일을 담당하는 사무직원에 해당된다. 천사들은 특별한 힘을 가지고 있지만 섬기는 영이다. 별은 상징적으로 권위의 개념을 전달할 뿐, (즉 종속적인 권위를 가진 인물을 상징적으로 보여줄 뿐) 문자적으로 "천사"를 의미하지 않는다.

는 것이다. 생명력이 소진된 상태에 있었다. 악의 세력이 활동하고 있지는 않았지만, 도덕성에 있어서는 쇠약할 대로 쇠약해진 상태였다. 결과적으로 주님은 사데 교회에 자신을 "하나님의 일곱 영"을 가지신 분, 즉 믿음을 가진 자들에게 성령의 모든 충만[10]을 주시는 분으로 나타내셨다. 게다가 일곱 별, 즉 교회에서 모든 권세를 자신의 수중에 붙들고 계신 분으로 나타내셨다. (일곱은 완전을 상징하는 숫자이다.)

325

사데 교회의 실패가 무엇이든지, 그것은 세상과 영합된 결과였으며, 이렇게 세상과 유착하는 것은 언제든지 실패로 끝날 수밖에 없다. 성령님의 다양한 속성 속에는 그분의 충만하고도 신적인 능력이 스며있으며, 교회의 머리이신 그리스도 아래서 그 능력은 곧 교회의 복으로 자리 잡고 있다. 그리스도는 그 성령의 능력으로 교회를 돌보시고, 사랑하시며, 보호하신다. 그 결과 믿음을 가진 성도들은 영적인 자원을 활용하고 있기에, 교회는 달리 핑계할 수가 없다. 어쨌든 사데 교회는 전체적으로 실패했다. 하나님의 성도들은 발람의 거짓 교리에 의해서 유혹을 받았을 뿐만 아니라, 이세벨이 자신의 방을 꾸몄고, 거기서 자신의 자녀들을 낳았다. "시온에 대하여 말하기를 이 사람, 저 사람이 그녀에게서 났나니"(시 87:5, KJV 참조) 따라서 외양상 크리스천의

---

10) 이것은 성령의 사역 활동을 통해서 나타나는 충만성을 가리킨다.

이름을 가진 사람들이 있었고, 그들의 출생지(교회)는 악의 소굴로 변했다. 또 다른 장면은 이미 악이 완전히 무르익었음을 보여준다. 모든 영적 에너지와 능력은 오직 그리스도 안에 있었기에, 그들은 그리스도를 통해서 그 능력을 공급받아야 했지만, 그들은 결과적으로 사망 상태에 이르렀다. 사실상 이 모든 것이 언제든지, 그리고 영원히 그리스도 안에 있다는 사실이 명목상의 교회를 정죄상태에 빠뜨린다. 게다가 모든 능력이 성령님과 연결되어 있으며, 항상 그리스도 안에 있다는 보배로운 진실은 충성스러운 "이기는 자들"에겐 위로와 복으로 작용한다. 이러한 것이 악이 넘치는 곳에서도 이기는 자들이 나오는 이유인 것이다.

교회 안에 침입한 악이 무슨 형태를 띠던지, 그것이 이세벨에 의한 것이든 아니면 발람에 의한 것이든, 주님은 "내가 네 행위를 아노니"라고 말씀하신다. 사망이 명목상의 교회의 특징일지라도, 그리스도는 "나는 하나님의 일곱 영을 가지고 있고, 아무도 이 사실을 부인할 수 없다"고 말씀하신다. 그러므로 모든 것이 잘못되어 가고 있어도, 우리는 주님께서 교회의 충만한 복을 위해 필요한 모든 것을 가지고 계시다는 사실을 잊지 말아야 한다. 그리스도는 "하나님의 일곱 영을 가지고 계신다." 이 사실은 인간의 실패에 의해서나 또는 사탄의 악함에 의해서조차도 결코 변경될 수 없는 사실이다.

요한계시록 4장 5절과 5장 6절에서는 동일하게 하나님의 일곱 영을 언급하고 있다. 4장 5절에서는 그 일곱 영을 일곱 등잔에서 타오르는 불로 묘사하며, 5장 6절에서는 일곱 뿔과 일곱 눈으로 묘사한다. 둘 다 하나님의 일곱 영을 가리키며, 다중적인 능력과 다양한 지혜를 표현하고 있다. 마치 주님께서 이렇게 말씀하고 있는듯하다. "여기에 좋은 것을 산출하고, 좋은 것을 안전하게 지킬 수 있는 모든 것이 있다. 나는 이 모든 좋은 것을 내 수중에 붙잡고 있다." 두아디라 교회를 향한 메시지에서, 주님은 악으로 둘러싸인 중에 유일한 피난처로서 주님의 오심을 바라보도록 그들을 가르치고 계신다. 주님의 재림에 대한 소망은 어둠으로 둘러싸인 가운데 있는 영혼을 밝혀주는, 밝게 빛나는 새벽별처럼 주어졌다. 그리고 살았다 하는 이름은 있지만 실상은 죽어 있는 사데 교회에서, 주님은 재림의 확실성을 가지고 충성스러운 사람들을 위로하시는데, 사실 주의 재림은 모든 것이 영적으로 죽어 있는 상황에서도 힘을 얻을 수 있게 해주는 실제적인 영적 힘의 원천이다. 게다가 사데 교회에 있는 소수의 그 옷을 더럽히지 아니한 사람들에게 주의 재림은 그들에게 마치 아무런 실패가 없는 것처럼 제시되고 있다. 만일 모든 외적인 공급이 사라진다 해도, 주님은 여전히 우리의 필요를 채워주시는 분으로 남아계신다. 이제 주님은 사데 교회에 이 사실을 알려주심으로써, 소수의 충성스러운 사람들에게 힘을 북돋우시고 또 보태주신다. 하지만 그들을 구출하는 기적을 베풀지는 않으신다. 우리는 동일한 패턴을 이스라엘의 역사 속에서 볼 수 있다. 이스라엘이 금송아지를 세우고 있었을 때, 그들의 영적 실패를 막아주는 아무런 기적도 일어나지 않았고, 대신 진 밖에 회막을 세웠던 모세에게 영적인 능력이 함께 했던 것을 볼 수 있다.

유다에 있는 선지자들이 예언했지만, 다만 히스기야 왕에게 특별한 징표로 아하스의 일영표 위에 나아갔던 해 그림자로 십도를 물러가는 일이 일어난 외에는(왕하 20:11), 아무 기적도 일어나지 않았다. 그들은 이스라엘 백성들로 하여금 하나님이 세우신 시스템 속에 담긴 진리를 알고 공개적으로 돌아오도록 하기 위하여 예언했고, 그렇게 해서 충성스러운 자들의 마음을 위로해주었다. 하지만 온 이스라엘 나라가 여로보암 아래서 하나님을 공개적으로 떠나고 또 바알의 산당을 세우고 숭배했을 때, 하나님께서는 자기 종 엘리야와 엘리사의 손을 통해서 기적을 일으키셨다. 그렇게 자비와 은혜를 통해서 하나님은 항상 유다에게 증거하는 말씀을 보내셨지만, 공개적인 실패가 있었을 때에는 아무 기적도 허락하지 않으셨다. 하나님은 기적을 일으키심으로써 자신이 바알과는 대조적으로 여호와이심을 입증하고자 하셨으며, 이를 통해서 유다가 그 사실을 부인할 수 없게 하고자 하셨다. 진리를 부패시킨 사람들의 손에 힘이 실리면 진리를 더욱 부패시키는 법이다. 그렇게 진리를 떠난 사람들에게 능력으로 증거하시는 것이야말로 하나님의 인내어린 선하심이다. 이러한 것이 하나님의 섭리 속에 나타난 위대한 원리이며, 기적에 주목하기 보다는[11] 우리의 눈을 돌려 더 주목해야 하는 위대한 원리인 것이다. 가장 위대한 실제적인 원리는 이미 하나님에 의해서 세워졌다. 이에 대한 우리의 실패가 무엇이든지 우리는 항상 하나님을 바라보아야 한다. 우리가 무엇에 실패했는지 자각할 수 없을지라도, 우리가 마땅히 느끼고 인식해야 하는 깊은 자각은 어느 정도 있기 마련이다. 그럴지라도 우리는 결코 인간의 전적인 실패를 느끼고 자각하는 감각이 그리스도의 능력을 인식하는 믿음의 눈을 흐리게 만드는 일이 없도록 해야 한다. 오히려 결코 실패할 수 없다는 결연하고도 굳은 믿음을 붙잡아야 한다. 그럴 때 우리는 교회의 실패를 바라보면서 평안한 마음을 유지할 수 있다. 왜냐하면 우리는 결코 실패할 수 없는 그리스도의 사랑 안에 우리의 거처를 정한 상태에서 그 문제를 바라보기 때문이다. 그럼에도 우리는 교회의 상태를 돌아보아야 하며, 그 상태에 두는 것이 주님께 불명예를 끼치고 있다는 사실을 깊이 통감해야 한다.

326

사도 바울을 예로 들어보자. 바울은 고린도 교회와 갈라디아

---

11) 모세는 자신이 받은 사명을 증거하고자 기적을 일으켰으며, 그때에는 하나님이 이스라엘에 세우신 것이 아무 것도 없을 때였다. 하지만 이것이 여기서 우리가 다루고자 하는 주제는 아니다. 그럼에도 항상 원리는 같다. 유대 선지자들은 이미 설립된 것에 호소했다.

교회들의 실패를 보면서 주님의 마음 깊숙한 곳에서 확신의 샘을 발견할 수 있었고, 그들의 실패의 자리보다 높은 곳으로 올라갈 수 있었다. 바울이 고린도 교회에 편지를 쓸 당시, 고린도인들이 행하고 있었던 일은 얼마나 충격적이었는가. "너희 중에 심지어 음행이 있다 함을 들으니 이런 음행은 이방인 중에라도 없는 것이라."(고전 5:1) 바울은 그들을 책망해야 했지만, 우선적으로 바울은 그들의 실제적인 상태가 아니라 그들의 생명과 소망의 원천을 바라보았다. 바울은 그들의 악을 다루기 전에 "주께서 너희를 우리 주 예수 그리스도의 날에 책망할 것이 없는 자로 끝까지 견고케 하시리라"(고전 1:8)는 말로 그들의 정체성을 일깨우는 일을 했다. 왜냐하면 "너희를 불러 그의 아들 예수 그리스도 우리 주로 더불어 교제케 하시는 하나님은 미쁘시기" 때문이다(고전 1:9). 갈라디아인들의 경우도 마찬가지이다. 바울이 그들에게 편지를 썼을 때, 바울은 "너희를 대하여 의심이 있음이라"(갈 4:20)고 말해야만 했다. 왜냐하면 그들은 이미 율법 아래로 돌아갔기 때문이다. 그래서 바울은 자신의 음성을 바꾸어야만 했고 또 자신이 그들에게 어찌 말해야 하는지 알게 해달라고 물어야만 했다. 왜냐하면 그들은 그리스도인에게 속한 은혜의 자리에서 떨어졌고, 따라서 바울은 돌이켜 그들에게 율법을 따라서 말해야만 했기 때문이다. 하지만 바울이 그리스도에게로 돌이켰을 때, 그의 마음은 확신의 샘에 이를 수 있었다. 그들 자체는 신뢰하진 않았지만, (주의 회복의 역사를 기대하면서) 그들에게서 이루어질 일에 대해선 신뢰할 수 있었다. 그러자 바울은 "나는 너희가 아무 다른 마음도 품지 아니할 줄을 주 안에서 확신하노라"(갈 5:10)고 말할 수 있었다. 우리 영혼의 바른 상태는 바른 가치관을 가지고 또한 모든 것이 그리스도 안에 있고, 결론적으로 교회는 그리스도를 위한 존재여야 한다는 의식을 가질 때 형성된다. 그럴 때 우리는 그리스도 안에 있는 것이 무엇인지를 보게 되고, 실패에 대한 깊은 자각도 생기며, 그리스도를 향한 충성스럽고 열매를 맺는 증인으로 나타날 수 있다. 그럴 때 실패의식은 더욱 증가하게 되지만, 주 예수 안에 있는 우리의 확신은 결코 희미해지는 일이 없게 된다. 이러한 것이 실패의 현장을 통과하는 가운데서도 성도들을 안정적으로 또 고요하게 해주는 비결이다. 왜냐하면 우리의 확신은 교회가 그리스도를 위해서 무엇이 되어야 하는가에 달린 것이 아니라, 그리스도께서 교회를 위하여 무엇이 되셨는가에 달려 있기 때문이다.

327

이제 그리스도께서 사데 교회를 향한 메시지를 시작하시는 방식을 통해서 나타내신 주님의 은혜로우심에 주목해보자. 주님은 그들의 끔찍스러운 상태를 다루시기 전에, 먼저 자신을 믿음의 원천으로서 성령의 모든 권능을 가지고 계신 분으로 소개하고 있다. 그렇게 하시는 이유는, 사데 교회 안에 들어온 모든 실패와 악에도 불구하고, 성령의 권능과 역사는 여전히 남아있을 것임을 알게 하고자 하셨던 것이다. 왜냐하면 성령의 역사는 이 땅에 있는 성도의 행실에 달린 것이 아니라, 저 하늘에 계신 그리스도의 역사의 가치에 달린 것이기 때문이다. 이는 이스라엘이 실패했을 때, 하나님께서 학개 선지자의 입을 통해서 말씀하셨던 것과 같다. "너희가 애굽에서 나올 때에 내가 너희와 언약한 말과 나의 신이 오히려 너희 중에 머물러 있나니 너희는 두려워하지 말지어다."(학 2:5) 마찬가지로 여기서도 "사데 교회의 천사에게 이러한 것들에 대해 말하라. 하나님의 일곱 영과 일곱 별을 가진 이가 말씀하시되…" 그리고 나서 주님은 교회의 상태를 언급하신다. **"내가 네 행위를 아노니 네가 살았다 하는 이름은 가졌으나 죽은 자로다."**(1절) 이 얼마나 끔찍스러운 상태인가! 이것은 우리가 우리 주변에서 얼마든지 볼 수 있는 모습을 묘사하고 있다. 이것은 현재 시대 교회의 모습일 뿐만 아니라, 지난 시대 오랜 세월 동안 교회가 처해 있었던 실제적인 상태였다.

사데 교회를 보면, 사데 교회는 에베소 교회처럼 처음 사랑을 떠난 교회는 아니다. (에베소 교회는 이후 처음 사랑을 떠나는 교회의 기원이 되었다.) 게다가 세상의 권세를 가진 사탄의 박해 아래서 환난을 당했던 서머나 교회와도 같지 않았다. 또한 사탄의 보좌가 놓인 세상에 자리 잡고서, 악한 행실을 허용했던 발람과 니골라당의 교리를 붙들었던 버가모 교회와도 같지 않았다. 또한 여선지자 이세벨을 용납하여 주의 종들을 가르쳐 꾀어 행음하게 하고 우상에게 바쳐진 제물을 먹게 했던 두아디라 교회와도 같지 않았다. 게다가 입에서 토하여 내칠 준비가 된 라오디게아 교회의 상태에 아직 도달하지도 않았고, 공개적이고 적극적으로 바알을 숭배했던 이스라엘과도 같지 않았다. 은혜가 여전히 역사하고 있었고, 따라서 우리는 여기 저기서 은혜의 역사를 볼 수 있다. 지금까지 살펴본 대로, 사데 교회는 악한 교리와 부패를 실제적으로 조장하는 가르침에서 벗어나있었다. 사데 교회의 악은 더욱 부정적이었다. 조금도 살아있는 능력을 볼 수 없고 다만 죽어 있는 상태로 있었다. 그럼에도 확실한 것이 있다면, 살았다는 큰 이름은 가지고 있었다는 것이다. 사데 교회는 이세벨도 없고, 우상에게 바쳐진 제물을 먹는 것도 없고, 게다가 그리스도의 입에서 토하여 내침을 당하는 것도 없다. 그들은 외적인 진리는 가지고 있지만, 살아있는 능력은 없이 그저 죽어 있었다. 그들은 확실히 외적이고 공개적인 신앙고백과 기독교의 외양은 가지고 있었다. 하지만 아! 살아 있다는 이름은 있었을지라도, 거기에 생명의 능력은 없었다. 그들은 기독교의 이름과 교리는 가지고 있었다. 그럼에도 그리스도께서 거기에 계시지 않았다. 지금 정통 기독교를 받아들인다 해도, 얼마간 시간이 지나게 되면 알게 될 것이다. 이세벨에게서 벗어날지라도, 죽은 형식이 들어올 것이다. 우리가 앞서 일곱 교회들에게 주신 메시지를 통해서 살펴본 내용들을 보면, 심판 아래 들어가는 것은 결코 성령께서 능력으로 일하신 것은 조금도 없다는 점을 마음에 새겨야 한다. 심판의 대상이 되는 것은 우리가 이러한 은혜들과 하나님의 영의 은사들을 사용한 것에 대한 것뿐이다.

328

이에 대한 그림으로서 종교개혁의 역사를 살펴보자. 종교개혁을 일으킨 힘은 의심의 여지없이 하나님의 영의 역사였다. 우리는 지금 하나님이 심판하시는 내용 때문이 아니라, 과거에 하나님이 역사하신 사실로 인해서 기쁨이 있다. 사람들이 이러한 차이점을 보지 못하기 때문에 어려움에 빠진다. 이제 질문해볼 것은, 종교개혁을 통해서 획득한 특권에 의해서 얻게 된 열매가 어디 있으며, 지금도 그 열매를 누리고 있느냐는 것이다. 하나님은 등불을 켜서 그릇으로 덮어 두지 아니하시고 등경 위에 두심으로써 집안 모든 사람에게 비추게 하신다(마 5:15). 그리고 나서 하나님은 과연 하나님께서 밝히신 빛이 모든 사람에게 잘 비추고 있는지를 살피신다. 여러 교회들에 대한 메시지에서 우리는 좋은 상태와 나쁜 상태에 대해서 언급하고 있는 것을 볼 수 있지만, 그럼에도 사데 교회에는 성령님이 역사하신 것과 연관해서 좋은 상태로 언급하고 있는 것은 볼 수 없다.

"내 하나님 앞에 네 행위의 온전한 것을 찾지 못하였노니."(계 3:2) 교회를 위한 것은 그리스도 안에서 모든 것이 온전하게 준비되었다. 그러므로 주님은 본래 온전하게 예비하신 것에 대한 응답을 기대하신다. 주님은 영적인 힘과 능력 안에 이러한 완전함을 가지고 계신 분으로 자신을 제시하실 뿐만 아니라, 그에 대한 응답도 기대하시는 분으로 자신을 제시하신다. 우리는 이렇게 말하고 싶을지도 모른다. "우리는 이미 사데 교회가 죽어 있다는 말을 들었는데, 그럼에도 그들의 행위가 온전하지 못하다고 말하는 것은 이상한 일이 아닌가?" 그렇지 않다. 왜냐하면 주님은, 교회를 다루시던 아니면 개인을 다루시던, 악을 다루시는 자신의 기준을 낮추실 수 없다. 만일 주님이 기준을 제시하셨다면, 그 기준은 항상 심판의 기준인 것이다. 교회는 그렇게 제시된 기준을 따라서 심판받게 될 것이다. 하나님은 자신이 이루신 일에 대한 응답을 기대하실 때 이 기준을 낮추지 않으신다. 그러므로 우리는 개인적으로 과연 우리가 세상에 그리스도의 거룩을 보여주고 있는지, 그리고 그리스도의 사랑을 나타내고 있는지 우리 자신에게 물어야 한다. 오늘날 우리는 그리스도를 고백하는 사람들은 많지만 상대적으로는 그리스도를 살아내는 사람은 드문 시대에 살고 있다. 여기서는 발람과 그의 거짓된 교훈, 이세벨과 우상의 제물을 먹는 것에 대한 내용은 없다. 다만 주님은 생명을 찾고 계신다. 주님은 교회에게 은혜의 분량을 따라서 완전한 역사를 이루셨기에, 행위의 온전한 것을 기대하신다. 만일 우리 자신을 살핀다면, 과연 우리는 무슨 말을 할 수 있을까? 문제는 우리가 무슨 열매를 맺고 있느냐에 있지 않고, 우리가 맺는 열매가 과연 주님을 만족시키는 열매인가에 있다. 만일 내가 밭을 일구고 또 곡식을 심었는데, 내가 수고한 만큼 열매를 맺고 있지 않다면, 나는 농사를 포기할 수밖에 없고 더 이상 곡식 심는 일을 하지 않을 것이다. 나는 여기서 영혼 구원에 대해서 말하는 것이 아니라, 성도들의 행실에 대한 주님의 심판에 대해서 말하고 있다. 성도들은 이미 구원받은 사람들이기 때문이다.

329

그리스도께서 주도권을 가지시면, 하나님은 은혜의 원리를 따라 온전한 열매를 맺는 일을 하실 것이다. 하지만 이렇게 하기 전에 하나님은 일을 사람에게 맡기신다. 하나님께서는 율법을 이스라엘에게 주셨고, 그들은 전적으로 실패했다. 하지만 그리스도께서는 "주의 율법을 내 마음에 두었나이다"라고 말씀하신다. 이스라엘의 경우에도, 하나님은 말세에 그들의 마음에 율법을 새기실 것이다. 하지만 지금 이스라엘은 충성스럽지 못한 결과로, "모든 민족 중에 속담거리와 이야깃거리가 되었다."(대하 7:20) 하지만 장차 그리스도의 능력의 날에는 하나님께서 온전함과 충만함으로 열매를 맺게 하실 것이며, 그때에는 "이스라엘의 움이 돋고 꽃이 필 것이라 그들이 그 결실로 지면에 채우게"(사 27:6) 될 것이다.

이제 (이 땅의) 통치는 사람의 손에 맡겨졌다. 느부갓네살에게 권력이 주어졌으며, 우리는 그것이 어떻게 진행되었는지를 알고 있다. 하지만 세상 통치는 "세상 나라가 우리 주와 그 그리스도의 나라가 될 때"(계 11:15) 온전히 세워질 것이다. 마찬가지로 하나님의 교회도 지상에서 그리스도 안에서 완전한 존재로 세워졌고 또 하늘에 있는 머리로서 그리스도의 영광과 및 교회에 주신 성령의 능력이 나타나도록 설립되었다. 교회는 성령으로 말미암아 하나님이 거하시는 처소였다. 하지만 아! 참혹하게도 교회는 실패했다. 하나님이 찾으시는 것은, 하나님의 은혜에 대한 증거와 증인의 역할을 하도록 주신 은혜의 열매였건만, 교회는 실패했다. 하지만 장차 그리스도께서 "그 날에 강림하사 그의 성도들에게서 영광을 얻으시고 모든 믿는 자에게서 기이히 여김을 얻으실 때"(살후 1:10), 그 때 교회는 영광 중에 나타날 것이며, 세상은 교회가 그리스도께서 사랑하신 그 사랑으로 항상 사랑을 받아왔음을 보게 될 것이다. 하지만 지금은 책임의 문제가 있다. 게다가 교회가 실패하고 있다면 이 책임의 문제는 개인의 문제가 된다. 이 책임의 문제는 명목상의 교회에게는 최종적으로, 그리스도의 입에서 토하여 내침을 당하는 것으로 끝나게 될 것이다. 이것은 영혼 구원의 문제가 아니라 세상 앞에서 고백 공동체로서 교회의 책임 문제인 것을 기억하라.

330

오순절을 생각해보자. 성령님이 오셨을 때 분명한 효력이 나타났다. 거기엔 적절한 열매가 있었다. 현재 시점에서 우리가 물어야 할 질문은 이렇다. 하나님의 교회가 과연 교회에 맡겨진 증거에 제대로 응답함으로써 하나님을 위한 열매를 맺고 있는가? 그렇지 않다. 지상에 있는 몸으로서 교회의 상태는 오히려 쇠락했다. 그러자 개인들을 향한 호소로 이어진다. "귀 있는 자는 … 들을지어다." 이것은 하나님을 위한 열매를 맺는 문제가 우리 각자 개인들에게 넘어갔음을 의미한다. **"과연 우리는 개인적으로 하나님의 은혜에 대해서 어떠한 반응을 나타내고 있는가?"** 여기서 요구하는 반응이란 교회 역사상 최초로 교회에 능력이 공개적으로 충만하게 나타난 것을 재현하라는 요구가 아니라, 지금 우리 각자가 개인적으로 받은 은혜와 지금 그리스도의 능력에 힘입어 성도들이 행하는 신령한 봉사에 열매가 맺히고 있는가에 대한 것이다. 이는 하나님께서 교회를 실제적인 부분까지 다루실 뿐만 아니라, 그리스도 안에 있는 은혜가 교회에 충분히 주어지고 있음을 의미한다. 이 사실이 우리 영혼과 하나님 사이에 문제가 되고 있다면, 분명 우리는 이렇게 개인적으로 주어지는 은혜를 받고 있지 못함을 인정해야만 한다. 우리는 어쩌면 이름만으로 만족하고 싶을 수도 있다. 하지만 우리는 하나님 앞에서 우리가 받은 분량만큼 은혜의 능력을 발휘함으로써 열매를 맺어야 한다. 만일 우리 영혼이 여기에 이르지 못하고 있다면, 종교적인 명성을 얻을 수 있을지는 모르지만 하나님 앞에서 행위의 온전한 것은 찾을 수 없게 된다. 이것은 끔찍스러운 일이다.

아! 주님께서 종교적 명성을 의지하고자 하는데서 우리 모두를 건져주시길 바란다. 하나님의 성도에게 일어날 수 있는 끔찍스러운 일들 가운데 가장 최악의 것이 바로 종교적 명성을 추구하고, 그것을 얻었다고 생각되었을 때 거기에 안주하는 것이다. 내가 확신하는 바로는, 이것은 특별히 사역자에게 심각한 문제이다. 아! 우리는 얼마나 자주 그처럼 자신의 일에 헌신적이고, 부지런하고, 그 결과 복을 받은 사람에게서 이러한 모습을 볼 수 있는지 모른다. 그러한 사람들은 다른 사람을 그리스도에게로 인도해야 하건만, 오히려 자기 주변으로 모이게끔 한다. 자아가 거기에 있으며, 따라서 그는 살았다하는 이름을 얻고 자신이 만든 사람들의 그룹으로 만족해하며, 그렇게 생성된 열매로 안심하지만, 그리스도 안에만 있는 생명의 능력은 그 속에 없다. 따라서 그의 유용성은 사라지게 되고, 결국엔 사람들에게서 버림을 받게 된다. 주님의 지상 사역은 이와는 정반대인 것을 보라. 주님은 걸으신 모든 걸음마다 주님을 둘러싼 군중들에게서 점점 신뢰를 잃어 가셨다. 왜냐하면 주님은 아버지 하나님과 동행하셨기 때문이며, 이에 따라 주님은 더욱 밝게 빛나셨다. 마지막으로 사람들이 그 광채를 감당할 수 없었을 때, 그들은 그 빛을 십자가에서 꺼버렸다. 왜냐하면 주님 주변에 있는 사람들은 주님과 아버지와의 사귐의 정도를 알지 못했고, 거기까지 따라올 수 없었기 때문이었다. 심지어 주님의 제자들조차도 그 정도까지는 영적으로 훈련이 되어 있지 않았다. 그 결과 그들은 주님을 버리고 도망쳤다. 그래서 주님은 이렇게 말씀하셨다. "보라 너희가 다 각각 제 곳으로 흩어지고 나를 혼자 둘 때가 오나니 벌써 왔도다 그러나 내가 혼자 있는 것이 아니라 아버지께서 나와 함께 계시느니라."(요 16:32) 따라서 우리는 복되신 주님께서 사람의 평가에 의해서 폄하되는 것을 보며, 그들이 주님을 십자가에 내어 줄 정도까지 멸시했던 것을 볼 수 있다.

331

그리고 나서 바울이 왔다. 바울에게는 믿음에 속한 영적인 에너지가 있었다! 그는 능력 가운데 하나님과 동행했다. 하지만 우리는 바울과 함께 했던 사람들이 바울이 도달했던 지점까지 나아가지 못했던 것을 볼 수 있다. 그러므로 바울이 더 나아가고자 했을 때, 바울은 그들을 뒤에 남겨두어야만 했다. 바울이 걷는 길은 더욱 더욱 외로울 수밖에 없게 되었고, 그가 걸었던 길의 끝에 바울은 이렇게 고백하는 것을 보게 된다. "아시아에 있는 모든 사람이 나를 버렸다."(딤후 1:15) 또 다시 "다 나를 버렸으나 … 주께서 내 곁에 서서 나를 강건케 하심은"(딤후 4:16,17) 바울이 복음을 전해서 얻었던 사람 가운데서, 오직 한 사람만이 바울이 감옥에 있을 때 그를 찾아왔다. 충만한 에너지가 바울 속에 있었고, 바울은 그 능력 가운데서 하나님과 동행했지만, 다른 사람들은 슬그머니 떠나갔다. 바울은 그러한 사람들을 가리켜 "그리스도의 십자가의 원수"이며, "땅의 일을 생각하는 자"로 불렀다(빌 3:18,19). 이 그룹에 속하지 않는 사람들조차도 믿음의 자리를 지키고 있지 못했다. 그러한 사람들은 자신들이 소유하고 있는 하늘에 있는 시민권을 바라보는데서 눈을 돌렸으며, 자기 일을 구하고 예수 그리스도의 일을 구하지 않았다.

하나님과 동행하는 가운데 매순간 우리 영혼과 하나님 사이에 흐르는 이러한 교통의 비밀을 누리는 것에 비례해서, 우리가 느끼는 고독의 정도는 커져만 가게 될 것이다. 우리가 특별히 유념해야 할 것은 하나님 앞에서 우리의 행실이 온전해야 한다는 것이다. 왜냐하면 우리의 모든 행함은 하나님과의 관계를 즉각적으로 반영하고 있기 때문이다. 따라서 이러한 일은 고독(孤獨)의 정도를 좌우할 수밖에 없다. 게다가 이 일은 그리스도에게도 일어났다. 그리스도는 항상 겸손하셨고, 또한 모든 사람에 대한 사랑으로 충만하셨고 또 제자들을 포함해서 모든 궁핍한 영혼들에게 상냥하셨음에도 여전히 고독하셨다. 이 일은 우리가 다른 사람들에게 무슨 평판을 듣고 있느냐와 상관이 없으며, 다만 필연적으로 충성스러움의 결과일 뿐이다. 이 일의 정반대는 세상에서 칭찬을 받는 일이다. 그 결과 "네가 살았다 하는 이름은 가졌으나 죽은 자로다" 그리고 "내 하나님 앞에 네 행위의 온전한 것을 찾지 못하였노라"가 되는 것이다. 여기서 행위는 분명이 있지만, 이러한 행위는 하나님에게 보이고자 하는 것이 아니라 사람에게 보이고자 하는 것이었다. 물론 성도들과 함께 동행하고, 그들의 정서를 영적으로 함양시키고 고조시키는 것은 옳다. 그렇게 개인적인 행함이 충성스러울수록 고독은 더욱 커져만 갈 것이다. 왜냐하면 그것을 이해할 수 있는 사람이 많지 않기 때문이다. 그럼에도 그리스도에게 가까이 나아갈수록, 다른 사람들에게 미치는 은혜는 더욱 커져만 갈 것이다. 이에 주님은 "내가 너희를 사랑한 것같이 너희도 서로 사랑하라"(요 15:12)고 말씀하신 것이다. 따라서 하나님과 가까이서 동행하는 사람은 하나님의 마음 속 깊은 비밀을 아는 감각이 있게 마련이다. 그래서 하나님을 인격적으로 의지하는 사람은 고독 속으로 빠져들 수밖에 없다. 우리의 길은 그리스도께서 이 땅에서 걸어가셨던 길처럼 외로운 길이 될 것이다. 하나님의 모든 은혜와 겸비를 덧입고, 모든 사람에게 귀를 기울이며, 모든 사람을 섬기며, 심지어 우리의 발을 씻어주기까지 하셨건만, 주님은 고독 가운데 계셨다. 하지만 하나님을 떠난 적은 없었다. 그래서 주님은 "나를 보내신 이가 나와 함께 하시도다"라고 말씀하셨고 또 "내가 항상 그의 기뻐하시는 일을 행하므로 아버지께서는 나를 혼자 두지 아니하셨느니라."(요 8:29)고 말씀하셨다.

332

이제 우리는 하나님 앞에서 행위의 결과가 온전하지 못한 것이 무엇인지 볼 필요가 있다. 이것이야말로 내가 느끼는, 이 경고 속에 담긴 엄중성이다. "그러므로 네가 어떻게 받았으며 어떻게 들었는지를 생각하고, 굳게 붙잡고 또 회개하라."(계 3:3) 여기에 두 가지 요소가 있는데, 곧 "받았고 또 들었다"는 것이다. 첫 번째, 이렇게 받은 것은 은혜였으며, 그렇게 그들은 은혜 안에 들어오게 되었다. 두 번째, 하나님의 계시된 말씀이 그들의 삶의 규례와 지침으로 주어졌다. 따라서 그들은 은혜를 받았고 또 말씀을 들었다. 문제는 우리가 받지 않은 것이 아니라 우리가 받았다는 것이며, 우리는 그 사실을 생각하도록 요청을 받고 있다. 주님은 이 두 가지 요소, 즉 교회가 받았고 또 들어가게 된 은혜와 들었던 말씀을 통해서 책임감을 느끼도록 하신다. 하나님은 우리를 안내해줄 지침서로서 말씀을 주시며, 우리가 행동해야할 근거로서 은혜를 주신다.

"만일 일깨지 아니하면 내가 도적같이 이르리니 어느 시에 네게 임할는지 네가 알지 못하리라."(계 3:3) 깨어 있다는 것은 매우 피곤하고 지치는 일이다. 왜냐하면 대부분 잠에 빠져 있는데, 자신은 깨어있어야 하기 때문이다. 시시각각으로 변해가는 모든 상황에 지속적으로 깨어 있으려면 우리 마음은 지쳐만 갈 것이다. 우리가 만일 그리스도와 친밀한 관계를 유지하고 있지 않다면, 그리고 그리스도께서 우리를 돌보시며 또 우리를 주목하여 보고 계신다는 의식을 가지고 있지 않다면, 깨어 있는 것은 불가능한 일이다. 사역에 참여하고 있다면, 우리는 더욱 깨어 있어야 한다. 사실, 모든 영적인 봉사는 개인적인 믿음의 일로서, 하나님과 연결되어 있어야 한다. 우리는 최선을 다하고 있을 것이다. 장애물은 많지만, 목적을 분명히 할 필요가 있다. 어떤 일에 대해서 판단을 분명히 하지 못하게 되는 일이 자주 일어난다. 이때 그리스도께 가까이 나아가게 되면, 분명한 판단을 하게 될 것이다. 현재 겪고 있는 시련을 그리스도의 임재 안에서 생각해보면, 그 시련을 벗어나는 방법은 어렵지 않다. 다만 우리가 시련 속으로 빠져들고 있을 때에는, 그것이 항상 명확하게 보이지 않을 뿐이다. 시련의 골짜기로 처음 들어설 때에는 목적과 방향이 선명하게 보이곤 한다. 하지만 골짜기 깊은 곳에 있을 때에는, 어디로 가야할지 전후좌우를 분별하는 것이 결코 쉽지 않다. 우리가 시련의 상황 속에서 지치고 또 방향감각을 상실하게 되면, 과거 그리스도의 임재 가운데서 판단하고 분별할 수 있었던 분별력을 잃어버리기 쉽다. 깊은 골짜기 속에 있을 때, 우리는 그리스도와 함께 높은 곳에 거할 때와 같이 선명하게 보는 것이 무척이나 어렵다는 사실을 발견한다. 우리의 초점은 하나님의 뜻을 행하는 것에 맞추고 있어야 한다. 우리가 더욱 겸손할수록, 우리가 더욱 단순할수록, 모든 것을 처음부터 끝까지 다 보시는 하나님의 뜻에 담긴 지혜에 따라 안내를 받게 될 것이며, 하나님의 말씀과 성령에 의해서 인도를 받게 될 것이다. 최고의 지성인조차도 하나님의 길을 결코 알 수 없을 터이지만, 하나님을 어린아이와 같이 순수한 마음으로 바라보는 사람은 하나님의 지혜를 얻게 될 것이다. 우리가 내딛는 모든 발걸음에는 하나님께서 인정하셨다는 분명한 확증과 그에 대한 인식이 있어야 한다. "온유한 자를 공의로 지도하심이여 온유한 자에게 그 도를 가르치시리로다."(시 25:9)

"만일 일깨지 아니하면 내가 도적같이 이르리니 어느 시에 네게 임할는지 네가 알지 못하리라."(계 3:3) 만일 명목상의 교회에 이러한 깨어 있음이 없다면, 그 결과는 얼마나 두려운 것인가! "내가 도적같이 네게 임할 것이다." 큰 이름을 가지고 있는 명목상의 교회가 그 행위를 하나님의 기준으로 측량해보았더니 하나님의 기대에 훨씬 미치지 못하고 있을 뿐만 아니라 세상의 수준으로까지 축소되는 것은 얼마나 두려운 일인가! 주님은 하나님 앞에서 그들 행위의 온전한 것을 찾지 못하셨다. 왜냐하면 하나님이 주신 특권(은혜와 말씀)에 따라서 행하지 아니했기 때문이었다. 여기서 하나님은 그들에게 이렇게 말씀하신다. "내가 너희에게 준 것에 대한 응답이 없다면, 깨어 경성함이 없다면, 나는 너를 세상을 다루는 것처럼 다룰 수밖에 없다." 데살로니가전서 5장 2절에 보면, 우리는 세상을 어떻게 다루실 것인지에 대한 주님의 말씀을 볼 수 있다. "주의 날이 밤에 도적같이 이를 줄을 너희 자신이 자세히 앎이라." 하지만 성도들에겐 이렇게 말씀하고 있다. "하지만 형제들아 너희는 어두움에 있지 아니하매 그 날이 도적같이 너희에게 임하지 못하리니 너희는 다 빛의 아들이요 낮의 아들이라."(4-5절) 주님이 이 세상에 낮과 같이 오실 때, 낮의 자녀들은 주님과 함께 오게 될 것이다. 사실 그들은 의로운 해의 빛과 같이 빛나게 될 것이다(말 4:2). "우리 생명이신 그리스도께서 나타나실 그 때에 너희도 그와 함께 영광 중에 나타나리라."(골 3:4) "그 날에 강림하사 그의 성도들에게서 영광을 얻으시고 모든 믿는 자에게서 흠모함을 받으시리라."(살후 1:10) 또한 "내게 주신 영광을 내가 저희에게 주었사오니 이는 … 나를 사랑하심같이 저희도 사랑하신 것을 세상으로 알게 하려 함이로소이다."(요 17:22,23)

334

데살로니가전서 5장에 보면, 하나님의 영께서는 세상과 하나님의 교회를 대조시키신다. 여기 사데 교회를 향한 메시지에서도 주님은 명목상의 교회와 하나님의 참 성도들을 대조시키고 있으며, 명목상의 교회를 세상과 동일하게 취급하고 계신 사실을 선언하신다. 그러므로 사데 교회는 세상처럼 다루심을 받게 될 것이다. 사데 교회는 이세벨의 영향을 받은 것이 아니라, 세상의 정신을 가지고 있는 것 때문에 정죄를 받고 있다. 명목상의 교회가 자신이 "받았고 또 들은 것"의 기준에 이르지 못했기 때문에, 이러한 종말을 당하게 된 것이다. 만일 깨어 있지 않다면, 세상과 동일한 심판을 받는 것이 판결인 것이다. 하지만 우리는 영광 중에 계신 그리스도와 하나됨을 이루고 있을 뿐만 아니라, 그 생명이 그리스도와 함께 하나님 안에 감춰어 있는 하나님의 교회가 이렇게 다룸을 받게 될 것으로 결코 말해서는 안된다. 살았다하는 큰 이름을 가지고 있고 또 외형상 그럴 듯한 모양을 내고 있는 거대한 신앙고백 공동체가 세상과 동일한 심판을 받게 될 것이란 사실을 생각하는 것만으로도 두려운 마음이 든다. 겉으론 교회의 외양을 하고 있지만, 실상은 그 자체가 세상이기 때문이다. 그렇다면 질문이 생긴다. 당신은 진정 우리 주변에서 하나님의 이름은 가지고 있지만 실상은 전혀 하나님의 교회가 아닌 교회, 명목상의 교회 또는 교회란 이름과 지위는 가지고 있지만 실제는 세상일 뿐인 소위 기독교계가 세상처럼 취급당할 것인가에 대해서 진지하게 생각해본 일이 있는가? 그렇다. 사랑하는 친구들이여, 이것은 진정 엄중한 사실이다. 우리가 살고 있는 이 시대에, 우리가 살면서 일상적으로 보고 있는 명목상의 교회는 심판을 받게 될 것이다. 왜냐하면 하나님께서 그렇게 말씀하셨기 때문이다. 아! 우리는 그때가 얼마나 남았는지 알지 못한다. 여기 사데 교회를 향한 메시지에서는 장차 명목상의 교회가 세상과 함께 심판에 들어갈 것이란 엄중한 사실밖에는 볼 수 있는 것이 없다.

"그러나 사데에 그 옷을 더럽히지 아니한 자 몇 명이 네게 있어 장차 흰 옷을 입고 나와 함께 다닐 것이니 그들은 합당한 자인 연고라."(계 3:4) 여기서 우리는 또 다른 중요한 요소를 볼 수 있다. 즉 우리는 소위 "비가시적 교회"의 특징을 볼 수 있다. "사데에 그 옷을 더럽히지 아니한 자 몇 명"의 사람들은 주님이 인정하시고 또 개인적으로 이름을 알고 있는 "개인들"을 가리킨다. 이 사람들은 자기 옷을 더럽히지 아니한 사람들이다. 그들은 세상과 함께 다니지 아니한 사람들이지만, 지금 명목상의 교회는 자기 옷을 더럽힌 사람들이었다. 사데 교회는 발람의 교훈에 미혹을 받았다거나 아니면 이세벨의 부패에 가담했다는 고발을 당하지 않았다. 하지만 사데 교회는 땅의 일을 생각했으며, 그 영광은 저희의 부끄러움에 있었다(빌 3:19). 사데 교회는 자기 옷이 세상에 의해서 더럽힘을 당하는 것을 염려하지 않았다. 그러므로 그들의 더러워진 옷에 묻은 오점은 하나님의 자녀들의 연약함 때문에 생긴 것이 아니었다. 바울은 그렇게 세상에 의해서 더럽힘을 받은 사람들에 대해서 "눈물을 흘리며 말하노니 여러 사람들이 그리스도의 십자가의 원수로 행하느니라 … 땅의 일을 생각하는 자라" (빌 3:18,19)고 말했다. 그들의 마음을 채우고 있었던 것은, 그들이 사모하는 세상의 정신이었고, 따라서 세상과 조화되고자 세상을 본받고자 했다. 그 옷을 더럽히지 않고 그리스도의 십자가를 지고 가는 사람들은 장차 흰 옷을 입고서 그리스도와 함께 다닐 것이다. 이는 그들이 그럴 자격이 있는 사람들이기 때문이다.

335

복을 받는 비결은 항상 어려운 일을 잘 감당하는데 있다. 그들 가운데 소수이지만 이 땅에 사는 동안 자기 옷을 지켜 세상에 의해 그 옷을 더럽히지 않은 사람들이 있었다. 그러므로 그들은 장차 하늘에서 흰 옷을 입고 주님과 함께 다닐 것이다. 그리고 주님은 이 말씀을 더하셨다. "내가 그 이름을 생명책에서 반드시 흐리지 아니하고 그 이름을 내 아버지 앞과 그 천사들 앞에서 시인하리라."(5절) 주님이 이러한 사람들을 개인적으로 아신다는 사실에 주목하라. "그 이름을…시인하리라." 그래서 지속적으로 개인들을 언급하고 있다.

"생명책"이란 표현은 분명 호적을 등록하는 관청에서 이름을 등재하고 나서 호명함으로써 그 이름을 확인하는 절차에서 온 것으로 보인다. 처음 언뜻 본대로 이름을 호명했는데, 이름이 잘못 등재된 것이 확인되면 지우고 다시 써야만 했다. 사데 교회의 명부에 이름이 기록된 사람들은 신앙 고백상 "살았다 하는 이름"은 가지고 있었다. 하지만 이렇게 교회 명부에 이름이 기록되는 것과 창세 전에 생명책에 기록되는 것은 전혀 별개의 일이다. 왜냐하면 교회 명부에 이름을 기록하는 일은 사람이 하는 것이라면, 생명책에 이름을 기록하는 일은 하나님이 하시기 때문이다. 그렇기에 이 생명책은 하나님의 계획과 목적의 책이기도 하다.

"내가 그 이름을 시인하리라."(5절) 주님은 장차 자기에게 속한 사람을 구분해내실 것이다. 게다가 이 사람들을 통해서 우리는 교회의 모든 것이 파손되어 황폐화되어 있는 중에도 *비가시적인 교회(invisible church)*가 존재하는 것을 볼 수 있다. 가시적인 공동체가 심판을 받을 때, 비가시적인 교회는 심판을 면하게 될 것이다. 즉 비가시적인 교회는 심판이 있기 전에 주님 앞으로 휴거될 것이다. 주님이 세상을 심판하러 오실 때, 그들은 주님과 함께 올 것이다. 하지만 은혜에 응답하지 않은 가시적인 교회는 세상처럼 취급될 것이다. 그런 의미에서 비가시적인 교회가 있는 것이다. 그렇다면 참 교회는 비가시적이고, 그래서 가시적인 교회가 세상처럼 취급당할 것이란 사실에 주목하라. 이 가시적인 교회들은 촛대로 불렸고, 하나님은 그들 속에 빛을 두셨다. 그릇으로 덮어두신 것이 아니라, 온 세상을 비추도록 등경 위에 두셨다. 그렇다면 빛도 비가시적인 것일까? 만일 그렇다면 비가시적인 빛, 즉 빛을 내지 않는 빛이 무슨 가치가 있는가? 비가시적인 빛이란 정죄 받아 마땅할 뿐이다. 지난 300년 동안 사람들이 말해왔던 이러한 내용들, 즉 비가시적인 교회가 존재한다는 것은 분명 사실이며, 이 사실은 가시적인 교회를 정죄할 뿐이다. 가시적인 교회가 하나님을 위해서 증거해 온 증거들을 모아보면, 과연 그 교회가 나타낸 행실과 생명에서 그리스도의 흔적을 볼 수 있을까? 그렇지 않다. 그러므로 사데 교회에게선 은혜와 진리, 그리고 교회가 그리스도 안에서 받은 신령한 복에 대한 가시적인 증거는 찾아보고 싶어도 찾을 수가 없다.

336

여기서 우리는 주님의 재림에 대한 다른 측면을 볼 수 있다. 두아디라 교회, 즉 이세벨을 용납한 교회의 상태를 보면, 주님은 그 교회가 총체적으로 회복할 가능성이 없는 상태에 빠졌기에 그 눈을 돌이키시고, 비록 밤은 아니지만 교회의 상태를 어둔 밤으로 느끼며 새벽별이 동터오길 기다리는 사람들을 위로하기 위하여 새벽별을 주신다. 따라서 여기서는 주의 재림에 대한 소망이 악으로 가득한 가운데서 충성스러운 이기는 자들에게 피난처로서 주어지고 있다. 반면 사데 교회에서, 주의 재림은 심판의 성격을 띠고 있다. "내가 도적같이 이르리니 어느 시에 네게 임할는지 네가 알지 못하리라."(계 3:3) 영적으로 부패하였고 죽은 상태에 있는 사데 교회는 필연적으로 심판에 들어가게 될 것이다. 만일 명목상의 교회가 죽은 자와 같은 상태에 떨어졌다면, 죽은 사람처럼 취급을 받게 될 것이다. 하지만 빌라델비아 교회는 전혀 다른 양상을 가지고 있다. 주님은 기독교의 배교가 일어난 상태에서도 가난하고 연약한 남은 자를 찾아내서 말씀하시며, 주의 재림을 복되고도 위로가 가득한 소망으로 제시하신다. "보라 내가 속히 오리라."(계 3:11)

제 8강
빌라델비아 교회를 향한 예언 메시지

336

이제 빌라델비아 교회를 살펴보자. 우리는 처음 이 일곱 개의 교회들이 변질되었던 일반적인 사안을 살펴보았다. 사탄에 의해서 타락이 일어났고, 이어서 경고가 주어졌다. 그리고 남은 자들에 대한 위로가 있다. 충성스러운 사람의 특징은, 힘은 없지만 주 예수 그리스도와의 친밀한 사귐 속에 있다는 점이다. 요한일서에 보면, 그리스도 안에서 아비(the father in Christ)된 사람의 특징이 소개되어 있는데, 그들은 태초부터 계신 하나님을 아는 지식을 가지고 있다. 따라서 여기 빌라델비아 교회를 향한 메시지에서 우리는 적은 능력을 가지고 있지만 주님의 이름을 부인하지 않는 사람들을 볼 수 있다. 빌라델비아 교회를 향하여 주신 메시지의 근거는 바로 그들이 그리스도와 연합을 이루고 있었다는데 있다. 그들은 그리스도 자신과 연결되어 있었다. 이것은 능력의 문제가 아니다. 하지만 우리가 요한서신서에서 볼 수 있는 것처럼 모든 것이 잘못되어 갈 때, 그래서 많은 적그리스도가 일어나고 있을지라도, 거짓된 사람들을 분별해낼 수 있는 사람들이 있었다. 왜냐하면 "하나님께로서 나신 자가 저를 지키시매 악한 자가 저를 만지지도 못하기" 때문이다(요일 5:18). 교회의 회복을 조금도 꿈꿀 수 없고, 그럴만한 힘도 없는 상황에서, 그리스도의 인내의 말씀을 지키는 것이 빌라델비아 교회의 특징이다. "거룩하고 진실하신" 분의 이름이 특별한 방식으로 빌라델비아 교회에 인장처럼 찍혀 있다. 그러한 방식으로 그리스도께서는 여기서 제시되고 있고, 능력은 아무 문제가 되지 않고 있다. 다만 변함없이 한결같으신 주님의 성품과 주님이 자신을 소개하신 것처럼 "거룩하고 진실하신" 주님의 특징에 부응하는 것이 중요할 뿐이다. "거룩과 진실." 이 두 가지 특징을 통해서, 우리는 모든 것을 분별할 수 있다. 모든 것이 잘못되어 갈 때, 그들은 그리스도 안에 있는 단순함을 지키고자 했다. 요한서신서에 보면 예수 그리스도는 "참 하나님이시요 영생이시다." 따라서 "어린 자녀들아 너희 자신을 지켜 우상에서 멀리"(요일 5:21) 해야 한다. 그들은 자기 영혼 속에 영생을 소유하고 있었고, 믿음에 의해서 그리스도를 보았고, 주목하고 그 손으로 만져보았다. 그래서 그들은 그리스도께서 참 하나님이라고 말할 수 있었고, 뿐만 아니라 거룩한 자라고 말할 수 있었다. 왜냐하면 그리스도는 모든 권세를 가지고 계실 뿐만 아니라, 하나님의 거룩한 자이시기 때문이다.

337

여기서 제시된 그리스도의 특징은 요한계시록 1장에서 제시되어 있는 그리스도의 본래 영광의 특징과는 다르지만, 각 시대마다 교회에 속한 성도들이 믿음으로 행사해야 하는 그리스도의 도덕적 특징을 반영하고 있다는 점을 주목해야 한다. 하지만 여기 성도들은 그리스도의 인내의 말씀을 지켰다. 그처럼 하나님의 말씀이 존중을 받을 때, 그리스도의 특징이 영혼을 지배하는 법이다. 그리스도의 법이 우리의 권위가 되고, 그리스도는 친히 우리 마음의 정서를 인격적으로 다스리시고, 우리는 영적인 눈이 밝아지게 된다. 그러한 것이 그리스도의 승천이 가까운 때에 마리아에게서 나타났다. 하나님의 말씀은 우리 영혼과 그리스도를 연결시켜준다. 이것은 전에 지상에 계실 때 그리스도에게서 나타난 일이었고, 지금도 마찬가지이다. 말씀은 우리에게 기록된 그리스도(a written Christ)를 보여준다. 마태복음 5장을 보라. "심령이 가난한 자는 복이 있다."(3절) 그리스도와 같이 심령이 가난한 자가 누구인가? "마음이 온유한 자는 복이 있다."(5절) 그리스도와 같이 마음이 온유한 자가 누구인가? "마음이 청결한 자는 복이 있다."(8절) 그리스도와 같이 마음이 청결한 사람이 누구인가? "화평케 하는 자는 복이 있다."(9절) 그리스도는 가장 위대한 화평케 하는 자이셨고, 화평의 왕이셨다.

가장 중요한 사안은 우리 영혼 구원을 위해 살아계신 그리스도를 영접하는 것이다. 그리하면 기록된 말씀을 통해서, 우리는 이러한 그리스도에 대한 영적인 지각과 이해를 가지게 될 것이다. 이로써 우리는 하나님의 형상의 표현이셨던 그리스도를 알게 된다. 그리스도는 "말씀이 육신이 되어 우리 가운데 거하신 분이셨고, 우리가 그 영광을 보니 아버지의 독생자의 영광이요 은혜와 진리가 충만하셨던 분이시다."(요 1:14) 이제 그리스도에 대한 성령의 증거를 받아들이게 되면, 우리 마음은 "거룩하고 진실하신" 그리스도께 밀착하게 된다. 따라서 말씀을 통해서 발견하게 된 그리스도께서는 우리의 마음과 뜻과 의지를 지배하게 되는데, 이는 우리가 이렇게 기록된 그리스도를 감히 떠나거나, 그리스도가 없는 삶을 꿈꾸지 않기 때문이다. 이렇게 살아계신 그리스도와 생생한 연결이 이루어지는 것이야말로 장차 우리를 유혹하려는 모든 것들에 대한 유일한 보호 장치인 것이다. 우리가 소유하게 된 진리 안에 계신 거룩한 그리스도는 참으로 복되시고 또한 강하신 분이시며, 혼합되고 생명이 없는 기독교계가 영적으로 무능력한 중에 있으면서도 과대망상에 빠져 있을 때에, 우리 영혼의 도덕성을 붙들어줄 확실한 닻이시다. 명목상의 교회가 이처럼 확실한 길을 찾지 못하고 헤맬 때, 세상의 힘을 빌리지 않고는 무슨 일을 하고자 하는 믿음이 없을 때, 그래서 온통 영적인 혼탁함으로 가득할 때, 거룩하고 참되신 그리스도야말로 우리 영혼의 안내자이시며 또한 우리 영혼이 머물 안식처이다.

338

디모데에게 바울은 "네가 어려서부터 성경을 알았나니 성경은 능히 너로 하여금 그리스도 예수 안에 있는 믿음으로 말미암아 구원에 이르는 지혜가 있게 하느니라"(딤후 3:15)고 말했다. 분명 그리스도를 아는 지식 외에 더 나은 지식이란 있을 수 없다. 이것이 요한서신서의 핵심이기도 하다. 그리스도 안에서 아비된 자는 그리스도를 태초부터 계신 이로 아는 사람이며, 그리스도가 어떠한 분이신지를 말할 수 있는 사람이다. 그는 그리스도를 거룩하시고 참되신 분으로 안다. 이렇게 그리스도를 알기 위해서 필요한 것은 무슨 발전이 아니라, 사실은 그리스도 안에 있는 단순함으로 돌아가는 것이다. 처음에 계시되었던 그리스도를 아는 것으로 돌아가는 것이며, 태초부터 계신 그리스도에게로 돌아가는 것이다. 따라서 나의 영혼이 기록된 말씀의 그리스도에게 밀착했을 때, 내가 여기서 사랑했던 그리스도는 다름 아닌 장차 오셔서 나를 하늘로 데리고 가실 분이시다. 내가 지금 이 땅에서 기다리고 있는 그리스도는 바로 그 그리스도이시다.

여기서 우리가 주 예수님에 대해서 볼 수 있는 참으로 복된 그림은 요한계시록 1장에서 제시된 그림과 다르다. "그의 눈은 불꽃 같고 그의 발은 풀무에 단련한 빛난 주석 같고."(14,15절) 확고하고, 변함이 없고, 심판을 위해 타오르는 불꽃을 보라. 이러한 것들이 요한계시록 1장에 계시된 그리스도의 모습이며, 성령님이 계시하신 그리스도의 특징이었다. 하지만 여기 빌라델비아 교회를 향한 메시지에서 계시된 그리스도의 그림은 기록된 말씀 속에 나타난 그리스도의 도덕적 특징, 즉 "거룩하고 진실하신" 존재로서 그리스도의 모습을 그리고 있다.

빌라델비아 교회를 향해서 계시되신 그리스도는 **"다윗의 열쇠를 가지신 이 곧 열면 닫을 사람이 없고 닫으면 열 사람이 없는"**(계 3:7) 분이시다. 그리스도께서는 성도들에게서 능력을 찾지 않으신다. 오히려 그리스도는 자신의 능력을 자기 백성에게 주심으로써 봉사의 일을 하게 하시며, 자기 손에 열쇠를 가지고 계신다. 이러한 것이 우리가 확신하는 내용이다. 우리를 둘러싼 나라들에서 기독교를 반대하는 사람들이 일어나고 또 복음을 전하지 못하게 하는 일이 있을지라도, 글쎄, 그 모든 것은 다 그리스도의 손 안에 있다. 나는 복음이 어떤 나라에서 전파되길 간절히 바라지만, 방해하는 역사가 너무도 크고 많을 수가 있다. 그럼에도 나는 그리스도께서 열쇠를 가지고 계시며, 모든 권세는 하나님의 수중에 있다는 사실로 인해 위안을 삼을 수 있다. 요한복음 10장은 이렇게 말한다. "문지기는 그를 위하여 문을 열고"(3절) 따라서 예수님께서 자신을 (복음을 통해서) 나타내고자 하실 때에는 그 어느 누구도 그분의 증거를 막을 수 없다. 땅의 모든 권세 잡은 자들, 즉 바리새인, 율법사, 대제사장, 총독들, 빌라도, 그리고 헤롯조차도 그리스도께서 지상에서 사역하시는 동안 양들이 선한 목자의 음성을 듣고 양의 우리에 들어가는 일을 막을 수 없었다. 이것은 오늘날에도 마찬가지이다. 왜냐하면 그리스도는 "어제나 오늘이나 영원토록 동일하시기" 때문이다. 이것이 복음 전도에 대한 우리의 확신이다. 아무 방해도 없이 자유를 누리면서 복음을 전할 수 있는 우리는 참으로 복 받은 나라에서 살고 있다. 나는 여러해 동안 이 사실로 인해서 감사를 드려왔다. 이것은 "내가 네 앞에 열린 문을 두었으되 능히 닫을 사람이 없으리라."(8절)는 약속 때문이다. 주님이 내 앞에 열린 문을 두신 것에 감사하면서, 나는 두려움 없이 아무 지역에 가서, 그 외적인 상황이 어떠하든지, 복음을 전할 수 있다.

339

물론 우리는 경우에 따라서는 문을 열어주실 때까지 주님의 시간을 기다릴 필요가 있다. 바울의 경우를 보면, 그는 한때 아시아에서 말씀을 전하는 일이 허락되지 않았다. 그리고 3년 후에 주님은 (아시아의 수도였던 에베소에 교회를 세운) 그의 수고를 인정해주심으로써 "아시아에 사는 자는 유대인이나 헬라인이나 다 하나님의 말씀을"(행 19:10) 듣게 되었다. 물론 어떤 경우에는 열쇠를 가지고 계신 주님의 팔을 의지하는 믿음만으로 만족해야

할 필요가 있으며, 이때에는 인내 가운데 우리 영혼을 굳게 해야 한다. 우리의 믿음을 시험하는 상황이란 항상 있기 마련이다. 하나님은 우리가 하나님 없이는 아무것도 할 수 없다는 것을 가르치기 위해서, 이러한 환경과 상황이 일어나도록 허락하신다. 그 때 우리는 우리에겐 아무 힘이 없고, 하나님은 자신의 능력에 따라서 우리의 연약함을 채우신다는 것을 배우게 하신다. 왜냐하면 하나님은 하나님께서 우리에게 주신 그 믿음을 실망시키는 법이 없으시기 때문이다. "내가 네 앞에 열린 문을 두었으되 능히 닫을 사람이 없으리라."(8절) 이 말씀은 종종 나에게 큰 힘을 주었다. "능히 닫을 사람이 없다." 만일 그리스도께서 문을 여셨다면, 사람도, 마귀도 심지어 악한 영들조차도 닫을 수 없다는 이 말씀은 참으로 복된 위로이다. 우리에게 문을 열 수 있는 힘이 없을지라도, 문은 우리를 위해서 열려있다. 전체 교회가 약해질 수 있는 가장 약한 정도까지 약해지고, 나빠질 수 있는 한도까지 나빠졌을 때, 과연 우리는 무슨 믿음을 가져야 하는 걸까? 우리는 믿음이 없다는 소리를 듣는다. 하나님은 자신의 능력을 나타내실 것이다. 하지만 우리 중 누구에게서 믿음의 힘과 에너지를 볼 수 있는가?

340

"네가 나의 인내의 말씀을 지켰은즉 내가 또한 너를 지키어 시험의 때를 면하게 하리니."(계 3:10) 이 구절은 우리의 안전과 우리의 힘을 보증하고 있다. 이는 그리스도의 인내의 말씀을 지켰기 때문이다. 그리스도는 자기의 원수들이 발등상이 될 것을 기대하시면서 그 때까지 그리스도의 나라가 이 땅에 세워지기를 기다리고 계신다. 반면 우리는 그리스도와 함께 하게 될 것을 기다린다. 이 일은 인내의 말씀을 지킴으로써 된다. 이렇게 하는 것이 우리의 보증과 우리의 안전이다. 주님은 말씀을 통해서, 우리를 인도하시며 또한 주님이 기다리고 계시는 동안 그 마음 속을 채우고 있는 그 동일한 마음과 정신 속으로 이끄신다. 그래서 세상과 분리하게 하시고, 동일한 소망과 기쁨과 즐거움을 가지고 주님과 연합을 이루게 하신다. 그리스도는 우리 영혼 속에서 자신의 것을 찾을 때까지는 만족하실 수 없다. 그 일을 위해서 그리스도는 우리 영혼 속에 자신의 것을 나누어주시고, 자기 속에 가지고 있는 생각과 기대감 속으로 우리의 마음을 이끄신다. 우리는 다만 이처럼 악한 말세의 시대에 그리스도의 인내의 말씀을 굳게 붙잡도록 하자. 이렇게 하는 것이 대적하는 자 사탄을 대항하는 우리의 힘이다. 우리의 힘은 그리스도를 친히 아는 지식에서 오며, 교회가 가진 힘에서 오는 것이 아니라 거룩하고 참되신 그리스도, 세상에서 멀리 떠나 하늘에 계신 그리스도를 아는 지식에서 온다. 이러한 지식을 가지고 있는 사람은 그리스도의 말씀을 지키고 또 그리스도에게 밀착하게 된다. 그리스도는 이러한 우리에게 장차 온 세상에 임하여 땅에 거하는 자들을 시험하는 때를 면하게 해주실 것이며, 이 모든 일에도 불구하고 우리에게 지금 봉사할 수 있는 문을 열어 주신다.

이렇게 그리스도와 연합을 이루고 있는 우리는 그리스도 자신의 분깃에 참여하고 있다. 그리스도께서는 이 땅을 자신의 집으로 삼고 있는 사람들을 채로 걸러내듯 시험하시는 때를, 땅에 거하는 사람들의 정신에 영합하는 사람이 아니라 그리스도와 함께 장차 올 것을 기다리는 사람으로 하여금 통과하지 않게 하실 것이다. 그렇게 함으로써 이 세상 사람들로 하여금 사탄의 능력과 하나님의 환난을 혼동하지 않게 하실 것이다. 그리스도께 속한 사람은 어느 누구도 세상이 받게 되는 그처럼 고통스러운 때를 당하지 않게 하실 것이다. 빌라델비아 교회에 속한 성도들은 이 모든 일을 피하게 될 것이다. 빌라델비아 교회의 성도는 하늘을 바라보고, 자신이 속한 하늘의 그리스도를 앙망한다. 그리스도와 연합을 이루고 있는 사람의 마음은, 그리스도께서 그 마음을 실망시키지 않을 것이며, 곧 그리스도께서 일어나심으로써 그리스도께서 계신 곳으로 자신을 휴거시키실 것이며, 그리스도와 함께 있도록 자신을 데리고 가실 것을 알고 있다. 그리스도께서 자기에게 주신 소망을 이루어주실 것을 믿는다. 다만 우리는 기록된 하나님의 말씀을 단순하게 믿도록 하자. 그리하면 우리는 우리를 대적하는 자들의 모든 능력을 분쇄할 수 있다. (그럼에도 하나님은 우리가 친히 그들을 대적하는 일을 하도록 허락하지 않으신다.) 다만 우리 마음에 그리스도께서 우리를 인정해주신다는 인식을 가지고, 우리 마음을 하나님께 가까이 할 뿐이다. 우리는 다만 하나님의 말씀을 우리의 안내자로 삼을 뿐이다. 하나님의 말씀을 진정 우리의 안내자로 삼을 때, 그때 그리스도의 능력이 나타나게 되며, 그리스도의 능력이 우리의 약함 속에서 온전하게 될 것이다. 지금 이 시대의 성도들로 하여금 참 성도가 되게 해주는 것은 기록된 하나님의 말씀 밖에는 없다. 하나님의 말씀은 우리 마음에 그리스도의 특징을 가져다주며, 그리스도의 이름을 거룩하고 진실하게 받들도록 해준다. 그 결과 거룩하고 진실하신 그리스도와 사귐을 갖고, 교통을 누리며, 동행하는 삶을 살게 된다. 그러한 사람은 안전을 보장받을 것이다.

341

"보라 사단의 회 곧 자칭 유대인이라 하나 그렇지 않고 거짓말 하는 자들 중에서 몇을 네게 주어 저희로 와서 네 발 앞에 절하게 하고 내가 너를 사랑하는 줄을 알게 하리라."(계 3:9) 여기서 우리는 반대의 특징을 가진 사람들을 볼 수 있다. 주님은 그들을 조금도 아끼지 아니하실 것을 분명하게 밝히신다. 그들은 사탄의 회당에 속한 사람들이다. 과연 무엇이 그들을 유대인처럼 보이게 했는가? 외형적으로 그들이 갖추고 있는 모습은 다 실제로는 종교적인 허례허식뿐이었다. 그들이 실제적으로 유대인이었을지라도, 그들은 구약시대에 하나님이 허락하신 고대 유물과 예식을 붙잡고 있었을 뿐이며, 그들이 과거에 참되고 유일하신 하나님의 백성이었으며 또한 그러한 것들은 하나님의 제사장 제도였음을 증명해줄 뿐이었다. 그들은 하나님의 축복의 통로인 척했지만, 실상은 아무것도 아니었다. 그들은 하나님을 향한 열심을 가지고 있었고, 하나님의 신탁을 소유하고 싶어 했다. 그럼에도 그들은 이러한 특권들에 대해서 외인이었다. 그렇다면 어디서 영생을 찾을 수 있었을까? 그리스도의 권위가 마음 속에 받아들여질 때, 그때 이러한 말씀을 듣게 될 것이다. "내가 하나님의 아들의 이름을 믿는 너희에게 이것을 쓴 것은 너희로 하여금 너희에게 영생이 있음을 알게 하려 함이라." (요일 5:13) 만일 하나님께서 우리에게 그리스도 안에 있는 생명을 주셨다면, 우리는 그 생명을 줄 수 있는 것처럼 자신을 가장하는 사람들이 필요치 않다. 우리는 그리스도와 우리 사이를 멀어지게 하거나 또는 그 사이에 무엇도 낄 수 있게 해서는 안된다. 우리는 그리스도를 떠나갈 수 없으며, 우리는 말씀을 통해서 참 그리스도를 소유하게 되며, 우리가 보고 들은 것들을 말하지 않을 수 없다. 어디로든 나를 인도하시는 그리스도를 통해서 나는 쉽게 사탄의 회당을 분별할 수 있게 된다. 그들이 지금은 번창할지도 모른다. 나는 그리스도와 함께 하고픈 소망을 가슴에 품은 채, 나를 가르치시는 말씀을 지키면서, 장차 그리스도께서 오셔서 복과 영광을 세우시는 그 날을 그리스도와 함께 기다린다.

만일 하나님께서 당신에게 영생을 주셨다면, 사탄의 회당에 속한 사람들이 마치 하나님에게서 받은 무슨 권위를 가지고 있는 듯 보여도, 그들과 논쟁을 벌일 필요가 없다. (사실 그들은 전혀 영적인 권위가 없다.) 다만 당신은 그들에게 순종할 것인가 아니면 하나님께 순종할 것인가를 판단해야 한다. 우리는 "거룩하고 진실하신" 그리스도를 마음에 모시고 있다. "주님의 비밀이 저를 경외하는 자에게 있음이여."(시 25:14) 그러한 사람은 사탄의 회당과 다툴 필요가 없다. 비록 적은 능력을 가지고 있고, 또 아무 명성도 없을지라도, 우리는 다만 인내 가운데서 우리 자신의 영혼을 지킬 뿐이다. 왜냐하면 그리스도께서 원수들 앞에서 우리에 대한 자기의 사랑을 나타내실 것이기 때문이다. 사탄의 회당은 육신의 종교일 뿐이며, 외형적인 모양만 갖춘 허상이다. 본질상 종교적인 형식과 행위를 갖추었으며, 바울 시대에 유대인의 자리를 차지하고 있었다. 영적으로 오늘날에도 동일하다. 하지만 **"저희로 와서 네 발 앞에 절하게 하고 내가 너를 사랑하는 줄을 알게 하리라."**(계 3:9) 헬라어에서는 "내가"와 "너를"을 강조하고 있다. 그렇다면 이제 우리는 다음과 같은 질문을 해볼 수 있다. 내가 너를 사랑한다고 말씀하시는 그리스도로 나는 충분한가? 과연 그리스도의 인정을 나의 행실을 좌우하는 동기로 삼기에 충분하다고 믿는가? 만일 그리스도의 인정을 내 영혼을 만족시키는 것으로 충분하지 않다고 할 것 같으면, 우리 영혼은 결코 바르게 행할 수 없을 것이다.

342

"내가 속히 임하리니 네가 가진 것을 (즉 나의 인내의 말씀을) 굳게 잡아 아무나 네 면류관을 빼앗지 못하게 하라."
(계 3:11) 그리스도께서 말씀하신다. '나는 기다리고 있노라. 그러니 너도 기다려야만 한다.' 그리스도는 자기의 대적들을 발등상 삼기까지 기다리고 계신다. 우리는 안락을 구하는 대신, 그리스도께서 오실 때까지 기다리는 수고를 감내해야 한다. 마치 아버지께서 개입하심으로써 주의 대적들을 발등상 삼으실 때까지 주님이 기다리시는 것처럼 우리도 기다려야만 한다. 여기서 우리는 "나의(My)"라는 단어가 이 메시지 전체에서 얼마나 강조되고 있는지를 주목해야 한다. 이 단어는 거룩하고 진실하신 분과 성도들이 실제적으로 동일시되고 있음을 나타내는 단어이다. 외형상 예식과 규례를 소유하고 있는 사람들과 고대 유물의 껍데기를 숭상하는 사람들을 거절하고 그리스도와 함께 (주의 재림을) 기다리는 사람은 영광에 들어갈 것이며, 그리스도와 함께 하는 영광에 참여하는 자들이 될 것이다. "나의 인내의 말씀"에서 사용된 "나의(My)"라는 단어는 영광에 속한 모든 것과 연결되어 있다. '그대는 이 땅에서 증거하는 삶에서 연약했을지 모른다. 하지만 그대가 "나의 인내의 말씀"을 지켰으니, 그대는 나의 하나님의 성전에서 힘을 상징하는 기둥이 될 것이며, 내가 그대 위에 나의 하나님의 이름과 나의 하나님의 도시의 이름과 하늘에서 나의 하나님께로부터 내려오는 새 예루살렘의 이름과 나의

새 이름을 기록하리라.' (계 3:12) 이것이 그리스도와 동일시되는 복이다. 즉 인내 가운데 그리스도와 함께 하고, 모든 일 가운데 그리스도와 함께 했던 사람이 받게 될 복인 것이다. 이것은 주님이 우리에게 주시는 매우 강력한 교훈이며, 우리가 매우 큰 관심을 기울여야 하는 부분이다.

주님은 우리에게 거룩하고 참되신 분으로 계시되신 그리스도를 우리 마음의 중심에 두고 또 주의 인내의 말씀을 지킬 때, 성령의 능력으로 행할 수 있다고 말씀하신다. 우리가 그렇게 할 때, 주님께서는 우리를 인정해주실 것이며, 그것이 우리의 영원한 보상이 될 것이다. 주님은 세상으로부터 성별된 삶을 사는 우리를 지키실 것이며, 세상은 장차 주님의 재림에 의해서 심판에 처해질 것이다!

장차 올 심판에 대한 두려움으로 떠는 사람의 마음과 주님이 "내가 진실로 속히 오리라"고 말씀하실 때 우리 마음은 그에 대한 즉각적인 반응으로 "아멘 주 예수여 오시옵소서" (계 22:10)라고 반응할 수 있는 사람의 마음 사이에는 얼마나 엄청난 차이점이 있는가! 우리 마음의 소망과 갈망의 대상으로서 그리스도를 그렇게 소유할 뿐만 아니라 그렇게 아는 사람은 얼마나 복이 있는가!

343

지금까지 우리는 사데 교회와 비교해서 빌라델비아 교회가 가진 일반적인 특징을 개괄적으로만 살펴보았다. 이제부터는 빌라델비아 교회를 좀 더 상세하게 살펴보고자 한다. 그렇게 할 때, 우리는 무엇보다 빌라델비아 교회의 가장 중요한 특징이, 특별한 복은 특별한 필요를 충족시키기 위해서 주어진다는 사실에 기초하고 있음을 보게 될 것이다. 이전 교회들의 상태를 통해서 살펴본 것처럼 우리가 반드시 통과해야만 했던 끔찍스러운 모든 악의 출현 이후에, 이제 우리가 도달하게 된 빌라델비아 교회에서는 모든 것이 긍휼(자비)과 복 뿐인 것을 보게 된다.

가난하고 연약한 하나님의 백성들이 점차 줄어들고, 게다가 충성스러운 사람들이 사라지고 소수의 남은 자만 겨우 남게 될지라도, 하나님은 그처럼 소수의 남은 자들을 결코 잊지 않으신다는 사실을 볼 수 있는 사람은 복이 있다. 하나님의 눈은 늘 그러한 사람들을 주목할 뿐만 아니라, 그들이 필요로 하는 것과 그들이 필요를 느낄 때마다, 아무리 상황이 어두울지라도 하나님은 자신의 창고에서 그 필요한 모든 것을 꺼내다가 그들의 필요를 채워주신다. 교회와 세상이 함께 그처럼 어두운 상태에 도달했을 때, 소수의 충성스러운 사람들은 가장 빛나는 "주 안에서 빛"을 가지게 된다. 이는 믿음의 생명은 항상, 통과하는 시련을 따라서 주어지는 능력에 비례해서 그리스도의 성실한 은혜가 주어지고 또 그에 의해서 양육되며 또한 유지되기 때문이다.

주의 백성들이 실패의 시기에 주님에 의해서 주어지는 증거를 과연 사용할 것인가는 또 다른 문제이다. 이것은 주의 지혜에 따라서 되는 일이다. 우리는 이스라엘을 통해서 이 점의 전형적인 모습을 볼 수 있다. 금송아지를 숭배함으로 이스라엘이 실패하는 일이 일어났을 때, 모세에게서 내적인 영적 능력이 발동되어 장막을 취하여 진 밖으로 옮김으로써 해결되었다. 또한 바알을 공개적으로 숭배하였을 때, 하나님은 엘리야와 엘리사를 일으키심으로써 외적인 큰 권능이 나타나도록 하셨다. 하지만 그때에 칠천 명의 충성스러운 사람들을 하나님께서는 감추어두셨다. 주님은 우리가 실패할 때마다 외적 증거를 제거하지는 않으신다. 다만 필요한 은혜를 주시고, 생명의 내적 능력을 더하심으로써 개인 영혼을 지탱하게 하신다. 이 사실을 오늘날 성도들에게 적용시켜보자. 영광 중에 계신 머리로부터 지상에 있는 몸을 유지시키는 일은 결코 실패할 수 없다. 교회에 주신 은사에 대해서 생각해보자. 예를 들어, 표적을 위한 은사들이 있었다. (그 은사들은 소위 초자연적인 은사로 불렸고, 그 초자연적인 은사는 세상을 향한 증거였다. 즉 믿지 않는 사람들을 위한 은사였으며, 여기에는 방언이나 신유의 은사가 있다.) 이 초자연적인 은사는 모두 사라질 것이다. 하지만 결코 사라질 수 없는 은사들이 있다. 즉 머리에서 몸의 지체들에게로 흐르는 영적 생명을 부양시킬 목적으로 주어진 은사들은 결코 사라지지 않는다. "누구든지 언제든지 제 육체를 미워하지 않고 오직 양육하여 보호하기를 그리스도께서 교회를 보양함과 같이 하기" 때문이다(엡 5:29).

344

에베소서에 보면, 교회는 특별히 그리스도의 몸으로 제시되고 있고 또 은사는 그리스도의 몸된 교회를 위한 것으로써 "성도를 온전케 하며, 사역의 일을 하게 하며, 그리스도의 몸을 세우고자" 주어진 것이다(엡 4:12). 여기서 우리는 초자연적인 은사를 볼 수 없다. 반면 고린도전서에서는 "병 고치는 은사", "각종 방언을 하는 은사", "방언을 통역하는 은사"가 있다. 그렇다면 우리는 성경에서 두 종류의 특징을 가진 은사 그룹이 있음을 알게 된다. 첫 번째, 고린도교회에 제시되어 있는 초자연적인 은사가 있다. 이것은 교회가 가진 공적인 은사로서 교회 밖에 있는 사람들에게 증거하기 위한 은사로서, 이로써 믿지 않는 세상 사람들의 관심을 끌 수 있다. 두 번째, 머리에서 몸으로 생명을 공급해 줌으로써 몸을 양육시키는 은사들이다. 이렇게 양육을 위한 은사는 항상 남아 있게 될 것이다. 이 양육의 역사는 외적인 증거의 방식으로 올 수도 있고, 그리스도에게서 직접 은혜의 방식으로 올 수도 있다. 어쨌든 양육의 역사엔 반드시 머리로부터의 공급이 있기 마련이다. 이것이 바로 우리가 빌라델비아 교회에서 볼 수 있는 것이다. 왜냐하면 빌라델비아 교회의 특징이 바로 연약함이기 때문이다. 즉 빌라델비아 교회는 적은 능력밖에 없지만, 능력의 근원이신 그리스도께 가장 가까이 나아갔으며, 그리스도와 가장 친밀한 교통을 나누고 있고, 그리스도와 동일한 영광에 들어갈 약속을 받은 교회인 것이다.

연약함이 빌라델비아 교회의 특징을 이루고 있지만, 그럼에도 주님은 이것을 전혀 문제 삼지 않으신다. 우리는 이 사실을 항상 기억해야 한다. 비록 하나님께서 병을 고치고 또 방언을 말하는 것과 같이, 세상에게 주는 증거로서 초자연적인 은사를 주시고, 또 외적으로 권능이 나타나는 역사를 허락하셨을지라도, 이러한 초자연적인 은사들은 그 마지막 시기가 정해져 있다. 게다가 이러한 외적인 능력이 있건 없건, 항상 연약을 느끼지만 그럼에도 그리스도의 말씀을 지키는 일을 믿음으로 하고 있는 한, 그 자체가 완전한 영적 힘으로 작용하고 있음을 알아야 한다. 이렇게 연약을 느끼는 감각은, 비록 불신앙에 의한 것은 아니지만, 마음의 혼란스러움을 동반하기도 한다. 이렇게 슬픔에 휩싸이는 영적 감각은 주 예수님에게도 있었다. 그래서 주님은 이렇게 기도하셨다. "지금 내 마음이 민망하니 무슨 말을 하리요 아버지여 나를 구원하여 이 때를 면하게 하여 주옵소서."(요 12:27) 이제 우리는 그러한 슬픔이 주님과 하나님 아버지 사이에서 흐르는 영적 교감이었던 것을 볼 수 있다.

하지만, 아! 우리 속에는 너무도 자주 슬픔 그 자체가 하나님과의 교통을 막고 있으며, 우리 영혼은 슬픔으로 가득해져서 하나님의 능력이 그 모든 슬픔을 분쇄하고도 남음이 있음을 신뢰하지 못하는 일이 일어난다. 그래서 "내 속에 생각이 많을 때에 주의 위안이 내 영혼을 즐겁게 하시나이다"(시 94:19)라고 말하는 대신, 우리는 '이런 일이 일어났으면 저런 일이 일어났으면 좋을 텐데' 하는 식으로 그저 많은 생각 속으로 빠져들어만 가고 또 이러 저러한 환경을 탓하기만 함으로써, 결국 하나님을 밖으로 몰아낸다. 하지만 이런 일은 주 예수님에게선 일어나지 않았다. 주님의 영혼 앞에 닥친 슬픔의 시간에 즉시 "아버지여 나를 구원하여 이 때를 면하게 하여 주옵소서."(요 12:27)라고 부르짖으셨다. 만일 우리가 하나님의 힘을 의지하고, 하나님께서 우리와 함께 하시며 또한 하나님께서 우리를 위하신다고 생각하는 대신에, 그저 우리 자신의 연약함에 대해서만 생각한다면, 그것은 불신앙일 뿐이다.

345

게다가 그것은 우리에게 주신 (우리가 영적 힘을 얻을 수 있는 원천인) 하나님의 선물과 계시의 위대함을 제대로 인식하고 있는 것도 아니다. 이는 표적과 기적들이 결코 내적인 힘을 줄 수 없기 때문이다. 그러한 것들은 시련의 시기에 있는 우리에게 하나님의 말씀의 확실성을 입증할 뿐, 결코 영적인 힘을 줄 수 없다. 이 사실을 선명하게 이해하는 것이 매우 중요하다. 예를 들어서 사도 바울의 경우를 생각해보자. 바울은 셋째 하늘에 올라가서, 사람이 가히 말로 표현할 수 없는 것들을 들었다. 바울이 셋째 하늘에 간 일은 참으로 놀라운 일이기도 하지만, 확실한 것은 이 일이 시련 중에 있는 바울의 영혼을 위로해주었다는 것이다. 그럼에도 이 일은 바울에게 내적인 힘을 준 것은 아니었다. 반대로 하나님의 주권적인 돌보심이 없다면, 육신은 자고할 수 있었다. 이러한 것은 영적 힘이 아니다. 하지만, 바울이 자신의 연약함을 자각하게 해주는 무슨 교훈을 받게 되었을 때, 그때에야 비로소 하나님에게서 영적 힘을 받을 수 있었다. 따라서 우리에게도 이러한 것이 함께 할 필요가 있다. 우리의 마음은 너무 간사하고 또 우리 육신은 너무 악하다. 따라서 깨어 있지 않으면, 주님이 우리에게 알게 하신 모든 것을 우리는 남용하게 될 것이다. 우리는 바울의 육체 속에 있는 가시가 무엇이었는지 굳이 알고자 할 필요는 없다. 이 주제는 종종 단순한 호기심을 넘어 의미 없는 논쟁으로 끝나기 일쑤이다. 하지만 여기서 우리가 주목해야 할 것은, 우리 각 사람도 우리가 처해있는 위험에 따라서 각기 다른 형태의 가시를 가지게 될 것이란 점이다. 어쨌든 갈라디아서 4장 13,14절을 통해서 우리가 알 수 있는 것은 그것이 바울의 육신의 모습을 추하게 보이게끔 하는 것이었다는 것과 바울의 사역 가운데 연약함을 느끼게 해주는 것이었다는 점이다. 그래서 바울은 주님께 세 번이나 그것을 없애 달라고 기도했다. 그에 대한 주님의 대답은 "내 은혜가 네게 족하도다 이는 내 능력이 약한 데서 온전하여짐이라"(고후 12:9)는 것이었다. 바울은 실제적인 영적 힘과 능력이 어디서 오는 것인가를 배우기 위해서 이처럼 연약함을 느껴야만 했다. 그제야 바울은 자신의 연약함을 자랑할 수 있었고, 이로써 그리스도의 능력이 그에게 머물 수 있었다. 그래서 바울은 "내가 약할 그 때에 곧 강함이니라"(고후 12:10)고 말할 수 있었다.

346

하나님을 바라볼 때에는 항상 능력이 주어진다. 하지만 우리 마음이 하나님을 바라보는 대신, 연약함에만 집중하게 되면 그것은 불신앙이 된다. 어려움은 어떤 형태로든 오게 되어 있다. 하나님은 우리의 연약함을 드러내고자 많은 일들을 허락하신다. 하지만 단순한 믿음의 길은 우리가 무엇을 해야만 하는가를 미리 생각하기 보다는 우리가 필요로 하는 도움을 하나님께 구하고, 그 때를 기다리는 가운데서도 계속해서 나아가는 것이다. 우리가 아무것도 아니라는 인식은 기꺼이 우리 자신에 대해서는 잊게 해주며, 그리스도께서 우리 영혼에 모든 것이 되신다는 믿음으로 나아가게 해준다. 단순한 순종의 길을 추구할 때, 우리가 무엇을 해야만 하고 또 그 어떠한 시련이 있을지라도, 실제적인 힘이 주어진다. 이러한 일이 싸움을 해야 하는 상황에서 다윗에게 일어났다. "여호와께서 나를 사자의 발톱과 곰의 발톱에서 건져내셨은즉 나를 이 블레셋 사람의 손에서도 건져내시리이다."

(삼상 17:37) 그 싸움의 대상이 사자이건, 곰이건, 심지어 블레셋의 거인일지라도, 그것이 다윗에게는 아무 문제가 되지 않았다. 그 모든 것이 다윗에겐 일반이었다. 왜냐하면 이것 저것 모두 앞에서 다윗은 연약한 존재였기 때문이다. 하지만 다윗은 고요하게 하나님이 자신과 함께 하실 것을 의지하면서 자신의 사명을 다할 뿐이었다. 이것이 믿음이다. 모세가 땅을 정탐하기 위해서 보낸 사람들에게서 나타난 불신앙과 비교해보라. 그들은 대적들 앞에 자신들을 메뚜기처럼 여기고 두려움에 떨었다. 이로써 그들은 하나님이 자신들을 위하신다는 사실을 깨끗이 잊어버렸고, 모든 것을 아낙 자손과 하나님 사이의 일이 아니라 아낙 자손과 자신들 사이의 일로 만들어버렸다. 모든 일을 단순하게 주님과의 관계로 만들 때, 그때 우리는 "내게 능력 주시는 자 안에서 내가 모든 것을 할 수 있게 된다." (빌 4:13) 어려움이 올 때, 우리는 우리 자신을 바라보는 것이 아니라, 우리는 다만 연약할 뿐 아무 것도 아님을 인정하고, 우리를 위해 필요한 모든 힘을 공급해주시는 주님을 단순히 바라보아야 한다.

빌라델비아 교회의 경우는 확실한 연약함이 있긴 했지만, 충성스러움도 있었다. 이런 경우 엄청난 능력이 나타날 수도 있지만, 여전히 연약함이 있다. 고린도전서 13장에서 성령님은 사람의 방언과 천사의 말을 하고, 모든 비밀과 모든 지식을 알지만, 그럼에도 동시에 완벽한 연약함이 있을 수 있다고 말씀하신다.

왜냐하면 이러한 일들은 하나님과의 교통이 없어도 얼마든지 할 수 있는 일이기 때문이다. 우리 영혼이 하나님과의 영적 연합과 교통이 없이, 외적인 능력의 나타남을 가지는 것만큼 위험한 일은 없다. 속 생명과 외적인 능력의 나타남은 같이 가야 한다. 우리는 이미 이 경우를 엘리야의 이야기를 통해서 살펴보았다.

347

"거룩하고 진실하신 이가 이같이 말씀하시되."(계 3:7) 여기 빌라델비아 교회에서 우리는 하나님의 아들로서 위격에 속한 권능을 가진 이로서가, 도덕적 특징을 가진 이로서 주님의 모습을 볼 수 있다. 그래서 주님은 자신과 일치하지 않는 모든 것을 심판하시는 기준으로 자신을 "거룩하고 진실하신" 분으로 나타내고 계시며 또한 자신을 충성스러운 자들의 상태와 필요를 채울 수 있는 은혜를 주시는 분으로 제시하고 있다. 주님의 진실하심이 심판의 기준이며 또한 성도들의 안전에 대한 보장으로 제시되고 있다. 게다가 우리는 주님을 교회에 은혜를 주시는 수단을 확보하고 계신 분이신 것을 볼 수 있다. 그래서 만일 주님이 문을 여신다면 누구도 닫을 수 없고 또는 주님이 문을 닫으신다면 누구도 열 수 없는 식으로 소개되고 있다. 여기엔 두 가지 사안이 있다. 주님은 주님을 신뢰하는 사람들에게 거룩하고 진실하신 분이시다. 주님은 여기선 능력을 나타내는 분이 아니라, 다만 능력의 열쇠를 가지신 분이시다. (이는 여호와께서 셉나에게 엘리아김에 대해서 "내가 또 다윗 집의 열쇠를 그의 어깨에 두리니 그가 열면 닫을 자가 없겠고 닫으면 열 자가 없으리라."(사 22:22)고 말씀하셨던 것과 같다.) 이를 통해서 연약함이 있는 곳에 주님은 자신을 거룩하고 진실하신 분으로 바라보며 또한 주님을 신뢰하는 교회를 격려하시는 것을 알 수 있다. 이처럼 주님을 열고 닫을 수 있는 권세를 가진 분으로 바라보고, 주님의 위격을 신뢰하고, 주님의 성품을 본받고자 하는 교회는 장차 무슨 일이 일어날지라도 절대적으로 안전하다. 사람 또는 사탄의 모든 권세가 악행을 저지른다 해도, 만일 그리스도를 신뢰하고, 그리스도를 온전히 진실하신 분으로 그리고 문을 열어두신 분으로 믿기만 한다면, 사람이건 사탄이건 아무도 그리스도께서 열어두신 문을 닫을 수 없다.

이러한 빌라델비아 교회의 위치와 그리스도께서 지상에 계실 때의 위치 사이에 놓인 유사성을 보라! 모든 사람이 그리스도를 향해서 문을 닫고자 애썼다. 빌라도, 헤롯, 서기관, 바리새인, 그리고 온 땅의 유대인들은 그리스도를 향해서 문을 닫아걸고자 했다. 빌라델비아 교회처럼 그리스도께서는 하나님이 구약시대에 설립하셨던 유대적인 질서 가운데 계셨다. 하지만 유대교는 완전히 실패했다. 이는 그리스도의 시대에는 방주도 없고, 우림과 둠밈도 없고, (성전 안에 하나님의 임재 가운데 나타난 영광을 가리키는) 쉐키나도 없었기 때문이다. 권능과 신적 증거의 나타남을 이루고 있었던 모든 것이 다 지나갔으며, 여호와께서도 예루살렘에 있는 보좌를 떠나셨고, 그들은 결국 이방 권세 아래 무릎 꿇게 되었고, 사람의 보좌 아래서 종노릇하는 처지가 되었다. 따라서 유대인들이 우리 주님에게 던진 질문 속에는 엄청난 간교함이 숨어 있었다. "그러면 당신의 생각에는 어떠한지 우리에게 이르소서 가이사에게 세를 바치는 것이 가하니이까 불가하니이까?"(마 22:17) 만일 주님께서 불가하다고 대답하셨다면, 저희 죄에 대한 하나님의 징계를 부인하는 것이 되었을 것이다. 만일 주님께서 가하다고 말씀하셨다면, 메시아로서 주님의 직분을 부인하는 것이 되었을 것이다. 하지만 (주님은 저희의 간교함을 아셨기에) 그들에게 하신 주님의 대답은 이랬다. "너희는 너희 죄 때문에 이방인의 통치 아래 있게 되었고, 이제 너희는 그 권세에 순복해야 한다." 사실 "모든 권세는 다 하나님의 정하신 바"(롬 13:1)이기 때문에 우리도 권세에 순복해야 한다. 하지만 이스라엘의 경우에 이방 권세에 순복해야 하는 것은 그들의 죄로 인하여 그들에게 내려진 하나님의 징계였다. 그래서 이스라엘 자손들은 "우리의 죄로 인하여 주께서 우리 위에 세우신 이방 열왕이 이 땅의 많은 소산을 얻고 저희가 우리의 몸과 육축을 임의로 관할하오니 우리의 곤난이 심하오며"(느 9:37)라고 탄식했다.

348

따라서 주님은 성전 세를 지불하셨다. 비록 이스라엘이 공동체로서 하나님께 신실하지 못했지만, 하나님은 그들을 향한 하나님 자신의 신실하심에 실패하실 수 없으셨다. 그래서 하나님의 영께서 그들 가운데 머물러 계셨던 사실을 학개서를 통해서 볼 수 있다. 따라서 우리는 이스라엘의 구속을 바라는 안나와 시므온 같은 소수의 남은 자만을 볼 수 있을 뿐이다. (그래서 말라기에서는 "그 때에 여호와를 경외하는 자들이 피차에 말하매 여호와께서 그것을 분명히 들으시고 여호와를 경외하는 자와 그 이름을 존중히 생각하는 자를 위하여 여호와 앞에 있는 기념 책에 기록하셨느니라."(말 3:16)고 기록되어 있다.) 여기서 우리는 전적으로 어두운 상황밖에 볼 수 없기에, 빛이신 주님이 오셨을 때, 주님께서 즉시 거절당하시는 것을 볼 수 있다. 이는 무엇을 의미하는 것인가? 주님께 문이 닫혔던 것일까? 그렇지 않다. "문지기가 그를 위하여 문을 열어 주었다."(요 10:3) 예수 그리스도 이전에 왔던 거짓된 자들이 다른 데로 넘어가고자 했던 것과는 달리 그리스도께서는 문으로 들어가고자 오셨다. 하나님의 능력으로 사역했던 그리스도께서는 하나님이 정해주신 방식으로 오셨으며, 아무도 그것을 막을 수 없었다. 이제 그리스도는 우리에게도 하나님의 정하신 방식이 되셨다. 그래서 자신을 가리켜 "내가 문이니 누구든지 나로 말미암아 들어가면 구원을 얻고 또는 들어가며 나오며 꼴을 얻으리라"(요 10:9)고 말씀하셨다.

우리의 본보기와 패턴이신 그리스도와 우리의 신분이 연결되어 있다는 것, 바로 그 자체가 우리에게 복이다. 그리스도처럼 온 생애에 걸쳐 중단 없이, 겸비한 상태에서 하나님께 끝까지 신실했던 사람이 있었는가? 그리스도의 겸비의 길과 엘리야의 길 사이에 놓인 차이점에 주목해보라. 과연 우리는 무엇을 볼 수 있는가? 엘리야는 큰 외적인 권능으로 사역했고, 하늘에서 불을 내려 바알 선지자들을 멸망시켰으며, 자신을 유일하게 남아 있는 하나님께 진실한 사람으로 생각했다. 반면 하나님께서는 바알에게 무릎 꿇지 않은 칠천 명을 남겨두셨다. 다만 엘리야의 눈에 그 사람들이 보이지 않았을 뿐이다. 그리스도께서는, 사람이 모든 것이고 하나님은 없는 듯 생각하는 세상에서 아무 만족을 얻지 못하셨다. 오히려 그리스도께서는 세상의 오물처럼 취급받는 것에 만족하셨다. 그럼에도 동시에, 그리스도의 음성은 선한 목자의 음성으로서 이스라엘 집의 잃어버린 양이 하나도 없도록 울려 퍼졌다. 주님의 눈은 이스라엘의 온 동네를 다니면서 가장 비참한 죄인들과 사마리아 여자, 창녀, 그리고 세리 등 잃어버린 양들을 다 찾아내었다. 따라서 겸손의 미덕 가운데 계셨던 주님은 작은 능력을 가진 사람들을 자신이 친히 거하셨던 동일한 자리에 거하게 하시며, 문지기가 주님을 위해 문을 열어주었던 것처럼, 주님은 그들을 위해 문을 열어주신다. 그때에는 아무도 그 문을 닫을 사람이 없다.

349

우리는 지금 영광을 기다리고 있다. "내게 주신 영광을 내가 저희에게 주었사오니"(요 17:22) 그리고 기다리는 동안 우리는 (영광이 떠나 있는 상태를 의미하는) 이가봇 상태를 통과해야만 한다. 공개적으로 드러나는 권능을 가지고 이 세대를 향해서 증거하는 시대는 지나갔으며, 다시 회복되지 않을 것이다. 주님이 빌라델비아 교회에 속한 사람들에게 강조하시는 것은, 두아디라와 사데 교회와 같이 악을 허용해서는 안된다는 것이다. 그래서 주님은 **"내가 속히 임하리니 네가 가진 것을 굳게 잡아 아무나 네 면류관을 빼앗지 못하게 하라"**(계 3:11)고 말씀하신다. 다시 말해서 '나의 인내의 말씀을 내가 올 때까지 지키라' 는 것이다. 여기서 우리는 우리 자신이 그리스도와 동일한 상황에 있음을 보게 된다. 이는 주님께서 "보라 내가 속히 오리라"고 말씀하실 때, 이것은 우리가 종국에는 그리스도의 지위에 들어가게 될 것을 의미한다. 비록 괴롭고 또 자신을 겸손하게 낮추어야 하지만, 우리가 예수님이 취하셨던 동일한 지위에, "누구도 닫을 수 없는 열린 문"이라는 동일한 약속을 가지고 들어가게 된 것은 엄청난 복을 받은 것이다. 이것이 현재적으로 요구되는 믿음이다. 우리가 바라는 만큼의 능력이 없을 수도 있다. 그럼에도 가장 중요하게 여겨야 할 것은, 우리가 그리스도의 지위(position of Christ)에 들어왔다는 점이다.

빌라델비아 교회가 가진 또 다른 특징을 살펴보자. 주님은 그들에게 크게 사역할 수 있는 영역을 허락하지 않으셨고, 다만 주님이 가난하고 연약한 그들을 알고 계신다는 의식만으로 위안을 삼도록 하셨다. 다른 교회들에게는 그렇게 하지 않으셨다. 주님은 그들의 행위가 가진 특징을 알고 계신다. 사데 교회를 향해서 주님은 "내 하나님 앞에 네 행위의 온전한 것을 찾지 못하였노니"(계 3:2)라고 말씀하셨다. 주님이 우리의 행위를 아신다는 사실만으로 충분하다. 오, 이 사실은 얼마나 위안이 되는가. 만일 우리가 온전함을 보고자 할지라도, 어쩌면 사데 교회와 같이 우리는 내놓을만한 것이 얼마 되지 않을 수 있다. 많은 것들이 혼합되어 있고, 믿음도 적은 것이 우리를 실망시킬 것이다. 사실상 우리의 행위치고 받은 은혜에 충분히 보답한 것이 얼마나 되는가? 활동도 많고, 사람들이 인정할만한 것도 많을지라도, 정작 하나님께서 인정해주실 만한 것이 얼마나 되겠는가? 만일 우리가 우리를 둘러싼 세상에서 일어나는 일과 하나님 교회의 일을 생각해보면, 우리 마음은 무겁게 가라앉게 될 것이다. 하지만 그리스도께서 모든 것을 알고 계신다는 것을 생각하게 되면, 우리는 이처럼 복된 진리에 위안을 얻게 될 것이다.

350
그렇다면 주님은 그들이 아무것도 가진 게 없다고 말씀하시는 것인가? 그렇지 않다. 주님은 "내 말을 지켰다"(계 3:8)고 말씀하신다. 그리스도의 특징적인 모습이 곧 하나님의 교회의 특징으로 나타나야 한다. 그리스도께서는 "주의 말씀을 내 마음에 두었나이다"(시 119:11)라고 말씀하셨다. 이것이야말로 특히 말세를 살아가는 사람들 가운데 충성스러운 사람의 특징이다. 바울은 디모데에게 편지를 써서 "말세에 고통하는 때가 이르리니"(딤후 3:1)라고 말했으며, 경건의 능력은 없지만 경건의 모양만 갖춘 사람들이 등장하게 될 것을 경고했다. 그 시대에 이미 불법의 비밀이 들어왔으며, "악한 사람들과 속이는 자들은 더욱 악하여져서 속이기도 하고 속기도 하는" 일이 일어났다. 하지만 안전 가운데 거할 수 있는 비결은 곧 "너는 배우고 확신한 일에 거하라 네가 뉘게서 배운 것을 알며 또 네가 어려서부터 성경을 알았나니 성경은 능히 너로 하여금 그리스도 예수 안에 있는 믿음으로 말미암아 구원에 이르는 지혜가 있게 하느니라"(딤후 3:14,15)에 있었다. 우리는 성경으로 부르는, 명백히 기록된 말씀을 가능한 어려서부터 읽어야 한다. 안전은 외적인 권능이나 또는 초자연적인 역사에 있지 않고, 단순하게 말하자면 기록된 말씀을 읽는 데 있다. 디모데에겐 기록된 하나님의 말씀이 축복의 도구였으며, 이 성경을 읽음으로써 디모데는 영적 권위를 가진 사람이 되었다. 물론 하나님의 은혜가 디모데를 회심시키는 일에 절대적으로 필요했다. 나는 이 사실을 강조하고 싶다. 말씀을 가까이 하는 것이 말세를 살아가는 우리에게 안전을 보장해준다. (다시 말해서, 디모데가 어려서부터 성경을 통해서 발견한 것처럼, 하나님의 말씀 자체에 담긴 특별한 권위가 우리를 보호해주는 것이다.) 여기에 덧붙일 것은, 디모데의 경우, 그는 동일하게 영감을 받은 사도들을 통해서 배웠다는 점이다. 그래서 사도 바울은 영적 권위를 가진 사람을 의미하는 "뉘게서" 배운 것을 알라(딤후 3:14)고 말했다. 그 후에 이러한 가르침들이 집대성되어 기록된 말씀으로 우리에게 온 것이다. 우리의 안전은 은혜를 통해서 기록된 하나님의 말씀에 달려 있다.

주님은 "너에게 능력이 있다"고 말씀하지 않으셨고, 다만 "네가 나의 말씀을 지켰다"고 말씀하셨다. 게다가 주님은 "너는 내가 가진 이러 저러한 특성을 알았다"고 말씀하지 않으셨고, 다만 "너는 나의 이름을 부인하지 않았다"고 말씀하셨다. 주님의 이름은 항상 주님이 누구신가를 계시하는 역할을 한다. 만일 주님이 그리스도로 불린다면, 그것은 주님이 기름부음을 받은 자라는 뜻이다. 여기서 주님이 말씀하시는 것은, "너는 계시된 대로 나를 붙잡았다. 이제 나는 거짓된 이름을 붙들고 진짜인척 하는 자들로 네 앞에 와서 네 발 앞에 절하게 하고 내가 너를 사랑하는 줄을 알게 하리라"(계 3:9)는 것이다. 여기서 우리는 두 가지 서로 상반된 특징을 볼 수 있다. "나의 말씀을 지켰은즉" 여기서는 "나의"라는 단어가 강조되어 있음에 주목하라. 그것은 우리 영혼이 쉼을 얻을 수 있는 그리스도의 말씀을 의미한다. "나의 말씀"은 그리스도 자신의 말씀이다. 이는 그리스도와의 인격적 사귐과 교통을 통해서만 그 진가를 음미할 수 있는 말씀이다. 이것은 소위 교회의 말씀이 결코 아니다. 예를 들어보자. 나는 교회가 주는 말씀을 영적 양식으로 취한다. 그렇다면 그것은 교회가 권위를 가지고 있음을 의미한다. 하지만 그리스도의 말씀을 취한다면, 그렇다면 나는 그리스도 자신의 권위를 가지게 된다. 사실 우리는 그리스도의 말씀을 가지고 교회의 모든 것을 판단해야 한다. 그리스도의 말씀은 우리를 그리스도와 그리스도의 이름과 그리스도의 위격에 연결시켜준다. 교회의 권위를 붙잡을 것인가, 아니면 그리스도의 권위를 붙잡을 것인가? 이 두 가지는 특별히 속이는 자가 많은 이 말세의 시대를 살아가는 우리로 하여금 그들에게 속임을 당하지 않게 해줄 뿐만 아니라 우리 자신을 지키는데에도 필수적인 사안이다. 이 시대의 특징은 "악한 사람들과 속이는 자들은 더욱 악하여져서 속이기도 하고 속기도" 한다는 것이다. 그래서 사도 요한도 "너희를 미혹케 하는 자들에 관하여 내가 이것을 너희에게 썼노라"(요일 2:26)고 말할 필요가 있었다.

351
마지막 시대의 특징은 미혹하는 힘이 강하다는 것이다. 장래 분명하고도 뚜렷한 적그리스도가 일어날 것이며, "지금도 많은 적그리스도가 일어났으니"(요일 2:18)라고 말한 것과는 다른 방식으로 자신의 모습을 드러낼 것이다. 그러므로 우리는 "성도에게 단번에 주신 믿음의 도를 위하여 힘써"(유 1:3) 싸울 필요가 있다. 만일 그가 사탄의 능력과 표적과 거짓 이적을 행사하면서 온다면, "진리의 사랑을 받지 아니하여 구원함을 얻지"(살후 2:10) 못하는 사람들을 일으킬 것이며, 그렇다면 우리는 장차 광명의 천사처럼 나타나게 될 적그리스도에게서 우리 자신을 보호해줄 진리의 말씀을 굳게 붙잡아야 한다. 반면 진리의 사랑을 받지 않는 사람들은 적그리스도의 올무에 붙잡히게 될 것이다. 그리스도 자신의 말씀을 붙잡고 거기에 거하는 것이 안전한 피난처가 된다. 거기서 그리스도의 인내의 말씀을 지키고, 그 이름을 배반치 않는 것이다. 이 일은 분명 개인적인 일이다. 우리가 살고 있는 "말세에 고통하는 때"(딤후 3:1)의 특징은 공개적인 핍박이나 박해가 아니라 미혹의 강력한 힘이 작용하는 것이다. 우리는 뱀이 그 간계로 이와를 미혹케 한 것같이 우리 마음이 그리스도 안에 있는 단순함에서 떠나 부패하게 되는 위험 가운데 있다. 이러한 위험에서 벗어나려면 무엇을 해야 하는가? 능력, 기적, 초자연적인 역사, 기타 등등 외적인 권능의 나타남으로 되는 것인가? 그렇지 않다. 사탄을 대적하는데 충분한 외적인 능력이 우리에겐 없다. 우리는 다만 연약한 존재이다. 그래서 주님은 "네가 적은 능력을 가지고 있다"고 말씀하신다. 하지만 우리의 피난처는, 우리 각 개인이 기록된 그리스도의 말씀을 부여잡고, 그 이름을 배반치 않는데 있다.

빌라델비아 교회에 하신 **"네가 적은 능력을 가지고도 내 말을 지키며 내 이름을 배반치 아니하였도다"**(계 3:8)는 말씀에는 별로 행위가 많아 보이지 않는다. 왜냐하면 그들이 할 수 있는 일이 그리 많지 않기 때문이다. 하지만 사랑하는 친구들이여, 미혹시키는 악한 힘이 역사할 때에는 주의 말씀을 지키며 주의 이름을 배반하지 않는 것이 성도가 할 수 있는 전부이다. 악의 세력이 계속 확장되어 가고 또 기록된 말씀이 무시를 당할 때, 그들은 그리스도의 말씀을 지켰다. 모두가 그리스도의 이름을 부인할 때, 그들은 그리스도의 이름을 부인하지 않았다. 그 일은 하나님이 보실 때 엄청난 일인 것이다. 엘리야처럼 하늘에서 불이 내려오게 하는 것은 아닐지라도, 신실하지 않은 사람들에게 둘러싸인 중에 신실함을 지키는 일은 참으로 위대한 일인 것이다. 마찬가지로 바알을 숭배하는 것이 이스라엘 백성들의 대세였을 때 그들을 따르지 않았던 칠천 명의 이야기는 별로 마음에 와 닿지 않을 수 있다. 그저 그들은 "무릎을 바알에게 꿇지 아니했던" 사람들일 뿐이다. 하지만 진실로 그들은 그렇게 하기 위해서 목숨을 걸었던 사람들이다. 왜냐하면 그들 주변에는 바알에게 무릎을 꿇고 숭배하는 사람들로 가득했기 때문이다. 마찬가지로 하나님의 교회는 처음엔 권능 가운데 세워졌지만, 가라지들이 알곡 가운데 엄청 심겨지게 되었고, 충성스러운 사람들은 거의 눈에 보이지 않을 정도로 숫자가 적었다. 미혹시키는 악한 세력이 교회 안으로 들어왔지만 그럼에도 그들은 미혹을 당하지 않았고, 진리에서 떠나지 않았다. 이러한 일은 외적인 권능의 나타남으로 되는 것이 아니라, 악이 창궐한 중에도 하나님과 동행하는 가운데서 충성을 다하는 것으로 되는 것이다. 따라서 빌라델비아 교회에는, 외적인 능력의 나타남은 없었지만 내적인 능력을 가지고서 충성스럽게 행하는 사람들이 있었던 것이다.

352

"보라 사단의 회당 곧 자칭 유대인이라 하나 그렇지 않고 거짓말 하는 자들 중에서 몇을 네게 주어 저희로 와서 네 발 앞에 절하게 하고."(계 3:9) 여기서 우리는 번듯하게 설립되고, 모양을 갖추고, 육신의 멋진 모습을 꾸미고, 스스로를 유대인으로 자랑하고, 하나님에게 속한 것들의 외적인 특징을 갖춘 듯 보이지만, 실상은 하나님이 지금 새롭게 시작하신 "새로운" 세대에 속한 것을 보지 못하고 있는 사람들과는 달리, (이것을 보는 것이 하나님의 시험을 통과하는 길이다) 은밀하게 하나님과 동행하는 충성스러운 개인들을 볼 수 있다. 그들은 하나님의 말씀을 거부하지는 않았지만, (유대인들도 마찬가지로 하나님의 말씀을 거부한 것은 아니었다) 그렇다고 하나님의 말씀에 순종하지도 않았다. 유대인들은 성경은 받아들였지만, 그리스도는 거절했다. 그래서 그리스도를 죽였다. 예수님은 "사람들이 너희를 회당에서 출교할 뿐 아니라"(요 16:2)고 말씀하셨다. 그들은 그렇게 행함으로써 하나님을 섬기고 있다고 생각했다. "때가 이르면 무릇 너희를 죽이는 자가 생각하기를 이것이 하나님을 섬기는 예라 하리라."(요 16:2) 하지만 이렇게 하는 것은 하나님이 보내신 빛을 거절하는 것에 불과했다. "저희가 이런 일을 할 것은 아버지와 나를 알지 못함이라."(요 16:3) 정통적인 것으로 세상에서 인정을 받은 옛 진리는 사람들로 하여금 시험을 통과하도록 하는 일에 실패했다. 그것은 본성에 호소할 뿐이었다. 사람들은 그것을 높이 평가하는 성향이 있다. 만일 내가 그것을 가지고 나의 마음을 시험해봄으로써 참된 믿음을 행사하는 대신에, 그 자체를 종교로 받아들이고 또 믿을만한 것으로 여긴다면, 나는 그것은 하나님의 종교가 아니라고 말할 것이다. 비록 그것이 어느 정도는 진리일 수 있지만, 그것은 하나님을 믿는 믿음은 아니다. 그러한 것이 유대인의 회당에 속한 사람들이 하는 일이었다. 그들은 그리스도의 이름과 그리스도의 말씀을 버렸고, 대신 그리스도를 위하는 마음이 없는 곳에 신앙의 뿌리를 내렸다. 그들은 전통, 예식, 혈통 등을 사랑했지만, 그리스도의 말씀은 그들 속에 없었다. 유대인들이 하나님의 백성이었던 것은 분명 사실이지만, 그들은 그리스도의 이름을 발로 밟고 거절했다. 이것은 엄청난 차이점을 만들어낸다. 그리스도께서는, 하나님이 찾으시는 것은 자기 아들에게 순종하는 것임을 밝히셨다. 그리스도께 끝까지 충성하는 것이 전부다.

353

"저희로 와서 네 발 앞에 절하게 하고 내가 너를 사랑하는 줄을 알게 하리라."(계 3:9) 하나님은 이처럼 종교적 유물로 자신을 포장하고서 하나님의 백성 흉내를 내는 사람들을 인정하지 않으신다. 그들이 알아야 할 것은, 그리스도께서는 이처럼 가난하고 멸시받는 남은 자들을 사랑하신다는 것이었다. "내가 너를 사랑하는 줄을 알게 하리라." 하나님을 아노라고 고백하지만 실제 행위로는 부인하는 사람들이 아니라, 다만 그리스도께서 자신을 사랑하는 줄 알고 이 사실을 고요하게 확신하는 사람들은 이 사실만으로도 충분히 만족하게 된다. 바로 이러한 것이 마음을 시험하는 일종의 측량계이다. 만일 당신이 현재적 즐거움과 밝은 전망과 쾌락을 맛보는 것과 상상력을 충족시키는 것과 사람들을 얻는 것과 무슨 놀랄만한 옛날 유대교에 속한 유물이나 의식이나 예식 등에 마음을 쏟고 있다면, 그리스도는 이러한 것들 가운데 전혀 계시지 않는다는 사실을 알라. "그리스도는 어제나 오늘이나 영원토록 동일하시다." 그리스도 자신이 진리이시며, "거룩하고 진실하신" 분이시다. 만일 우리 영혼이 간절히 바라고 소원하는 실체로서 예수의 사랑을 붙들고 있다면, 우리는 우리가 그리스도 안에서 원하는 모든 것을 가지고 있는 것이다.

무엇이 진리인지 묻는 사람들이 많이 있다. 진짜 진리를 추구하는 것인지 살펴볼 필요가 있다. 사탄의 회당은 종교적이고, 고대유물을 숭상하고, 놀라운 매력으로 가득하고, 육체를 장악하는 권세 있는 모습을 띠고 있다. ("진리가 무엇이냐?" (요 18:38)고 물었지만, 그 시대의 제사장들을 기쁘게 하기 위하여 진리이신 예수님을 십자가에 못 박았던 빌라도와 같은 사람들은 외형상 종교성을 띠고 있는 것들을 환영하는 법이다.) 요즘 시대의 모습이 꼭 그와 같다. 즉 사람들은 항상 진리를 구하는 듯 보여도, 정작 진리를 알고자 나아오지 않는다. 만일 진리를 가지고 있다면, 진리가 무엇인지 물을 필요가 없다. 그렇게 묻는 사람들은 진리를 가지고 있지 않다. 진리를 항상 찾아 헤매는 사람은 자신의 그 행동을 통해서 자신이 진리를 가지고 있지 않다는 것을 알리고 있는 것이다. 그리스도는 "내가 곧 진리"라고 말씀하셨다. 그리스도는 모든 진리의 중심이시며, 하나님과 우리를 연결시켜 주는 모든 것의 토대이시다. 신앙심이 없는 사람은 모든 것을 의심할 뿐 아무것도 확신하지 못하고 게다가 확립하는 것도 없다. 하지만 우리는 무언가 확실한 것을 원한다. 우리가 그리스도 자신을 얻는 순간, 우리는 진리를 소유하게 된다. "본래 하나님을 본 사람이 없으되 아버지 품속에 있는 독생하신 하나님이 나타내셨느니라." (요 1:18) 하나님이 누구신지, 사람이 무엇인지 알고 싶은가? 나는 그리스도 안에서 사람을 향해 하나님이 누구신지, 그리고 하나님을 향해 사람이 무엇인지에 대한 완벽한 그림을 볼 수 있었다. 모든 것이 그리스도 안에 있다. 물론 우리는 단순한 시식을 넘어서 나아가야 한다. 그리스도를 소유하고 있는 사람의 마음은 사탄의 회당을 원치 않는다. 그리스도의 증거를 받아들인 사람의 마음은 하나님은 참되시다는 사실로 자신의 마음을 인친다. 이 사실을 아는 영혼은 지극히 단순한 방법으로 악을 떠나게 된다. 나는 진리 뿐만 아니라 은혜도 가지고 있다. "은혜와 진리는 예수 그리스도로 말미암아 오기 때문이다."(요 1:17)

354

내가 거짓말 가운데 살았을 때, 나의 마음에 진리를 가져다준 것은 은혜였다. 이럴진대 우리 영혼은 무엇을 더 바랄 수 있을손가? 우리가 살아가는 세상이 죄로 더럽혀진 곳이란 이유로 슬픔이 몰려올 것이다. 세상에 대해서 더 이상 불확실한 것이 없게 된다. 그렇다면 그리스도 안에서 모든 것을 가지고 있는 것이다. 우리가 가진 신령한 복에 더할 수 있는 것은 아무 것도 없다. "저희로 와서 (존경을 표하는 의미에서) 네 발 앞에 절하게 하고 내가 너를 사랑하는 줄을 알게 하리라." 우리는 이제 이것이 그런 대접을 받을 자격은 없지만, 다만 은혜로 되는 일인 것을 알고 있다. 우리는 이런 일을 현재적인 기쁨으로 그리스도의 임재를 통해서 누리고 있다. 우리는 그러한 것이 실로 지식에 넘치는 그리스도의 사랑이며, 또한 아버지의 사랑인 것을 알고 있다. 그리스도께서는 "내가 아버지의 이름을 저희에게 알게 하였고 또 알게 하리니 이는 나를 사랑하신 사랑이 저희 안에 있고 나도 저희 안에 있게 하려 함이니이다"(요 17:26)고 말했다. 세상은 이런 것을 알지 못한다. 하지만 그 날에 세상은 아버지께서 아들을 사랑하신 것처럼 우리도 사랑하신 것을 알게 될 것이다. 우리 마음이 이러한 그리스도의 사랑을 알게 될 때, 거기엔 안식이 있다. 우리 영혼은 그리스도의 사랑을 현재적인 즐거움으로 누리면서 만족하게 된다. 비록 주변에 이처럼 우리 마음에 전달되는 그리스도의 승인을 알지 못하는 사람들로 둘러싸여 있을지라도 이러한 영적 만족은 중단되지 않는다. 주님은 다양한 방법으로 우리를 둘러싸고 있는 모든 것들에서 우리 마음이 멀어지게 하심으로써, 우리로 하여금 우리를 향한 그리스도의 개인적인 사랑을 알게 해주시며, 그런 방법으로 우리 믿음을 강하게 해주시고, 양심을 평안하게 해주시며, 마음을 이끌어가신다. 그리스도께서는 "내가 문이니"(요 10:9)라고 말씀하셨다. 문은 주님을 따른 양들을 보호하는 역할을 한다. 그리스도께서 지상에 살던 시대에는 하나님이 세우신 유대인의 질서가 서있었다. 그리스도께서 세상을 떠나시기 전까진 이 유대 질서에서 떠나는 것이 허용되지 않았다. 하지만 그리스도께 이끌리고 또 그리스도를 붙잡았던 사람들은 이렇게 설립된 종교시스템을 떠나서 그리스도를 좇는 특별한 특권을 가지고 있었다. 이 사람들은 그야말로 "어린 양이 어디로 인도하든지 따라가는 자들"(계 14:4)이었다.

빌라델비아 교회를 향한 메시지에서 우리는 충성된 사람은 장차 영광 가운데서 그리스도와 함께 있을 거라는 소망을 충족시키는 약속을 보게 된다. 그리스도의 지위에서 그리스도와 동일시될 것이란 약속이 그들과 그리스도를 연결하고 있었고, 그들과 그리스도의 인내의 말씀을 연결시키고 있었다. 빌라델비아 교회 성도들은 명목상의 교회 사람들과 일치된 것이 없었다. 명목상의 교회 사람들은 그리스도의 사랑이 가져다 준 충만한 결과를 맛볼 수 없었다. (다시 말해서, 그들은 그리스도를 개인적으로 알지 못했고, 그리스도의 사랑을 느낄 수 없었다.) 만일 그리스도의 사랑이 나의 행실을 좌우하는 기준이 된다면, 우리 마음은 다만 그리스도께서 함께 하시기만을 바라게 될 것이다. 이는 마치 우리가 누군가를 사랑한다면, 그 사람과 함께 있고 싶어 하는 것과 같다. 우리 마음에 그리스도께서 거하실 때 우리는 그리스도의 인내의 말씀을 지키게 된다. 그러한 것은 힘들고, 마음을 체질하는 것 같고, 시간이 많이 걸리는 일이긴 하지만, 우리는 기다려야만 한다. 게다가 그리스도와 동일시되고 또 그리스도와 연합을 이루는 것이 이 모든 것을 가능케 하는 힘인 것을 주목하라. 단순히 인내의 말씀을 지키는 것이 아니라, "나의 인내"의 말씀을 지키는 것이다. 어째서 "나의 인내"인 것인가? 왜냐하면 그리스도께서도 지금까지 기다리고 계시기 때문이다. (시편 110편을 보라.) 그리스도의 인내의 말씀을 지키는 것이 우리의 모든 행실을 결정한다. 이는 그리스도께서 기다리고 계시기 때문에 우리도 기다려야 하기 때문이다. 그리스도는 기대감을 가진 상태에서 기다리고 계신다. 다시 말해서, 아버지의 시간을 인내 가운데 기다리고 계신다. 이를 통해서 볼 때, 그리스도께서 그 날과 그 때를 모른다고 말씀하셨을 때 정말 모르는 것이 아니라, 다만 아버지께 그 모든 권한을 맡기신 것이 된다. 그리스도께서는 자기 친구들이 하나님께 나아가는데 필요한 모든 것을 이루셨고, 하나님의 우편에 앉으심으로써 자기 원수들로 발등상 삼을 때를 기다리고 계신다. 그리스도께서는 장차 지상에서 자기 원수들을 심판하는 일을 하실 것이며, 이사야서에서 예언된 대로 "자기 일을 행하시리니 그 일이 비상할 것"(사 28:21)이다. 하지만 그 일을 하시기 전에 자기 친구들을 하늘로 모으실 것이며, 그때까지 기다리고 계신다. 그렇기에 "나의 인내"의 말씀은 꼭 필요한 것이다. 우리는 그리스도께서 우리에게 "내가 다시 와서 너희를 내게로 영접하여 나 있는 곳에 너희도 있게 하리라"(요 14:3)고 말씀하신 그 날을 기다리고 있다.

355

그 날을 기다리는 동안 우리를 둘러싼 모든 피조물이 탄식하고 있는 것을 보게 된다. 우리도 우리 속에서 탄식하며, 몸의 구속의 날을 기다리고 있다. 하지만 그때까지 모든 것이 무질서한 상태에 있을 수밖에 없다. "조상들을 인하여 사랑을 입은 자"(롬 11:28)인 유대인은 지금 어디에 있는가? 주님이 여전히 그들 가운데 일하고 계시지만 그럼에도 그들은 온 지상에서 제사장도 없고, 드라빔도 없고, 아무것도 없이 그저 방랑자와 유랑자처럼 지내고 있으며, 마치 아무 잎사귀도 남지 않은 보리수나무와 같은 신세로 있다. 만일 우리가 세상을 제대로 볼 수만 있다면, 모든 것이 죄이고 참혹함밖에 없다는 것을 알게 될 것이다. 만일 피조물의 세계를 보게 되면, 온통 탄식하는 소리를 듣게 될 것이다. 자칭 교회들을 보게 되면, "선한 것을 보일 자 누구냐?"는 외침을 듣게 될 것이다. 거기서 그 무엇으로 영적 만족을 얻을 수 있는가? 나는 여기서 무슨 불만스러운 감정을 말하고 있는 것이 아니라, 우리 영혼이 안식할 수 있는 것이 전무한 상태를 말하고 있다. 교회 시스템을 바꾸어 보라. 마찬가지일 것이다. 정상적인 감정은 세상의 모든 것이 정상적이지 않다는 것을 느낄 것이다. 까마귀는 세상으로 나가 떠다니는 시체를 발견하고 만족스러워할 것이다. 하지만 비둘기는 방주 외에는, 자기 발을 붙일만한 조그만 땅도 발견하지 못한다.

356

이처럼 어두 캄캄한 한밤중을 지나고 있는 우리 영혼이 안식할 곳은 어디인가? 광명한 새벽별이신 그리스도의 재림에 대한 소망 외엔 아무 것도 없다. 그리스도께서 심판하러 오실 때까지 얼마나 기다려야 하는가, 과연 이 일을 언제 시작하실 것인가? 자기 친구들을 자기와 함께 있게 하신 후에야, 그리스도는 심판장의 특징을 띠고 일하실 것이며, 그것도 그들을 지상에서 따로 안전한 곳에 있게 하시는 것이 아니라 지극히 큰 능력으로 하늘로 휴거시키신 후에야 심판하는 일을 하실 것이다. 그리스도께서 특별히 기다리는 것은 자신의 분깃을 함께 나눌 사람들을 자기와 함께 있게 하는 것이며, 또한 자기처럼 되게 하는 것이다. 우리는 그리스도의 형상을 본받도록 예정되었다. 그래서 자신의 신부를 자기와 함께 있게 하고, 또 자기처럼 되게 할 때, "그가 자기 영혼의 수고한 것을 보고 만족히 여기실 것이다."(사 53:11) 만일 요한계시록 12장의 강한 남자(the mighty man), 신비한 남자(the mystic man), 남자 아이(the man-child)가 행동을 시작하려면, 그는 자신이 먼저 온전케 되어야만 한다. (물론 그리스도는 온전케 되셨다. 필수적으로 자신이 먼저 온전함을 입어야만 했다. 하지만 무엇보다 그리스도는 만물 위에 (그리스도의 몸인) 교회의 머리로서 온전케 되셨다.) 그리스도께서 세상의 재판장으로서 직분을 취하심으로써 심판을 집행하기 이전에, 우선적으로 머리와 몸이 하나가 될 필요가 있다. 신비한 사람으로서 온전하게 되려면, 교회를 자기에게로 휴거시키는 일이 일어나야 하는 것이다. 그때까지, 즉 몸인 교회가 머리이신 그리스도와 하늘에서 하나가 될 때까지 신비한 사람은 온전함을 이룰 수 없다. 그러므로 그리스도께서 심판을 집행하러 세상에 임하시기 전에 교회는 그 이전에 반드시 휴거가 이루어질 것이다.

오늘날 교회가 교회의 충만한 복을 받지 못하게끔 막는 가장 큰 장애는 무엇일까? 사실 교회는 시작부터 실패했다. 홍수 이전 아담부터, 노아, 그리고 율법 아래 인간에 이르기까지 모두가 실패했다. 그렇다면 기독교는 어떤가? 처음부터 가라지가 알곡 가운데 심겨졌다. 사탄의 영향력 아래서 유대 제사장 제도가 도입되었고, 그리스도의 자리를 차지했으며, 그리스도와 우리의 연합의 진리는 상실되었다. 이 일은 최종적인 배도의 때까지 발전되어 가다가 악을 심판하시는 하나님의 권세로 인해서 막을 내리게 될 것이다. 신비한 남자가 온전하게 되었을 때 취하게 되는 첫 번째 권세있는 행동은 사탄과 그를 따르는 천사들을 하늘에서 쫓아내는 것이다(계 12:9). 그들은 더 이상 하늘에서 볼 수 없게 되지만, 사실 땅으로 내어 쫓기게 된다. 이에 마귀는 엄청난 분노에 휩싸이게 되는데, 이는 자기의 때가 얼마 남지 않은 것을 알고 있기 때문이다. 거대한 분노 가운데 사탄은 주 예수 그리스도를 대적하는 일에 자신의 총력을 기울이게 될 것이다. 그때 주님은 이 땅을 심판하기 위해서 자기 성도들과 함께 오실 것이다. 주님은 우선적으로 악을 제거하심으로써 공의를 실현하실 것이다. 주의 대적들을 자기 발등상으로 삼으시자마자, 주님은 충만한 복을 가져오실 것이다. 여기서 항상 우리 마음에 새겨야 할 것이 있다. 즉 심판은 그리스도와 교회가 연합을 이룬 이후에 전개될 것이란 점이다. 그런 의미에서 신비한 남자이신 주님께서 심판을 시작하시기 이전에 먼저 온전케 될 필요가 있는 것이다.

그 후에 그리스도는 전혀 다른 특징을 띠고 나타나실 것이다. 주님이 영광 속으로 우리를 끌어올리실 때까지, 주님은 여전히 자신을 구주로 제시하실 것이다. (하지만 교회가 휴거된 이후, 지상에는 이스라엘 민족 가운데 구원받은 남은 자들이 있게 될 것이다.) 그렇다면 "은혜 받을 만한 때"는 끝나게 되며, 이어서 "그가 공의로 심판하며 싸우는"(계 19:11) 시기로 돌입하게 된다. 그리스도께서 오실 때, 우리는 어째서 지금 그리스도의 인내의 말씀을 지키는 것이 중요한 것인지 온전히 이해하게 될 것이다. 다만 그때까지, 그리스도께서 큰 권세로 세상을 다스리시는 그때까지, 우리는 그리스도의 인내의 말씀을 지키며, 온 마음과 뜻을 다해 실제적인 그리스도와 연합을 이루어야 한다. 우리에게 이러한 복이 주어진 것은 그리스도와 우리가 연합을 이루고 있기 때문이며, 모든 일에 그리스도와 완벽하게 연결되어 있기 때문이다. 인자로서 (이렇게 말할 때, 우리가 염두에 두어야 할 것은, 이 표현은 그리스도께서 그리스도의 위격에 속한 신성한 영광을 포기했다는 의미가 결코 아니다. 다만 종으로서 공적인 직분을 취하셨음을 의미한다.) 그리스도는 하나님이 그 기쁘신 뜻 가운데 만물을 자기 발 아래 두실 때까지 기다리고 계신다. 이미 언급했지만, 이 부분은 "그 날과 그 때는 아무도 모르나니 하늘에 있는 천사들도 아들도 모르고 아버지만 아시느니라"(마 13:32)는 말씀과 상통한다. 따라서 그리스도와 하늘에서 연합을 이루고 있고 또 우리 영혼의 복락으로서 그리스도의 현재적 사랑을 소유하고 있는 우리는 그 날을 그리스도와 함께 기다리고 또 함께 누릴 소망을 가지고 있다. 이렇게 그리스도 자신과 온전한 연합을 이루는 것은 하나님의 교회가 가진 본질적인 특징이다. 이 말은 교회가 단지 그러한 복을 받았다는 것이 아니라, 실상은 그러한 복을 주시는 분과 연합을 이루고 있다는 것이다. 우리는 그리스도의 신부이다. 이것이 우리의 본질에 속한 자리이다. 우리가 이 자리에서 떨어질 때마다, 우리를 향한 하나님의 사랑이 가진 온전한 능력에서 멀어지게 되고, 하나님이 우리를 위하여 그리스도와 우리 사이에 정하신 관계에서 떨어지게 된다.

357

그리스도께서 영광의 그 날에 대해서 무엇을 말씀하셨던지, 우리는 교회가 모든 것에서 그리스도와 연합을 이루고 있음을 알고 있다. 예를 들자면 그리스도는 멜기세덱의 반차를 따라 왕의 권세를 가지고서 지극히 높은 자리에 있으며, 또한 제사장으로서 하나님께 가장 가까운 자리에서 예배를 드리고 계신다. 따라서 우리를 왕들과 제사장들로 삼으셨다. 하와는 땅과 모든 생물을 통치하는 권세를 가진 아담과 연합을 이루고 있었다. 온 피조물 가운데서 이 자리를 받을 수 있는 존재는 없었다. 성경은 "아담이 돕는 배필이 없으므로"(창 2:20)라고 기록하고 있다. 하지만 그의 뼈 중의 뼈요 살 중의 살인 하와를 아담에게 데려왔을 때, 아담은 "이는 내 뼈 중의 뼈요 살 중의 살이라"(23절)고 말할 수 있었다. 이제 아담에게 돕는 배필이 생긴 것이다. 이것은 주님과 교회 사이에도 동일하다. 따라서 주님은 교회를 향해서 "이는 내 뼈 중의 뼈요 살 중의 살이라"고 말씀하실 뿐만 아니라, 자신의 사랑의 결과로 탄생하게 된 교회를 보며, 기뻐하고 즐거워하신다.

358

주님은 우리가 이러한 우리의 자리에서 떨어지는 것을 기뻐하지 않는다. 오히려 주님은 우리가 그리스도 자신과 얼마나 복되게 연합을 이루고 있는지, 그리고 그리스도와 온전히 하나됨을 이루고 있는 우리 자신의 지위에 대한 깊고도 풍성한 영적 분별력을 주고 싶어 하신다. 그리스도의 마음은 그러한 것이 없이는 만족을 누릴 수 없고, 우리의 마음도 마찬가지이다. 이것은 우리에게 그만한 가치가 있기 때문이 아니다. (우리는 육신을 가진 존재로, 그저 비천한 죄인일 뿐이다.) 따라서 우리의 가치의 문제가 아니라, 그리스도의 애정의 문제이다. 참된 겸손은 우리 자신을 그저 악한 존재로 보는데 있지 않고, 우리 자신을 전혀 생각하지 않는데 있다. 우리의 자아를 나쁘게 생각하는 것은 쉽다. 하지만 우리의 자아 자체를 생각하지 않는 것은 어렵다. 그렇다. 자아를 나쁘게 생각하는 것보다, 아예 자아를 잊는 것이 더 어렵다는 사실에 주목하자. 만일 우리 자신이 겸손하지 않다면, 우리는 반드시 겸손해야 한다.

"네가 나의 인내의 말씀을 지켰은즉 내가 또한 너를 지키어."(계 3:10) 주님은 여기서 "내가 너를 '나의 인내의 말씀'을 지킨 사람으로 인정한다면, 아무 능력이 없어도 나와 연합을 이루고 있기에, 내가 너를 지켜줄 것이다."라고 말씀하신다. 주님은 가난하고 연약하기 그지없는 우리를, 마치 연약한 동물인 토끼가 반석 가운데 자신의 보금자리를 마련하듯, 자신의 품에 안으신다. "내가 또한 너를 지키어 시험의 때를 면하게 하리니 이는 장차 온 세상에 임하여 땅에 거하는 자들을 시험할 때라."(계 3:10) 결과적으로 볼 때, 이 얼마나 위안을 주는 일인가! 이것은 결코 능력의 문제가 아니라, "장차 온 세상에 임하여 땅에 거하는 자들을 시험할 때", 즉 장차 오는 그 무서운 시기를 면하는 문제이다. 이 마지막 몇 개의 구절은 (온 세상에 있는 사람들을 시험하는 때에 그 시기를 면할만한 도덕적 상태에 도달한) 한 부류의 사람들의 도덕적 상태가 무엇인가를 설명해준다.

당신은 과연 하나님께서 자기 백성들에게 고통을 주는 것을 기뻐하신다고 생각하는가? 그렇지 않다. 사실 하나님은 당신이 시험의 때를 당하는 것을 원치 않으신다. 하지만 만일 당신이 땅에 거하는 사람들과 섞여 있는 위치에 있다면, 그러한 사람들을 시험하는 때가 오고 있음을 알라. 그 두려운 시간을 면하기 위해선 당신은 다루심을 받을 필요가 있다. 복음이 지금 전파되고 있으며, 그 복음은 우리 영혼을 세상으로부터 꺼내준다. 따라서 성도들의 총체적인 생각, 감정, 갈망, 그리고 정서는 그 영광의 날을 앙망하는 것이어야 한다. 만일 그들이 그리스도의 인내의 자리에 들어간다면, 그들은 세상 사람들이 당하게 될 체질을 당하지 않을 것이다. 하지만 만일 그들이 세상과 혼합되어 있다면, 그들은 장차 땅에 거하는 사람들을 시험하는 그 시험의 때에 동참하는 자가 될 것이다. 아니면 그 시험의 때를 면할 수 있도록 그 이전에 실제적으로 체질을 당하게 될 것이다. 짐승이 하늘에 거하는 자들을 참소하는 일이 일어날 시기가 오고 있다. 하지만 그 짐승은 결코 하늘에 거하는 자들을 건드릴 수 없다. 우리가 우리의 하늘에 속한 특징을 알게 될 때, 그것은 우리를 이 땅에 거하는 자가 아니라 이 땅에서 나그네와 순례자가 되게 하며, 여기서 진정 우리의 역할이 무엇인지를 찾도록 해준다. 하지만 땅에 거하는 자들은 장차 땅에 거하는 자들을 시험하는 때에 들어갈 수밖에 없다. 여기서 주목할 것은, 이 시험하는 때는 마태복음 24장에서 말한 대환난과는 다르다는 점이다. 마태복음에서 말하고 있는 대환난의 시기는 예루살렘에 한정되어 있다. 예레미야가 말한 대로, 그것은 "야곱의 환난의 때이며, 그가 거기에서 구하여 냄을 얻을 것이다."(렘 30:7) 하지만 여기 요한계시록에서 언급하는 것은 "장차 온 세상에 임하여 땅에 거하는 자들을 시험할 때"(계 3:10)이다. 지금 그리스도의 인내의 말씀을 지키는 사람은, 그리스도께서 그 때를 면하게 하실 것이다. 만일 주님께서 이러한 시험을 통해서 그들에게서 무슨 열매를 거두고 계셨다면, 그들은 이러한 시험의 때를 통과할 필요가 없는 것이다.

359

이제 주님이 그들을 어떻게 격려하시는지를 보라. "보라. 내가 속히 임하리라." 마치 주님은 이렇게 말씀하신 것 같다. "너는 계속해서 인내하면서 나의 짐을 지고 가야 한다. 만일 네가 나의 분깃과 영광에 동참하려면 십자가를 지고 따라와야 한다. 하지만 내가 속히 임할 것이다." 이것은 사데 교회에 밤에 도적같이 임하리라고 언급하신 것과 같이 주님의 재림을 의미하지 않는다. 지금 그리스도께서 빌라델비아 교회에 강조하시는 것은 주님의 재림이 신속할 것이란 점이다. 주님은 그들에게 그 시간을 언급하시는 것이 아니라, 다만 주의 재림을 그들 앞에 그들의 위안과 기쁨과 소망으로 제시함으로써, 그 마음을 주님에게 붙잡아두시려는 것이다. 그래서 주님이 속히 오실 것을 강조하기 보다는 속히 오시는 분이 바로 "나 예수"(계 22:16), 즉 주님 자신이심을 강조하는 것이다. 아! 만일 우리 마음이 진정 하나님의 사랑을 맛보았다면, 요한계시록의 마지막 장에 기록되어 있는 것처럼, 결국 주님 안에 안식하는 것이 최고의 위안이 되는 것임을 알 것이다. 그리스도는 교회를 자기에게로 휴거시키신 후에, 이 땅에서 행하실 일을 다 행하실 것이다. 그리고 나서 그리스도께서는 교회의 마음을 다시 자신에게로 향하게 하신다. "나 예수

는 교회들을 위하여 내 사자를 보내어 이것들을 너희에게 증거하게 하였노라."(계 22:16)

빌라델비아 교회의 주요한 특징은 그리스도 자신과 연합을 이루고 있다는 점이다. 그래서 다시 오시는 분이 그리스도 자신이심을 강조하고 있다. 우리 마음을 만족시키는 것은 지식도 아니고 예언도 아니다. 하지만 예수님께서 다시 오셔서 나를 자신이 있는 곳에 함께 있게 하실 것이란 생각은 은혜에 의해서 그리스도와 연합을 이루고 있는 사람에겐 복된 소망이다. 예언은 지상으로 임하시는 그리스도의 재림과 연결되어 있다. 하지만 내가 그리스도에게로 간다는 것은 믿음에 의해 그리스도와 연합을 이루고 있는 사람에겐 합당하고도 복된 소망이다. 나는 장차 이 세상을 심판하실 것이란 하나님의 경고를 존중하며 또한 경외하기까지 한다. 이것은 결코 환호할 만한 일은 아니다. 예언에 속한 예루살렘과 바벨론에 대한 하나님의 목적은 우리 마음에 참으로 중요할 뿐만 아니라, 상당히 교훈적이다. 그럼에도 우리 마음은 바벨론과 적그리스도의 운명을 알고자 하는 호기심에 이끌려서는 안된다. 나는 그리스도를 사랑한다. 그러므로 그리스도를 얼굴과 얼굴을 대하고 만나보기를 갈망한다. 하지만 장차 세상에 임하는 심판에 대한 예언은 우리와는 아무 상관이 없다. 우리는 예언의 성취에 대한 호기심보다는 우리 마음과 심령을 주 예수님의 인격 속에 침잠하도록 해야 한다.

360

이제 우리는 경고를 보게 된다. "**네가 가진 것을 굳게 잡아 아무나 네 면류관을 빼앗지 못하게 하라.**"(계 3:11) 아! 주님은 우리에게 주의 말씀을 지킬 것을, 그리고 주님을 사랑하는 신부처럼 자신을 바라볼 것을 말씀하셨다. 만일 마귀가 주의 재림의 소망을 현재적인 우리의 기쁨이 아닌 것처럼 만들 수 있다면, 그 결과는 우리의 소망과 면류관을 빼앗기는 것으로 나타날 것이다. 만일 우리가 주 예수 그리스도의 재림을 현재적 소망으로 굳게 붙들고 있다는 뚜렷한 믿음을 가지고 있다면, 결코 사람이나 마귀나 우리에게서 아무 것도 빼앗아가지 못할 것이다. 이러한 믿음을 잃어버리면, 영적인 능력을 잃게 된다. 만일 그 무엇이 그리스도와 우리의 연합이라는 진리 속에 감춰진 영적인 능력을 우리에게서 빼앗아가게 되면, 그것은 우리의 현재적 복을 빼앗아 갈 것이며, 장래 우리의 면류관도 빼앗아갈 것이다. 사랑하는 형제들이여, 우리는 지금 우리에게서 우리의 면류관을 빼앗아갈 수 있는 여러 가지 위험을 통과하고 있다. 다시 오시는 예수님에 대한 믿음조차도 시험을 받고 있다. 많은 사람들이 주의 재림을 의심하고 있다.

마태복음 25장의 열 처녀의 경우를 보면, 그들은 모두가 다 졸며 잤다. 지혜로운 처녀나 어리석은 처녀나 잠에 빠졌다. 그리고 한 밤중에 "보라 신랑이로다 맞으러 나오라."(마 25:6)는 음성을 들었다. 이에 그 처녀들이 다 일어나 등을 준비했다. 여기까지는 아무 차이가 없었다. 하지만 어떤 사람은 성령의 기름을 가지고 있었고, 다른 사람은 그렇지 않았다. 신랑을 맞으러 나오라는 음성이 들린 때와 신랑이 실제적으로 오는 때 사이엔 상당한 시간이 있었고, 기름이 준비되지 않은 경우엔 등불이 꺼져가고 있었다. 따라서 처녀들 사이에 현저한 차이점은 기름을 준비했느냐에 달려 있었다. 만일 어리석은 처녀들이 신랑을 우선적으로 생각했다면, 그들은 신랑이 왔을 때 신랑이 원하는 것은 등불을 밝히고 있는 것임을 알고 있었을 것이다. 하지만 그들은 다른 것들에 생각이 팔려 있었고, 다만 처녀들과 함께 어울려 교제하는 것으로만 만족했다. 옷을 입고, 기름 없는 등불을 들고 있는 것만으로도 충분히 그 무리들 가운데 자신이 들어갈 수 있다고 생각했던 것이다. 하지만 아! 기름이 없었기 때문에, 그들은 주님이 오실 때까지, 주님을 위해서 자신의 등불을 밝힐 수 없었다. 그럼에도 신랑을 맞이할 준비된 사람들이 있었다. 그래서 "신랑이 오므로 예비하였던 자들은 함께 혼인 잔치에 들어가고 문은 닫힌지라."(마 25:10) 이것은 우리에게도 일어날 수 있는 일이다. 음성이 들렸다. 그리고 이 일과 주님의 실제적인 재림의 사이엔 많은 시간이 있다. 주님은 과연 우리 마음이 주님에게 고정되어 있는지 그렇지 않은지, 우리를 시험하고 계신다.

이제 빌라델비아 교회에 주신 약속에 대해서 생각해보자. "이

기는 자는 내 하나님 성전에 기둥이 되게 하리니."(계 3:12)
여기서 우리는 모든 약속이 영광의 시기와 연결되어 있는 것을 보게 된다. 장차 하늘에서 내려 올 "새 예루살렘"을 생각해보라. 우리 마음은 하늘로 향하면서, 하늘에 있는 우리의 거처를 바라보게 된다. 과연 우리는 이 땅에서 행하고 있지만, 여전히 하늘에 우리의 거처를 둔 하늘 거주자의 지위를 가질 수 있을까? 성도들이 이기는 자들에게 주신 영원한 거처로서, 하늘에 있는 예루살렘과 얼마나 놀라운 방식으로 연결되어 있는지를 주목하라. 이기는 자는 사탄의 회당과는 대조적으로 하나님의 성전의 일부가 될 것이며, (하나님 사랑의 모든 목적이 온전히 나타나는 그때에) 하나님에게 속한 것들을 온전히 누리게 될 것이다. "이기는 자는 내 하나님 성전에 기둥이 될 것이다." 명목상의 교회는 거대했지만 "진리의 기둥과 터"인체 가장하기만 했을 뿐 하나님의 목적을 이루지 못했던 반면, 지상에 사는 동안 연약했지만 충성스러웠던 사람은 장차 하나님의 성전에서 하나님의 힘과 능력을 상징하는 기둥이 될 것이다. 왜냐하면 이기는 자에게는 유혹과 시험에도 불구하고, 그 모든 것을 견디는 굳건함이 있었기 때문이다.

361
이기는 비결은 항상 하나님을 "나의 하나님"으로 믿는데 있다. 그리스도는 전 생애에 걸쳐서 하나님을 나의 하나님으로 의

지했다. 그리스도는 공생애 기간 동안 외견상 연약한 사람으로 보였다. 그래서 그리스도께서는 하늘로 승천하시기 전, "나는 거절을 당했고, 너는 나와 함께 거절당하는 자리에 있다. 이제 나는 너를 끝까지 충성스러웠던 사람으로 인정한다. 나는 내 아버지 곧 너희 아버지, 내 하나님 곧 너희 하나님께로 올라간다"고 말씀하셨던 것이다. 그리스도는 자기에게 정해진 영광을 기다리며, 아버지의 시간을 기다렸던 인내의 사람이었다. 그리고 우리는 지금 그 인내에 참여하고 있다.

"내가 나의 하나님의 이름…을 그이 위에 기록하리라."(계 3:12) 이것이 바로 그리스도께서 하나님 앞에서 사람을 인정해 주시는 방식이다. "너는 공개적으로 너에게 새겨질 이름을 가지게 될 것이다. 이는 땅에서 나의 이름을 부인하지 않았기 때문이다. 네가 믿음으로 기다렸던 '나의 하나님의 도시(city, 또는 도성)'가 너의 거처가 될 것이다." 아브라함은 하나님이 건축하시고 지으시는 하나의 도시(a city)를 바라보았다. 그것은 믿음의 선진들이 지상에 사는 동안, 비록 자신들이 거할 도시를 지상에 건축했음에도, 여전히 소망했던 하늘에 있는 도시(a heavenly city)였다. 이 하늘의 시민권은 이 땅에서 나그네로 살면서 충성스러운 삶을 살았던 사람에게 주어질 것이며, 그들은 우리 주 예수 그리스도의 하나님의 도시(도성)에 들어가 살게 될 것이다. 만일 사람들이 세상 권력과 결탁된 기독교적 안전성을 구한다면, 그들은 지금 그것을 얻을 수 있다. 하지만 그렇게 하는 것은 하나님의 말씀에 순종하는 것이 아니다. 만일 지금 단순하게 그리스도와 동행하는 삶으로 만족해하며, 하나님께서 하나님의 도시(city, 도성)를 하늘에서 내려 보내실 때를 기다리는 사람은, 그때 확실히 얻게 될 것이다. 이 하나님의 도시는 하늘에서 하나님께로부터 내려올 것이다. 영국 왕 찰스 2세가 자기 나라를 떠나 유배상태에 있었을 때, 찰스 2세를 자신의 왕으로 생각했던 본토의 사람들은 자신의 주군이 없는 동안 스스로를 그 나라에서 이방인으로 생각했다. 이것은 지금 그리스도인들에게도 마찬가지이다. 그리스도인은 그리스도에게 속했다. 그리스도인은 그리스도와 및 그리스도의 재림을 기다리는 동안 낮의 자녀이다.

"나의 새 이름을 그이 위에 기록하리라." (계 3:12) 그리스도의 새 이름은 메시아라는 옛 이름이 아니라, 하늘의 구속을 이루신 결과로 주어진 경이로운 새 이름이다. 비록 우리는 지금 그 새 이름을 가지고 있지 않지만, 장차 그 새 이름이 우리에게 새겨질 것이다.

362
주께서 진정 우리에게 그리스도와 연합을 이루고 있는 것이 무엇인지 알게 해주시길 바라며, 또한 하나님께서 우리에게 "그 은혜의 지극히 풍성함을 오는 여러 세대에 나타내려 하심이니라"(엡 2:7)고 말씀하신 그 복된 실체를 깨닫게 해주시길 기도한다. 하나님께서는 하나님의 무한한 기쁨과 하나님의 영원한 기쁨의 대상이신 그리스도와 우리를 하나가 되도록 연합시켜 주셨다. 우리는 그리스도의 몸의 지체이며, 그분의 뼈 중의 뼈요 살 중의 살이다. 그러므로 우리는 예수 그리스도의 특권과 분깃을 소유한 자가 되었다. 하나님께서 우리 마음을 이 악한 세상에 의해서 물들지 않도록 지켜주시고, 그리스도를 향하는 사랑의 순전함 가운데 지켜주시길 바란다. 그리스도 안에 있는 우리의 분깃을 알게 해주시고, 그리스도의 이름의 가치를 알게 해주시고, 그분의 말씀을 지키고 또 그분의 이름을 부인하지 않도록 용기와 힘을 더해주시길 기도한다.

제 9강
라오디게아 교회를 향한 예언 메시지

362

지난 시간 요한계시록 3장 강해를 마치고자 했었다. 그렇게 하지 못한 것에 대해 유감을 느껴야 마땅하지만, 라오디게아 교회에 대한 오늘의 마지막 강의가 매우 중요하기 때문에 오히려 잘된 일이라고 생각한다. 지금까지 주 예수 그리스도의 재림에 대한 하나님 말씀의 증거를 살펴본 것과 아울러 일반적인 개념에 대해서 언급하고자 한다. 라오디게아 교회를 향한 메시지를 살펴볼 때, 라오디게아 교회를 향한 말씀은 피할 가능성이 조금도 없는, 마지막이면서 또한 최종적인 심판으로 위협하고 있다. 이미 악의 역사가 꽃을 피우고 있었다고 단정할 필요는 없다. 그렇게 생각하는 이유는, 만일 그러했다면 경고할 필요가 전혀 없었을 것이기 때문이다. 이전 여섯 개의 모든 교회와 같이 이 라오디게아 교회도 하나님의 교회로서 특징을 가지고 있다. (즉, 하나님 앞에서 세상을 향한 하나님의 증거를 전하는 지위에 있었다.) 그렇기 때문에 거절당할 위협을 받았던 것이다. 이것은 성경의 다른 부분들과 연결해 볼 때, 매우 중요해진다. 이 상황은 이미 이루어진 역사적 사실은 아니지만, 곧 도래할 것이기에 경고와 위협을 받고 있는 것이다. 따라서 성격상 예언적이다. 요한계시록은 전체적으로 심판의 메시지를 담고 있다. 따라서 우리는 교회를 향한 말씀 속에서, 교회의 지위를 가진 채 하나님의 목전에서 입술로만 신앙을 고백하는 교회(the professing church)에 대한 심판을 보게 되는 것이다. 이 시점에서 나는 이전에 내가 언급했던 부분을 상기시켜 드리고 싶다. 이것은 매우 중요한 내용인데, 우리 앞에 있는 이 모든 교회들은 하나님의 은혜의 대상이 아니라는 점이다. 왜냐하면 이 교회들을 향한 메시지를 볼 때, 그리스도는 몸의 머리이시고, 교회는 그 지체로서의 관계 가운데 있지 않은 것으로 보인다. 그랬다면 그리스도는 몸의 지체들을 향하여 은혜를 공급하시는 분으로 일하고 계셨을 것이다. 이 교회들은 과거엔 그랬을지라도 지금은 몸과 지체의 관계 속에 있지 않다. 게다가 이 교회들은 성령(the Spirit of God)의 사역 아래 있지도 않다. 만일 그랬다면, 결코 심판의 대상이 되지 않았을 것이다. 만일 교회가 그리스도의 몸으로 서있다면, 그 머리로부터 지체들에게로 흐르는 은혜는 결코 실패할 수 없다. 그렇다면 결코 경고 또는 위협의 대상이 되지도 않을 것이다. 우리

눈 앞에 있는 교회의 상태를 보면, 그들은 은혜의 자리에서 떨어졌으며, 따라서 하나님의 목전에서 책임의 자리에 들어갔다. 결과적으로 그들은 열매를 기대하시는 그리스도의 다루심 아래 있다.

363

게다가, 이 메시지들은 개인에게 주어진 것이 아니라 지역교회들에게 주어졌다. 물론 이 메시지들 속에는 성령의 가르침이 있기에, 들을 귀를 가진 개인들에게 유익이 되는 많은 교훈들이 있는 것도 사실이다. 우리 또한 그러한 교훈을 통해서 많은 유익을 얻을 수 있다고 믿는다. 뿐만 아니라 여기의 많은 약속들이 개인들, 즉 그처럼 악한 상황 속에서도 "이기는 자들"에게 주어졌다. 그럼에도 대상은 교회이다.

이제 더 이상 머리에서 몸의 지체들에게로 흐르는 은혜의 성령의 공급은 없고, 아버지의 사랑의 영을 통해서 자녀들에게 주시는 교훈도 없다. 왜냐하면 그러한 것은 교회가 그리스도 안에서 열납된 상태와 건강한 상태 가운데 있을 때 주어지는 것이기 때문이다. 교회는 상태에 비례해서 그 상태에 합당한 지침을 받게 되며, 교회가 부르심을 받은 목적에 응답할 때 그 지위에 합당한 대우를 받게 된다. 라오디게아 교회를 향한 메시지를 보면, 개인들에게 적용할 수 없는 부분이 있다. 당신은 하나님의 교회에 속한 개인들에게 다음과 같이 경고를 할 순 있다. "게으른 신앙생활을 계속 한다면, 당신은 징계의 대상이 될 수 있다." 하지만 라오디게아 교회를 향해 주님이 하신 말씀은 이처럼 단순한 경고가 아니다. 토하여 내칠 것이라고 선언되었다. 이것은 하나님의 성도에겐 결코 적용될 수 없다. "네가 이같이 미지근하여 더웁지도 아니하고 차지도 아니하니 내 입에서 너를 토하여 내치리라."(계 3:16) 이 말은 교회란 이름을 가진 채, 외형적인 신앙고백만을 가지고 있는 교회를 잘라내는 것이다. 이 구절은 우리로 하여금 지상에 있는 신앙고백 공동체로서 하나님의 교회가 가진 책임이라고 하는 중요한 진리를 보도록 해준다. 이렇게 교회와 연결된 일반적인 원리들을 다시금 되짚어볼 수 있는 기회를 가졌으니, 이제 나는 만족스럽다.

"라오디게아 교회의 사자에게 이러한 것들을 써라. 아멘이시오 충성되고 참된 증인이시오 하나님의 창조의 시작이신 이가 말씀하시되."(14절) 여기에 나타난 그리스도의 특징은 놀랍기만 하다. 마지막 세 개의 교회에 대한 메시지를 볼 때, 우리는 그리스도께서 요한계시록 1장에 나타난 특징들을 떠나신 것을 볼 수 있다. (즉 그리스도는 1장에서 나타내신 모습 가운데 어느 하나도 더 이상 가지고 계시지 않는다.) 다만 우리는 각 교회를 다루시는 메시지 속에 비친 교회의 상황에 따른 그리스도의 새롭고도 특별한 계시를 볼 수 있다. 이러한 계시는 요한이 1

장에서 보았던 환상 가운데 나타내신 그리스도의 특징과 아무 연관이 없다. 이 계시는 요한이 "본 것들"과는 아무 연관이 없고, 다만 그들이 처음 그리스도와의 관계 속에 서 있었던데서 떠나 새롭고도 독특한 상태로 들어감으로써 발생한 "지금 있는 일"과 연결되어 있다. 그러므로 그리스도에 대한 새로운 계시는 그처럼 새로운 상태에 돌입한 교회의 필요와 상황에 적합한 것이었다.

364

빌라델비아 교회에 대한 메시지에서, 그리스도께서는 두아디라 교회에 자신을 나타내신 것처럼 "하나님의 집을 맡은 아들"로 소개되진 않았지만, 빌라델비아 교회의 특별한 필요에 부응해서 그 교회가 붙들어야 하는 그리스도의 새로운 특징을 나타내셨다. 동일한 시기에, 심지어 그 이전부터, 즉 교회가 본래의 자리를 떠나 완전한 부패에 이르기까지, 주의 재림이 교회에 소개되었다. 성도는 더 이상 전체 명목상의 교회가 회복될 것이란 소망을 가지고 있을 수 없게 되었다. 주의 재림은 본래 교회가 힘을 얻는 유일한 자원으로서 자리를 차지하고 있었건만, 이제 신실한 남은 자들만 자신들의 발이 미끄러질 때 자신들이 의지하고 붙들 수 있는 분으로 주님을 앙망할 뿐이었다. 주 예수에 대한 특별한 믿음을 가진 사람은 교회가 흘러 떠내려가는 조류에 영향을 받지 않을 수 있었다. 왜냐하면 그들이 만일 영향을 받았다면, 그들은 이세벨을 용납하는 두아디라 교회와 함께 하거나, 아니면 살았다는 이름은 가졌으나 실상은 죽은 사데 교회에 합류할 것이기 때문이다. "사탄의 회당"이 꾀는 유혹에서 나를 지키려면, 믿음은 특별한 방식으로 유지될 필요가 있다. 교회가 자기 자리에 있을 때에는 일반 은총만으로 충분하지만, 교회가 본래의 자리를 지키지 않을 때에는 신실한 자들에겐 일반적이지 않은, 특별한 은총이 필요하다. 만일 이세벨이 거기 있다면, 나는 일반적인 믿음만으로는 결코 버틸 수 없을 것이다. 그리스도와 거짓은 함께 갈 수 없는 법이다. 만일 살았다 하는 이름은 있지만 실상은 죽은 상태라면, 나는 내 속에 있는 생명을 유지시켜줄 특별한 무언가가 필요하다. 그러므로 내가 속한 교회가 이세벨에 의해서 유혹을 당하고 있거나[12], 바벨론에 영향을 받아서 부패하고 있거나, 아니면 라오디게아 교회처럼 토하여 내침을 당하고 있다면, 나는 그러한 도덕적 상태에 계속 머물면서 자족하고 있을 수만은 없다. 그렇다면 나는 거기에 합당한 특별한 은혜를 필요로 할 뿐만 아니라, 그리스도와 교회가 자연스러운 관계 속에 있지 않다는 영적인 분별력이 필요하다. 물론 우리는 우리를 항상 붙들어주는 하나님의 은혜를 필요로 하며, 모두가 아는 것처럼 은혜가 없이는 한 발짝도 나아가지 못한다. 나

---

12) 이세벨은 교회 내부에서 작용하는 악의 근원으로서 교회를 부패시킨다. 반면 바벨론은 세상을 부패시킨다. 라오디게아 교회는 그리스도의 눈에 가치 없는 교회로서 결국 버림을 당한다.

는 은혜를 필요로 하며, 당신도 은혜를 필요로 한다. 사실 우리 모두가 은혜를 필요로 한다. 하나님의 교회라는 이름을 가지고 있지만 저주함에 가까운 상태에 있다면, 토하여 내침을 당할 것이다. 그렇다면 자신들이 좁고도 외로운 길을 가도록 부르심을 받았음을 아는 신실한 자들은 자신을 붙들어줄 이중적인 은혜와 특별한 은혜를 절대적으로 필요로 한다. 여기서 주목할 것은, 자신들이 적은 능력을 가지고도 그리스도의 말씀을 지키며, 그 이름을 부인하지 않음으로써 빌라델비아 교회 상태에 들어간 사람들은 주님의 재림이 신실한 자들에게 주어진 위로라는 사실을 볼 필요가 있다. 그리고 나서 주의 재림이란 주제는 더 이상 언급되지 않는다.

365

명목상의 교회는 여전히 교회 형태로 존속할 것이지만, 그럼에도 전적으로 버림을 당할 것과 그리스도의 입에서 토하여 내칠 것이 무조건적으로 선언되고 있다. 심판은 아직 시행되진 않았지만, 선언된 것처럼 확실히 집행될 것이다. 어째서 주의 재림이 빌라델비아 교회 이후엔 언급되고 있지 않은지 그 이유를 생각해보면, 전체적인 상황이 도덕적으로 타락하였고 또한 심판의 대상이 되었기 때문이다. 그래서 주님은 자신을 라오디게아 교회 밖에 계신 분으로 소개하고 있다. **"볼지어다 내가 문 밖에 서서 두드리노니."** (계 3:20) 만일 그 교회 안에 참 성도들이 있을지라도, 그 교회를 향한 증거는 그들을 포함하고 있지 상황을 가정해서 주어지고 있다. 빌라델비아 교회를 보면, 증거의 자리를 지키고 있는 성도들은 모든 치리와 심판에서 제외되고 있다. 왜냐하면 입술만의 신앙고백 교회는 이세벨에 의해 부패과정 가운데 있거나, 사데 교회의 사망 상태로 들어가고 있었기 때문에, 그러한 명목상의 교회는 세상과 함께 심판을 받게 될 것이기 때문이다. 그래서 남은 자들은 그리스도의 인내의 말씀을 지키면서 성령의 증거를 증거하며, 그리스도께서 속히 오실 것이란 확실한 말씀을 통해서 위안을 받고 있다. 이제 사탄의 회당에 속한 사람들이 와서 그 앞에 절하고, 그리스도께서 그 남은 자들을 사랑하신다는 것을 저희가 알게 될 것이란 사실을 확신하는 것으로 만족해야만 한다(계 3:9).

빌라델비아 교회를 향한 메시지를 보면, 그리스도의 재림의 특징이 그 참되고 합당한 자리에서 주어진 것을 볼 수 있다. 빌라델비아 교회를 보면, 그리스도의 재림이 그 교회의 특징을 이루고 있다. 그리스도께서는 '내가 다시 오는 이유는 너희 때문이다.' 라고 말씀하는 듯하다. 빌라델비아 교회의 소망은 그리스도를 친히 뵙는데 있다. 그리스도께서는 '너희' 와 '나' 는 반드시 함께 하게 될 것이라고 말씀하실 뿐더러, 그렇게 함께 하는 것이 교회의 진정한 소망의 특징을 이루며, 기쁨을 완성하고 있다. 따라서 요한계시록 22장을 보면, 주님께서 전체 예언을 완성하신

이후에, "나 예수는 교회들을 위하여 내 사자를 보내어 이것들을 너희에게 증언하게 하였노라 나는 … 광명한 새벽 별이라"(16절)고 말씀하신다. 이렇게 자신을 소개하신 일은 신부로 하여금 주의 재림을 부르짖게 했다. "내가 진실로 속히 오리라"(20절)는 말씀은 사람들에게 경고로 하신 것이 아니다. 성령과 신부가 "오소서"라고 말했고, 그에 대한 따스한 화답으로 주께서 "내가 진실로 속히 오리라"고 말씀하신 것이다. 이에 대한 교회의 반응은 "아멘 그렇게 속히 주 예수여 오시옵소서"(20절)였다. 따라서 주의 재림은, 분명 교회를 주님이 계신 곳으로 데리고 가는 것이며, 전적으로 주님과 참 교회 사이에서만 일어나는 일인 것이다. 그렇다면 주의 공중 재림은 이스라엘의 남은 자들과 연결되어 있지 않다. 그들에겐 우선적으로 심판의 집행이 있을 것이며, 그 후에야 지상에서 그들의 복된 자리에 들어가게 될 것이다. 사실상 지상으로 임하시는 주의 지상 재림은 "그 나라에서 모든 넘어지게 하는 것과 또 불법을 행하는 자들을 거두어 내는"(마 13:41) 심판의 집행과 더불어 진행될 것이다. 분명 이스라엘의 남은 자들의 구출은 주님의 지상재림과 및 주님을 멸시하는 사람들에 대한 심판의 집행과 연결되어 있다. 그렇게 심판이 이루어진 후에야 이스라엘은 자신의 복된 자리에 들어갈 수 있다. 이것이야말로 우리가 시편 곳곳에서 볼 수 있는 심판을 부르짖는 이유를 설명해준다. 예를 들어 시편 94편을 보자. "여호와여 복수하시는 하나님이여 복수하시는 하나님이여 주의 모습을 나타내소서."(1절) 반면 우리는 그리스도와 함께 하는 복을 얻기 위하여 복수를 바랄 필요가 없다. 하나님은 우리에게 모든 방면에서 우리의 분깃으로서 은혜를 주셨으며, 우리는 모든 것을 전적으로 은혜로 대해야 한다. 나는 나의 대적에게 복수하기 위해서 주의 재림을 구하지 않는다. 왜냐하면 나는 다만 공중에서 주님을 만나기 위해서 하늘로 들림 받기(휴거)를 기대하고 있기 때문이다. 이 부분을 제대로 이해하는 것이 필요하다. 다시 한 번 설명을 하자면, 성경 곳곳에서 복수를 구하는 간구는 주님의 지상 재림과 연결되어 있다. 원수의 멸망을 비는 기도는 이스라엘의 남은 자들의 기도이지, 하나님 교회의 기도가 아니다.

366

시편 68편 23절을 보자. "네가 그들을 심히 치고 그들의 피에 네 발을 잠그게 하며 네 집의 개의 혀로 네 원수들에게서 제 분깃을 얻게 하리라 하시도다." 이러한 구절들은 공중에서 예수님을 만나길 갈망하는 나의 영혼을 차지하고 있는 생각이 아니다. 만일 은혜로 말미암아 어린양의 은혜를 입었다면, 나는 어린양의 진노 아래서 진행되는 일이 무엇이든지, 그 일과는 아무 상관이 없게 된 것이다. 주님과 관계된 일을 기대하고, 그밖에 것에 대해선 아무 관계가 없게 된 것은 바로 주님 때문이다. 따라서 미래 유대인의 축복의 시기를 설명하고 있는 이사야 60장 12절을 보자. "너를 섬기지 아니하는 백성과 나라는 파멸하리니 그 백성들은 반드시 진멸되리라." 반면 새 예루살렘에 대해선 "그 나무 잎사귀들은 만국을 치료하기 위하여 있더라."(계 22:2)고 말하고 있다. 이스라엘은 하나님의 의로우신 심판의 대상이다. 교회는 하나님의 주권적인 은혜의 대상이다. 이스라엘은 심판을 결코 벗어날 수 없다. 따라서 교회는 결코 복수를 부르짖지 않는다. 하나님께서 고난을 당한 사람들의 피에 대해서 복수를 해주실 때, 교회는 그 공의로운 보응을 보게 될 것이고, 그처럼 악이 멸망을 당하는 것을 기뻐하게 될 것이다. 그럼에도 교회의 분깃은 그리스도와 함께 하는 것이다. 반면 이스라엘의 땅은 심판을 통해서 구출될 것이다. 하지만 우리의 분깃은 공중에서 주님을 만나서, 영원토록 주님과 함께 하는 것이다.

367

빌라델비아 교회는 주의 재림을 자신의 분깃으로 소유하고 있으며, 주의 재림이 이처럼 복된 소망인 것은 빌라델비아 교회를 정점으로 해서 끝난다. 그러므로 라오디게아 교회에 대한 메시지 속에는, 주의 재림에 대한 언급이 아예 없다. 물론 라오디게아 교회에게도 주의 재림은 여전히 참되고 진실한 진리로 남아 있긴 하지만, 결코 복된 소망으로 제시되어 있지는 않다. 주의 재림이 당면한 문제인 것은 맞다. 그래서 여기서 예언의 성격이 도입된 것이다. 왜냐하면 주님은 여기서 주의 재림이 심판을 가져오는 것으로 말씀하고 계시기 때문이다. 주님은 교회를 심판하실 것이다. 주님은 명목상의 교회가 항상 하나님의 교회의 자리를 차지할 것이며, 세상에서 하나님에 대한 증거를 가지고 있는 것처럼 자신을 포장하게 될 거라고 말씀하셨다. (우리는 이 사실을 항상 기억하고 있어야 한다.) 여기서 그리스도께서 나타내고 계시는 독특한 특징에 주목해야 한다. 만일 교회가, 하나님을 위한 증거의 그릇으로서 또한 증인으로서, 역겨움을 느끼신 주님에 의해서 토하여 내침을 당한다면, 주님은 "아멘이시요 충성되고 참된 증인"으로서 친히 오실 것이다. 주님이 요한계시록 1장에서 자신을 계시하신 것처럼 자신의 위격이 가진 위엄을 가지신 분으로서가 아니라, 충성되고 참된 증인이실 뿐만 아니라 "하나님의 창조의 시작"이신 분으로서 오실 것이며, 지상에서 하나님의 증인으로서 전적으로 실패한 교회의 자리를 대신 차지하실 것이다.

야고보서에서 우리는 하나님의 목적이 "그 피조물 중에 우리로 한 첫 열매가 되게 하시려는"(약 1:18) 것과 교회가 그 회복된 피조세계의 충만함 가운데 자리를 차지하는 것임을 볼 수 있다. 그렇지만 지금 교회는 성령의 첫 열매를 소유함으로써 교회만의 독특한 특징을 가진 자리를 차지하도록 부르심을 받았다. 하지만 증거의 자리에 있는 교회로서 전적으로 실패한 교회는 성령의 능력 안에서 하나님 창조의 첫 열매가 되는 자리를 보존하지 못한다. 그렇다면 그러한 능력을 덧입게 해주는 열매들은 무엇일까? "사랑과 희락과 화평과 오래 참음과 자비와 양선과 충성과 온유와 절제"(갈 5:22,23)가 아니면 무엇이랴? 당신은 명목상의 교회에서 그러한 것들을 볼 수 있는가? 그럴 수 없을 것이다. 그렇다면 명목상의 교회는 "하나님의 피조물 중에 첫 열매"가 되는데 실패한 것이다. 이는 명목상의 교회가 피조물의 현재 상태 또는 교회를 둘러싸고 있는 세상 이상을 넘어서지 못했고, 그 이상의 자리에 들어가지 못하고 있기 때문이다. 중국에서 런던으로 온 사람이 있다고 해보자. 과연 그는 명목상의 교회에서 성령의 열매들을 볼 수 있을까? 아니면 자기 나라 사방에서 볼 수 있었던 세상을 사랑하는 마음과 탐욕을 그대로 볼 수 있을 것인가? 그는 어쩌면 이렇게 말할지도 모른다. "아, 나는 중국에서 이 모든 것을 볼 수 있었습니다. 런던 크리스천들이 사는 모습을 중국에서도 그대로 볼 수 있어요. 비록 런던에서 사는 모습이 중국보다 더 낫고, 더욱 세련된 것은 사실이지만, 근본적으론 별로 다른 게 없네요." 그렇다. 육신의 열매는 어디서나 동일하다. 이는 입술만의 신앙고백을 가진 크리스천들이 맺는 열매는 런던이나 중국이나 다르지 않기 때문이다. 비록 런던에서 육신적인 행동을 하는 것은 그리 자유롭지는 않더라도, 마음의 작용은 자유롭게 이루어지고 있기 때문이다.

368

명목상의 교회가 지금 라오디게아 교회의 그 최종적인 상태에

도달했다고 보진 않는다. 만일 그랬다면, 경고는 아무 쓸모가 없을 것이기 때문이다. 하나님은 고삐를 붙들고 계시면서, 아직은 악이 무르익지 않도록 막고 계신다. 이렇게 교회 안에서 악의 역사를 막는 것은 에베소 교회에 대한 메시지를 보면, 에베소 교회가 처음 사랑을 떠나는 순간까지도 참된 원리였다. 하지만 우리는 이 원리를, 그리스도께서 그 입에서 토하여 내치는 라오디게아 교회 상태에서는 볼 수 없다. 여기서 토하여 내침을 당하는 것은 살아계신 하나님의 교회, 그리스도의 몸이자 신부인 교회가 아니라 명목상의 교회인 것을 기억하라. 이렇게 토하여 내침을 당하는 것은 단순히 촛대가 옮겨지는 문제가 아니다. 명목상의 교회에 대해서는 "내가 세상에 속하지 아니함같이 너희도 세상에 속하지 아니하였다"고 말할 수 없다. 그러한 교회는 그리스도의 기쁨이 대상이 아니라, (말로 표현하기조차 어려운) 역겨운 대상이 될 뿐이다. "내 입에서 너를 토하여 내치리라." (계 3:16)

　명목상의 교회가 맞이하게 될 운명, 주님의 입장에서 그러한 선언을 하지 않을 수 없는 그들이 도달한 상태만큼 엄숙한 것은 없다. 뿐만 아니라 우리는 이처럼 입술만의 신앙고백 뿐인 교회들에게서 나타나는 일련의 특징을 볼 수 있는 또 다른 증거들을 볼 수 있다. 그 일반적인 특징들을 보면, 세부적인 은혜의 특별한 작용에도 불구하고 명목상의 교회는 점점 상태가 악화되어 갈 것이며, 그리스도의 입에서 토하여 내칠수밖에 없는 지경에까지 이르게 된다는 것이다. 그리고 나서 "하늘에 열린 문이 있게 되고" 요한은 그곳으로 들림을 받게 된다(계 4:1,2). 이어서 세상의 심판이 시작되고, 독생자께서 세상을 기업으로 얻으시는 역사가 소개된다.

하나님은, 라오디게아 교회가 토하여 내침을 당하는 순간, 증인으로서 교회의 역사를 종결하신다. 그리고 교회가 전반적으로 실패의 상태에 이르렀을 때, 그리스도께서는 "충성되고 참된 하나님의 증인"으로서 교회의 자리를 대신하신다. 교회가 마땅히 감당했어야 했던 일을, 이제 그리스도께서 친히 이루시는 분으로 나타나시는 것이다. 그리스도는 하나님의 모든 약속을 이루시는 큰 아멘(the Great Amen)이신 분이시다. 교회는 하나님의 모든 약속에 대하여 그리스도 예수 안에서 예(Yea)가 되고 아멘(Amen)이 되는 것을 보여주었어야 했다(고후 1:20). 하지만 교회는 이 일을 감당할 수 없는 지경에 이르렀고, 하나님의 약속에 대해 아멘이 되는데 실패했다.

아멘이란 말은 "참이고 진리임을 확증한다"는 의미이다. 이사야 7장 9절 보라. "만일 너희가 믿지 아니하면 정녕히 굳게 서지 못하리라 하셨다 할지니라." 다시 말해서, 만일 너희가 믿지 않는다면, 즉 아멘하지 않는다면 너희가 굳게 서지 못할 것이란 뜻이다. 그 의미는 이렇다. 너희가 나의 약속을 확증하지 않는다면, 너희는 아무것도 확증하지 못할 것이란 뜻이다. 물론 여기엔 그리스도 안에서 하나님의 목적이 좌절될 가능성이 있을 것이란 의미는 전혀 없다. 그러므로 그리스도의 몸으로서 교회는 그 머리되신 그리스도와 함께 영광 속으로 들어갈 것이다. 하지만 이것이 지상에서의 증거의 문제라면, 교회는 그리스도 안에서 하나님의 약속에 실제적으로 아멘이 되지 못할 수가 있다. 왜냐하면 교회는 지상에 머무는 동안 하늘의 부르심의 능력을 나타내도록 부르심을 받았지만, 하나님이 허락하신 그 부르심에 온전한 부응을 하지 못할 수 있기 때문이다. 그렇게 되는 이유는, 우리가 교회는 성령을 통해서 하늘의 증거를 (세상에) 제시함으로써, 하나님의 보좌 우편에 앉아 계신 주 예수 그리스도에게 응답해야 하는 사명을 보지 못하고 있기 때문이다. 그러므로 하나님께서는 한 사람의 증인도 없는 상태로 남겨두실 수 없기 때문에, 그리스도께서 즉시 자신을 "아멘이시요 충성되고 참된 증인"로 소개하심으로써 자신이 모든 약속과 예언의 인봉을 떼시고, 또 "아멘이시요 충성되고 참된 증인이시요 하나님의 창조의 시작"이신 분으로써 모든 것에 대해 큰 아멘이 되고자 하신다. 명목상의 교회는 실패했다. 명목상의 교회는 그 울타리 안에 회심한 일이 없는 허다한 사람들을 받아들였으며, 그리스도의 생명을 소유하지도 않은 채 그리스도의 이름을 가지고 교회 행세를 했다. 하지만 실패는 참 교회에서도 시작되었다. 교회 안에 거듭난 일이 없는 사람들을 통해서 영적인 부패가 일어났다. 그들은 "처음 사랑을 버렸다."(계 2:4) 그리고 결과적으로, 세상이 들어왔다. 그래서 하나님이 "공의를 행하는 곳에도 악이 있도다"(전 3:16)라고 말씀하신 일이 일어났다. "최선이 부패하면, 최악의 부패가 일어난다"는 말이 그대로 이루어졌다. 따라서 명목상의 교회를 보면, 온 지구상에 교회만큼 하나님을 대적하는 곳이 없을 정도가 되었다.

369

"하나님의 창조의 시작"이신 그리스도께서는, 하나님께서 장차 자신의 뜻을 따라 새로운 창조를 일으키실 것이란 사실의 복된 증인으로 오시는 분으로 소개되고 있다. 그리스도는 친히 그 새로운 창조의 기초석이며 중심을 차지하실 것이다. (잠언 8장을 보라.) 이것은 빌라델비아 교회에 주신 약속과 같이 교회를 자신에게로 휴거시키실 것이란 그리스도의 약속을 성취하는 것이 아니다. 다만 그리스도께서는 하나님의 모든 약속을 성취하시는 분으로서, 하나님을 위한 완전하고도 충분한 증인의 자리를 차지하실 것과, 교회가 그에 대한 증거로 나타나게 되리라는 것이다. 이러한 특징 가운데서 그리스도께서는, 이를테면, 하나님의 목적과 약속을 성취하심으로써 교회를 대신할 것이며, 이 일은 실패할 수 없다. 만일 교회가 어쩔 수 없이 하늘로 가버렸다면 그 증인의 자리는 비어있을 수밖에 없기에, 그리스도께서 충성된 증인의 자리에 있게 된 것이다. 악이 홍수처럼 엄몰하는 곳에서도 믿음은 굳게 서있을 수 있다. 여기에 아무도 흔들 수 없는 견고한 반석과 같은 진실이 있다. 우리 영혼은 아무 흔들림 없이 그 사실을 통해서 힘을 얻을 수 있다. 바로 교회의 휴거가 이루어진 것이다. 우리 영혼은 이것을 이루신 그리스도를 신뢰함으로 흔들림 없이 설 수 있다.

370

이제 하나님의 말씀 속에 나타난 일반적인 증거, 즉 하나님에 대한 증인의 역할을 감당하는데서 전적인 실패를 하게 되면, 그 결과 증인의 자리에서 제거되는 원칙에 대해서 살펴보자. 그렇게 될 때 모든 존귀, 능력, 그리고 영광은 그리스도에게로, 오직 그리스도에게만 돌려지게 된다. 인간은 자신에게 맡겨진 일에서 실패했다. 그래서 우리는 참 인간이신 그리스도께서 하나님의 목적을 이루고자 세상에 오신 것을 볼 수 있다. 시편 8편을 보라. 여기엔 하나님의 이름과 권한과 권위를 가진 모든 것이 지상에서 배제되는 일이 있을 것이란 하나님의 선언이 있다.

예를 들어, 하나님에게 속한 권능이 사람의 손에 맡겨지게 되면, 어떤 의미에선 사람이 하나님의 대표자가 된다. 그렇다면 하나님의 교회로서 우리는 그렇게 권능을 받은 자들을 소유하게 되고, 따라서 "하나님에게서 세움을 받은 자로서" 그들에게 순복해야 한다. "하나님의 말씀을 받은 사람들을 신이라 하셨거든"(요 10:35), "너희는 사람처럼 죽으며 고관의 하나 같이 넘어지리로다."(시 82:7) 이제 하나님이 신들을 심판하신다고 할 것 같으면, 이것은 무엇을 의미하는 것일까? 그들은 전적으로 실패했다. 곧 집행될 하나님의 즉각적인 심판을 불러오게 된다. 다니엘서 2장을 보면, 사람의 손에 위임된 권능에 대한 하나님의 최종적인 처분이 나타나 있다. 즉 사람의 손으로 뜨지 않은 작은 돌이 이방 권력을 상징하는 신상을 쳐서 부서뜨릴 것이며, 그 신상은 여름 타작 마당의 겨 같이 되어 바람에 불려 가게 되어 더 이상 볼 수 없게 될 것이다(34-35절). 그때 하나님의 목적에 따라서, 그리스도는 세상 나라의 모든 권능을 장악하실 것이다.

다니엘서에서 우리에게 보여주고 있는 이 신상은 악이 발전하고 무르익는 과정을 보여준다. 여기서 우리는 이러한 과정 가운데 하나님의 오래 참으심을 주목할 필요가 있다. 바벨론에게서 나타난 권력의 남용에는 세 가지 독특한 특징이 있는데, 이것은 악이 발전해가는 연속적인 세 가지 단계를 보여준다. 즉 우상숭배, 신성 모독, 그리고 자기 예찬에 빠진 상태에서 진행되는 배도이다. 첫 번째, 두라 평지에 금 신상을 세운 느부갓네살에게서 우상숭배가 나타났다. 우상을 세움으로써 종교를 통일시키고, 그 효과를 노렸던 것이다. 두 번째, 벨사살에게서 신성모독적인 행실이 나타났다. 그는 예루살렘 하나님의 전 성소 중에서 탈취하여 온 금 그릇을 가져와서 자신과 귀족들과 황후들과 후궁들과 더불어 그것으로 마시고자 했다(단 5:3,4). 세 번째, 최후의 순간까지 그리스도에 대한 공개적인 반역의 역사로 세상 권력은 하늘 높은 줄 모르고 높아질 것이다. 그때 하나님은 사람의 손으로 뜨지 않은 돌의 권능을 사용하셔서, 세상 권력을 산산 조각을 내실 것이다. 마치 토기장이의 손에서 파상되는 그릇처럼 깨뜨려버리실 것이다. 그리고 그 돌은 큰 산을 이룰 것이며, 온 땅을 덮을 것이다. 따라서 우리는 처음에는 하나님의 영광을 위해 사용하도록 사람에게 위임된 권능이 사람의 손에서 부패하게 되고, 최종적으로는 하나님을 대적하는 것으로 사용되는 것을 보게 된다. 따라서 이방 권력은 하나님에게 존귀를 돌려드리기 위해서 선택된 권능의 그릇이신 그리스도에게 이양되면서 끝나게 된다.

371

율법 아래 있는 이스라엘을 생각해보자. 그들은 실패하여, 그 돌 위에 떨어져 깨어졌을 뿐만 아니라, 그들에게서 나갔던 우상숭배의 악한 귀신이 다시금 돌아와 자기보다 더 악한 귀신 일곱을 데리고 왔다. 더 악한 귀신 일곱은 악의 완전성을 의미한다. 결국 그들의 마지막 상태는 처음보다 더 악화될 것이다. 즉 그들은 더욱 악에 물들어갈 것이며, 말세에는 공개적으로 우상숭배와 배도에 가담하게 될 것이다. 하나님은 그들을 하나의 국가로서 버리실 것이지만, 남은 자들은 보호하실 것이다. 이처럼 다윗의 집에도 동일한 실패가 있다.

하나님의 교회에 대해서 생각해보자. 교회가 최종적으로 거절 당할 것이란 사실을 믿는 것은 여간 힘든 일이 아니다. 물론 그렇게 하나님에게서 버림을 받는 것은 다만 명목상의 교회일 뿐인 것이 사실이긴 하지만, 그 사실 자체는 충격적이다. 악이 초대교회 시대부터 들어왔고, 마지막 심판이 일어날 때까지 계속해서 무르익어 가는 것 또한 엄중한 사실이다. 게다가 주목할 것은, 악이 완전히 무르익기 전까지 심판은 집행되지 않는다는 점이다. "이는 아모리 족속의 죄악이 아직 가득 차지 아니함이니라."(창 15:16) 이 원리는 가라지의 비유에서도 잘 나타나 있다. 가라지는 시작부터 함께 심겨졌지만, 즉시 뽑아내어서는 아니 되었다. 가라지와 알곡은 추수 때까지 함께 자라도록 허락되었다. 따라서 주님은 악행이 처음부터 들어왔으며, 심판이 집행되는 그 시간까지 계속 무르익어 갈 것을 명백히 선언하셨다. 이것은 개인들의 문제나 또는 알곡이 거두어져서 곡간으로 옮겨지면서 끝나는 문제가 아니라, 교회의 공적인 간증이 무너지는 문제이다. 수확이 밭에서 망쳐버렸다. 이것은 사람의 힘으로 치료될 수 없는 일이었다. 밭에서 수확을 기대하는 사람은 그 밭이 회복되는 것만으로 만족할 순 없다. 왜냐하면 사람은 그 밭이 심판받는 것으로 만족할 수 없기 때문이다. 뿐만 아니라 우리가 힘쓸 일은 은혜에 속한 일이며, 가라지를 뽑아내는 것이 아니기 때문이다.

데살로니가후서를 보자. 불법의 비밀이 사도들의 시대에 이미 들어와 역사하고 있었다. 하지만 무언가 그 악이 번지는 것을 막고 있었다. 그 동일한 불법은 지금도, 우리 시대에도 역사하고 있다. "불법의 비밀이 이미 활동하였으나 지금은 그것을 막는 자가 있어 그 중에서 옮겨질 때까지 하리라."(살후 2:7) 그 악은 공개적인 배도와 반역이 일어날 때까지 계속해서 역사할 것이며, 최종적인 심판을 통해서 제거될 것이다.

372

요한계시록을 보자. 세부적인 사항을 다루진 않겠지만, 전체 세대의 끝에 일어나게 될 광범위하고 명백한 역사에 대한 증거가 있다. "내가 보매 개구리 같은 세 더러운 영이 용의 입과 짐승의 입과 거짓 선지자의 입에서 나오더라."(계 16:13) 사람들은 이 개구리들이 무엇인지에 대해서 많은 말을 하지만, 한 가지 분명한 것은 그것들은 악한 권능을 가진 존재로서 땅의 왕들에게 가서, 그들을 모아 전능하신 하나님의 날에 하나님을 대적하여 싸우도록 전쟁을 일으키게 하는 존재라고 하는 것이다. 따라서 이러한 것들이 악이 완전한 실체를 드러내는 그 시간까지 무르익어 가게 될 것이다. 불법이 최종적인 모습을 드러내는 순간, 보좌로부터 큰 음성이 울려 퍼질 것이다. "되었다."(계 16:17) 이어서 심판이 즉시 이루어진다. 비록 이 일이 명목상의 교회에게만 일어날 일이긴 해도, 우리에겐 가슴 저며 오는 부분이다.

그리스도의 권능과 통치가 연결되어 있는 완벽하게 좋은 상태를 소개하기 전에, 우리는 악을 연결하고 있는 서로 다른 실타래들이 하나의 거대한 심판과 연결되어 있는 것을 본다. 하나님의 자리에게까지 자신을 높이며, 공개적인 반역의 특징을 가진 인간은 반드시 심판받게 될 것이다.

그때 이스라엘은 배도 세력과 결탁할 것이며, 우상숭배로 돌아가게 될 것이다. 사실 그들의 조상 아브라함은 우상 숭배하던 데서 부르심을 받아 나왔다. 배도하는 이방인들과 연합하여 그들은 "가이사 외에는 우리에게 왕이 없나이다."(요 19:15)라고 말했다. 그러므로 그들은 그 죄들을 짊어지고서 가이사에게 자신들을 팔고서 다시 가이사에게로 돌아갈 것이며, 이방인의 죄악에 영합할 것이며, 최종적으론 그들과 함께 심판을 받게 될 것이다. 반면 택함을 받은 자들은 복을 기업으로 받게 될 것이다. 이사야 66장은 유대인 민족에 대해서 언급하고 있는데, 거기서 우리는 그들의 전적인 배도를 보게 된다. "돼지 고기와 가증한 물건과 쥐를 먹는 자가 다 함께 망하리라 여호와의 말씀이니라." (17절)

이제 기독교의 바벨론식 타락에 대해 살펴보자. 바벨론의 특징은 우상숭배에 의한 타락을 특징으로 하고 있다. 기독교계도 동일한 방식으로 멸망하게 될 것이다. 모든 악이 그때에 최고 정점에 이르게 될 것이다. 붉은 색의 짐승을 타고 있는 여인은 음녀들의 어미이며, 이세벨의 유혹의 최종 결정체로 등장할 것이다. 권력을 상징하는 짐승, 거짓 선지자가 일어나고, 인간은 반역을 일으키고, 기독교계는 배도하며, 하나님의 말씀이 무시되고, 율법을 떠나고, 은혜를 색욕거리로 바꾸는 일이 일어난다. 이 모든 다양한 형태의 악이 함께 어우러지고 결합되어 나타날 것이며, 최종적으로는 모두가 심판의 대상이 될 것이다. (악이 이렇듯 무르익었다는 것은 더 이상 선한 것이 아무 것도 남지 않았다는 뜻이다.)

373

과연 명목상의 교회가 이 모든 심판에서 면제될 것 같은가? 결코 그렇지 않다. 알곡이 모두 안전하게 곡간으로 옮겨졌다 해도, 우리가 하나님의 말씀을 우리의 안내서로 삼는다면, 우리는 한순간도 명목상의 교회가 이 거대한 심판에서 면제될 수 있다고 생각할 수 없다. 성도들에게 쓴 유다서를 생각해보자. 유다는 "성도에게 단번에 주신 믿음의 도를 위하여 힘써 싸우라"(3절)고 권하여야 할 필요를 느꼈다고 말했다. 어째서 그런가? 왜냐하면 "가만히 들어온 사람 몇이 있음이라 그들은 … 경건하지 아니하여 우리 하나님의 은혜를 도리어 방탕한 것으로 바꾸고 홀로 하나이신 주재 곧 우리 주 예수 그리스도를 부인하는 자"들이 있었기 때문이다(4절). 게다가 "아담의 칠대 손 에녹이 이 사람들에 대하여도 예언하여 이르되 보라 주께서 그 수만의 거룩한 자와 함께 임하셨나니 이는 뭇 사람을 심판하사 모든 경건하지 않은 자가 경건하지 않게 행한 모든 경건하지 않은 일과 또 경건하지 않은 죄인들이 주를 거슬러 한 모든 완악한 말로 말미암아 그들을 정죄하려는" 것이었다(14,15절). 그렇다면 어디에 이러한 거짓 형제들이 있었는가? 하나님의 교회 안에 있었던 것이다. 따라서 유다는 "그들은 기탄 없이 너희와 함께 먹으니 너희의 애찬에 암초요"(12절)라고 말했다. 그들은 유대인 가운데 있지 않았고, 뿐만 아니라 이방인 가운데 있지도 않았다. 바로 하나님의 교회 안에 있었고, 교회를 부패시키는 일을 하고 있었다. "아무 두려움도 없이 함께 먹고 있었다." 하나님은 참으로 은혜로우시게도, 성경의 정경(canon, 正經)이 완성되기 이전에, 이처럼 악의 모든 형태와 싹이 나오는 일을 허락하셨다. 이로써 우리는 일어난 모든 악에 대해서 기록된 하나님의 말씀에 의한 심판의 보증을 가지게 된 것이다. 이것이 없다면 우리는 지금도 역사하고 있는 불법의 비밀 속에 내포되어 있는 간교함을 파악할 수 없을 것이다. 하지만 우리의 안내서로서 기록된 말씀을 소유함으로써, 하나님의 자녀인 우리는 오로지 말씀을 통해서만 모든 것을 판단하도록 부르심을 받게 된 것이다. 디모데후서 3장을 보자.

"네가 이것을 알라 말세에 고통하는 때가 이르리니 사람들은 자기를 사랑하며 돈을 사랑하며 자긍하며 교만하며 훼방하며 부모를 거역하며 감사치 아니하며 거룩하지 아니하며 무정하며 원통함을 풀지 아니하며 참소하며 절제하지 못하며 사나우며 선한 것을 좋아 아니하며 배반하여 팔며 조급하며 자고하며 쾌락을 사랑하기를 하나님 사랑하는 것보다 더하며 경건의 모양은 있으나 경건의 능력은 부인하는 자니 이같은 자들에게서 네가 돌아서라."(1-5절) 그들의 거짓된 경건은 "쾌락을 사랑하기를 하나님 사랑하는 것보다 더하며…경건의 모양은 있으나 경건의 능력은 부인하는" 것으로 나타났다. 이것은 유대교의 모습을 말하고 있지 않다. 물론 유대주의의 영이 스며들은 것이 사실이긴 해도, 이것은 그 당시 기독교계의 모습이었다. 그리고 사도 바울은 (가만히 들어온 거짓 형제들의 특징을) "악한 사람들과 속이는 자들은 더욱 악하여져서 속이기도 하고 속기도 하나니"(13절)라고 말했고, (사도 바울이 설명했던 가만히 들어온 거짓 형제들의 특징들은 우리에게 일종의 안내서 역할을 한다.) 그리고 나서 디모데에게 이렇게 말함으로써 이 전체 상황에 대한 결말을 내고자 했다. "그러나 너는 배우고 확신한 일에 거하라 네가 뉘게서 배운 것을 알며 또 네가 어려서부터 성경을 알았나니 성경은 능히 너로 하여금 그리스도 예수 안에 있는 믿음으로 말미암아 구원에 이르는 지혜가 있게 하느니라."(14,15절) 그리고 이렇게 결론을 맺었다. "모든 성경은 하나님의 감동으로 된 것으로 교훈과 책망과 바르게 함과 의로 교육하기에 유익하니 이는 하나님의 사람으로 온전케 하며 모든 선한 일을 행하기에 온전케 하려 함이니라."(16,17절) 따라서 우리는 디모데에게 준 바울의 지침 속에서, 하나님의 사람의 자리에 든든히 설 수 있게 해주는 유일하고도 확실한 것은, 불법이 넘치는 오늘날의 시대에도 여전히, 성경인 것을 배운다. 즉 디모데와 그의 어머니, 그리고 경건한 여인이었던 외조모는 성경을 경건한 삶을 살려는 목적으로 성경을 공부했다. 디모데는 그 동일한 성경을 어려서부터 읽어왔다. 기록된 하나님의 말씀 외에, 성도가 달리 자신의 삶을 위한 안내서로 삼을 수 있는 영적 권위 또는 권세를 가진 것은 없다. (심지어 성령의 능력도 우리의 삶을 위한 안내서로 삼을 수 없다.)

374

지금까지 언급해온 성경을 통해서 우리가 배울 수 있는 것은 장차 임하게 될 그 무시무시한 심판의 대상이 바로 명목상의 교회라는 사실이다. 교회는 지상에서 하나님의 증인이 되어야 했으며, 모든 사람이 알고 읽는 그리스도의 편지여야 했다. 하지만 부패하게 되었을 때, 이 명목상의 교회는 하나님의 진노를 불러오는 최우선적인 심판의 대상이 되었다. 아! 사랑하는 친구들이여, 이보다 더 엄중한 주제는 없다. 이스라엘과 짐승이 심판에 처해질 뿐만 아니라, 하나님의 말씀에 따르면, 명목상의 교회가 그 동일한 정죄 아래 떨어지게 될 것이다. 나는 여기서 교회란 말을 기독교계에 적용시키고 있다. 기독교계란 그리스도의 이름을 가지고 있노라고 입술로만 고백하는 모든 교회를 가리킨다. 요한 서신서에 보면 동일한 증거가 있다. "지금도 많은 적그리스도가 일어났으니"(요일 2:18) 나는 의심의 여지없이 적그리스도가 유대인 중에서 나올 것이며, 그는 아버지와 아들을 부인하며, 또한 예수께서 그리스도이심을 부인함으로써 적그리스도의 영을 온전히 드러낼 것이라고 본다. 참으로 두려운 일은 배도의 역사가 종교적 특징을 띠게 될 것이란 점이다. 다시 말해서 많은 적그리스도가 참 기독교의 진리를 부인하는 특징을 띠고 나타나게 될 것이고, 장차 완전한 배도의 형태로 나타날 것이며, 게다가 기독교의 교리들을 저버리는 형태로 나타날 것이다. 이 배도의 영은 얼마나 빨리 들어왔던가! 그래서 이렇게 말하지 않을 수 없게 된 것이다. "저희가 다 자기 일을 구하고 그리스도 예수의 일을 구하지 아니하되"(빌 2:21) 주님께서 은혜로 성도들의 눈을 열어 주심으로써 이 마지막 때의 진정한 특징과 실상을 볼 수 있게 해주시고, 주께서 오래 참으시는 중에 영혼들을 불러내어 구원하는 일을 하시는 것을, 진정으로 감사하게 하시기를 바란다. 그리하여 "우리 주의 오래 참으심이 구원이 될 줄로 여길 수"(벧후 3:15) 있기를 바란다. 다시 말해서 하나님의 심판은 지연될 수는 있지만 취소되지는 않는다. 왜냐하면 하나님의 입에서 나가는 말은 헛되이 돌아오는 법이 없기 때문이다(사 55:11). 현재 만연하고 있는 악을 치료하는 방법은 심판밖에는 없다.

375

초대교회 시대부터 부패시키는 원리가 들어왔다. 하나님을 위한 증거는 실패했다. 가라지가 심겨졌고, 수확은 밭에서 망쳐졌다. 불법의 비밀이 역사하고 있었다. 라오디게아 교회를 향한 메시지에서, 주님은 초대교회 시대부터 들어온 악한 원리들이 라오디게아 교회에서 이중적인 특징을 생성해내고 있음을 보여주신다. 밭에 심겨진 씨앗이 망치는 대상이 무엇인가에 대한 것이다. 하나님의 증인이 되는 대신, 교회는 **"나는 부자라 부요하여 부족한 것이 없다"**(계 3:17)고 말하고 있다. 여기서 우리는 라오디게아 교회의 특징을 이루고 있는 특별히 중요한 두 가지 요소를 볼 수 있다. 스스로 영적으로 부요한 채 하지만, 그리스도에 대해선 덥지도 않고 차지도 않다는 점이다. 우선적으로 영적으로 엄청 부요한 존재처럼 위선을 떨고 있으며, 생명의 측면에서 보면, 그들은 모양은 가지고 있었지만, 능력은 없었다. **"네가 차지도 아니하고 더웁지도 아니하도다."**(15절) 이것은 그리스도에 대한 적극적인 증오는 아니지만, 그렇다고 그리스도를 향한 적극적인 열심도 없는 상태를 가리킨다. 이 교회는 외적인 위안과 세상적인 것을 추구하고 있었고, 동시에 영적으로 부자인 척 했다. 이것은 영적으로 가난하다는 확실한 표시이다. 자기 속에 하나님의 부요하심을 가지고 있는 척 하는 것을 볼 때마다 우리는 분명 영적 가난을 보게 될 것이다. 어째서 그런가? 그 이유는 영적 부요함은 오직 그리스도 안에서만 발견할 수 있기 때문이다. 교회가 "나는 부자이고 또 (그리스도 없이 자신을 은혜의 그릇으로 여김으로써) 재물(헌금)이 늘고 있기에 부족한 것이 없다"고 말할 때, 그것은 자신을 자랑하는 것에 불과하다. 그렇게 말하고 행동하는 것은, 그리스도 예수 안에 있는 하나님의 약속에 대해서 "아멘"으로 화답하는 것도 아니고, 하나님을 위한 충성되고 참된 증인의 역할을 하는 것도 아니다. 교회가 이 역할을 멈추는 순간, 더 이상 그리스도를 유일한 원천으로 바라보지 않게 된다. 스스로를 부요함의 그릇으로 여길 때, 필연적으로 거짓된 증인으로 전락하게 된다. 교회는 이럴 수 있고 또 저럴 수 있다고 말하거나, 교회는 그리스도께서 정한 목적이 아니라 내가 정한 목적에 따라 달라질 수 있다고 말하는 순간, 우리 눈은 더 이상 그리스도를 바라보지 않게 된다. 나는 그리스도가 아니라 그것(it)으로서 교회만을 바라보게 된다. 그럼에도 나는 얼마나 그리스도를 존귀하게 여기고 있는지 생색을 내려고 할 것이다. 여기선 하나님의 신실하심이 문제가 아니라 우리의 신실함 또는 충성이 문제이다. 이 점에 우리의 실패가 있다. 속임을 당하지 않을 수 있는 중요한 교훈이 여기에 있다.

빌라델비아 교회를 보면, 그들은 그리스도 안에 있는 모든 것을 소유하지는 못했다. 그들은 적은 능력만을 가지고 있었을 뿐이다. 그렇지만 주님이 그들에 대해서 칭찬하셨던 것은, 그들이 주님의 말씀을 지켰고 또 주님의 이름을 부인하지 않았다는 점이다. 거기엔 교회 안에 가난함을 느끼는 것이 있었지만, 그리스도는 그들을 기뻐하셨고 이에 '나는 너희를 위하여 있다. 나는 너희를 위하여 곧 갈 것이다.' 라고 말씀하실 수 있으셨다. 그리고 "사단의 회당에 속한 자들로 하여금 내가 너를 사랑하는 줄을 알게 하리라."(9절)고 말씀하셨다. 하지만 교회가 재물을 취하고 또 그리스도의 기쁨이 되는 대신 자신을 재물과 결탁시킴으로써, 영적으로 부자인척 했을 때에는, "내 입에서 너를 토하여 내치리라"(16절)는 역겨움을 나타내셨다. 오늘날 명목상의 교회를 보게 되면, 우리는 얼마나 이러한 상황과 잘 맞아 떨어지는지를 보게 될 것이다. 반면 적은 능력을 가지고 있지만, 하나님의 말씀을 지키고 또 그리스도의 이름을 부인하지 않는 교회를 볼 때, 나는 "힘을 내시요. 주님이 곧 오십니다."라고 말하고 싶다. 가난하고 또 적은 능력을 가지고 있다는 인식이 반드시 그리스도에 대한 불신앙을 의미하지는 않는다. 우리에게 아무 능력이 없기에, 오직 능력을 구하며 그리스도를 의지하는 것이 꼭 우리가 그리스도 안에서 가진 모든 것을 부인하는 것은 아니다. 몸은 머리에게서 충만함을 공급받는다. 하지만 내가 어느 교회에서 스스로를 충만하고 또 부요하게 생각하는 것을 발견한다면, 그때 나는 이렇게 말할 것이다. '여러분의 교회는 라오디게아를 향해 나아가고 있습니다. 그 마지막은 그리스도의 입에서 토하여 내침을 당하는 것입니다.' 라고 말할 것이다. 라오디게아 교회는 스스로를 충만하고 또 부요하다는 생각을 가지고 있었고, 하나님 앞에서 진정한 자신의 모습을 보지 못하고 있었다. "네가 말하기를 나는 부자라 부요하여 부족한 것이 없다 하나 네 곤고한 것과 가련한 것과 가난한 것과 눈먼 것과 벌거벗은 것을 알지 못하도다."(17절) 그리고 나서 주님은 "내가 너를 권하노니 내게서 불로 연단한 금을 사서 부요하게 하고 흰 옷을 사서 입어 벌거벗은 수치를 보이지 않게 하고 안약을 사서 눈에 발라 보게 하라."고 말씀하셨다.

376

라오디게아 교회는 이러한 상태에서도 주님을 바라보지 않았다. 그리하여 여전히 이 모든 것들이 결핍된 상태에 있었다. "금"은 하나님의 의(義)를 의미했다. 이 하나님의 의는 인간의 의(義)와는 엄청난 대조를 이루고 있었고, 이 하나님의 의는 성도의 신분과 부요와 토대를 이루고 있었다. "흰 옷"은 성도의 옳은 행실(행위)를 의미했으며, 하나님의 의를 믿는 자들에게서 나타나는 열매였다. 이러한 열매는 하나님의 의를 소유한 결과로 나타난다. 인간의 의(義)는 성도의 의와는 질적으로 다른 것이다. 왜냐하면 성도의 의는 하나님의 의에 힘입어서 영적 자유를 누림으로써 마음에서 자연스럽게 흘러나오는 것이기 때문이다. 만일 인도의 고행 수행자나 아니면 터키의 수행 탁발승을 보면, 우리는 그들에게서 상당한 행위들을 볼 수 있을 것이다. 하지만 그들의 의로운 행실 가운데 영혼 구속(救贖)에 근거한 것은 아무

것도 없다. 성령의 역사는 우리 영혼에게 하나님의 의(義)를 주신 사실을 보장하는 인장으로서 영혼 속에 내주하시는 성령에게서 흘러나온다. 그렇다면 성도의 옳은 행실은 우리 속에서 역사하시는 성령의 열매들이다. 그렇기에 라오디게아 교회에 속한 사람들에게선 "흰 옷"을 볼 수 없는 것이다. 결국 그들에게선 성도의 의가 나타나고 있지 않았는데, 그 이유는 하나님의 의를 소유하고 있지 않았기 때문이다. 그래서 그들은 실제적인 의 또는 의로운 행실을 행하는 삶을 살 수 없었고, 성도로서 옳은 행실도 없었다. 요한계시록 19장 8절에서는 "이 세마포는 성도들의 옳은 행실이로다"라고 말하고 있다. 게다가 그들은 "안약"을 필요로 했다. 왜냐하면 그들은 하나님에게 속한 일들을 볼 수 없을 정도로 눈이 멀어 있었기 때문이었다. 영적인 분별력이 없었기 때문에 그들은 그저 "우리는 이렇게 분별한다"고 말할 뿐이었다. 그러므로 그들의 죄는 사함을 받지 못하고 여전히 남아 있었다. 따라서 하나님의 의도 없고, 그 결과 성령의 열매도 없고, 여전히 소경 상태로 있었던 라오디게아 교회는 모든 것이 부족했다. 부자인척 했지만, 하나님 앞에서 실제적인 것은 없었고, 모든 것이 허상일 뿐이었다.

377

주님은 그들을 다루시는 것을 포기하지 않으신다. 하지만 여기 라오디게아 교회에서 주님은 밖에 계신다. 이는 명목상의 교회가 실제적으론 유대적인 위치를 차지했을 때, 주님은 바깥으로 나가셔서, 그 안에 있는 개인들의 영혼을 부르신다. "볼지어다. 내가 문 밖에 서서 두드리노니 누구든지 내 음성을 듣고 문을 열면 내가 그에게로 들어가 그로 더불어 먹고 그는 나로 더불어 먹으리라."(20절) 주님은 개인들이 관심을 기울이길 바라신다. 주님은 그들에게 문을 열어달라고 요청하고 계신다. 주님은 그 교회에 임하게 될 일, 곧 심판을 경고하신다. 이렇듯 주님은 심판이 집행되는 바로 그 시간까지 계속해서 자신의 복된 은혜로 일하신다. 그럼에도 은혜의 대상은 개인이다. 왜냐하면 교회는 버림을 받게 될 것이기 때문이다. "누구든지 내 음성을 듣고 문을 열면 내가 그에게로 들어가 그로 더불어 먹고 그는 나로 더불어 먹으리라."(20절) 문을 연 사람은 주님의 식탁에 앉아 자신의 복을 누리게 될 것이다.

게다가 주님은 "이기는 그에게는 내가 내 보좌에 함께 앉게 하여 주기를 내가 이기고 아버지 보좌에 함께 앉은 것과 같이 하리라"(21절)고 말씀하셨다. 이것이 엄청난 약속임을 주목하라. 그럼에도 이 약속은 하늘에 속한 영광의 자리에 들어가는 것을 표현하고 있는 것에 불과하기 때문에, 나에겐 최소한의 것으로 보인다. 버가모 교회, 혹은 사데 또는 두아디라 교회의 충성스러운 자들에게 주신 약속에서 볼 수 있는 것처럼 여기서 이기는 자들에겐 특별히 그리스도와 연합을 이루게 될 것이란 내용이 없다. 충성스러운 삶을 살도록 동기를 유발시키려는 목적으로 계시된, 개인적인 주님과의 친밀함이나 신부가 되는 특별한 분깃과 같은 내용이 전혀 없다. 그리스도와 더불어 통치하는 것은 상급과 영광에 속한 공통적인 부분이긴 하지만, "감추었던 만나"와 "흰 돌"은 그 공통적인 부분 이외의 비밀스러운 친밀함을 뜻한다(계 2:17). 여기엔 엄청난 차이가 있다. 문을 두드리는 소리를 듣고 은혜로 말미암아 순종하는 사람은, 장차 하늘 영광 속으로 들어가게 될 것이다. 그들은 이기었고, 따라서 확실히 자신의 상급을 받게 될 것이다. "내 보좌에 함께 앉게 하여 줄 것이다." 그들은 첫째 부활의 복에 참여할 것이며, 따라서 그리스도와 함께 통치하게 될 것이다. 사람들은 두 증인에 대해서 많은 말을 한다. 그들은 그들의 원수들이 구경하는 가운데 하늘로 올라갈 것이다(계 11:12). 어쨌든 이기는 자들은 보좌에 앉을 것이고, 자신의 상급을 받게 될 것이다. 따라서 상급은, 그들이 영광 가운데 자신의 자리를 가지고 있다는 사실을 표현해줄 뿐이다. 이렇게 상급에 참여할지라도 빌라델비아 교회를 향한 그리스도의 기쁨, 곧 교회를 위하여 자신의 목숨을 버리면서까지 교회를 얻으신 그리스도의 기쁨, 그리고 오로지 그리스도만을 갈망하다가 비로소 그리스도를 소유한 교회의 기쁨, 그 둘 사이의 친밀함과 그 둘 사이에 흐르는 특별한 기쁨과 같은 것은 없을 수 있다. 그럼에도 이기는 자들은 영광 가운데 자신의 자리를 가지게 될 것이다.

378

주님이 여기서 말씀하신 엄중한 증거는, 명목상의 교회는 그 입에서 토하여 내침을 당할 것이란 점이다. 이 사실은 세상이 심판을 받을 것이란 사실 보다 우리 마음을 더욱 애끓게 만들며, 게다가 적그리스도가 심판을 받을 것이란 사실 보다 우리 마음에 더욱 충격적인 사실로 다가온다. 왜냐하면 겉으론 그리스도와 결속되어 있는 것처럼 보였던 존재가 사실은 그리스도께 역겹고 메스꺼운 존재였기 때문이다. 만일 우리가 그러한 명목상의 교회에 속해 있다면, 그것은 보통 심각한 문제가 아니다. 오늘날 우리 시대에 공존하는 명목상의 교회는, 겉으로는 그리스도의 이름은 가지고 있지만 실제 행위로는 그리스도를 부인하는 교회를 의미하며, 일반적으로 기독교계라고 부른다. 그러한 명목상의 교회는 그리스도와 결속을 이루고 있는 것처럼 보여도, 그리스도의 마음, 생각, 그리고 본성과는 아무 상관이 없기에, 그들은 결국 버림을 당하게 될 것이다.

마지막 때엔, 사람들이 일반적으로 생각하는 것보다 유대교와 명목상의 기독교 사이에 엄청난 친분과 교류가 일어날 것이다. 두 뿔을 가지고 있는 어린양, 즉 요한계시록에 등장하는 거짓 선지자는 메시아의 모습을 가장하고 있지만, 결국 로마 황제의 손에 놀아나게 될 것이다. 초대교회 시대로부터 교회에 스며든 악은 이중적인 특징을 띠고 있었는데, 우상숭배, 천사숭배, 기타 등등 그리고 유대교였다. 골로새서를 보자. "누가 철학과 헛된 속임수로 너희를 노략할까 주의하라 … 그러므로 먹고 마시는 것과 절기나 월삭이나 안식일을 인하여 누구든지 너희를 폄론하지 못하게 하라."(골 2:8,16) 그리고 또 다시 "누구든지 일부러 겸손함과 천사 숭배함을 인하여 너희 상을 빼앗지 못하게 하라."(18절) 이제 갈라디아서를 보자. 그들은 유대주의에 빠져 "날과 달과 절기와 해를 삼가 지키는" 일을 했다(갈 4:10). 기독교에 유대교를 혼합하려는 경향이 생겨난 것이다. 하지만 유대교는 이미 하나님에 의해서 폐지되었다. 그 결과 유대교는 이교주의보다 조금도 나은 것이 없는 종교가 된 것이다. "그러나 너희가 그 때에는 하나님을 알지 못하여 본질상 하나님이 아닌 자들에게 종노릇 하였더니 이제는 너희가 하나님을 알 뿐더러 하나님의 아신 바 되었거늘 어찌하여 다시 약하고 천한 초등 학문으로 돌아가서 다시 저희에게 종노릇 하려 하느냐?"(갈 4:8,9) 한편에 육신의 종교, 천사를 숭배하는 이방종교, 철학과 헛된 속임수가, 다른 편에 날과 달과 해와 절기를 지키는 유대교가 처음부터 교회에 들어왔고, 이에 사도 바울은 천한 초등 학문으로 돌아가는 것에 대해서 경고해야만 했다. 그것은 자신들이 얻은 자유를 버리고 유대주의의 노예가 되는 길이었다.

379
이에 사도 바울은 "이제는 너희가 하나님을 알 뿐더러 하나님의 아신 바 되었거늘 어찌하여 다시 약하고 천한 초등 학문으로 돌아가서 다시 저희에게 종노릇 하려 하느냐?"고 말했다. 하나님은 이미 이스라엘 속에 있는 육신을 충분히 시험하셨고, 육신에 선한 것이 없다는 것을 입증하셨다. 하나님은 유대인들에게 인간의 종교를 따르고자 하는 성향을 허락하셨으며, 율법과 율례와 호화로운 장신구와 웅장한 건축물과 아울러 나팔소리 등을 주셨다. 하지만 이제 그리스도께서 오셨고, 그리스도는 "의를 이루기 위하여 율법의 마침이"(롬 10:4) 되셨다. 이로써 갈라디아 사람들은 자신들의 무지 속에서 이교를 따르고 또 거짓 신들을 섬긴데서 건짐을 받을 수 있었다. 하지만 이제 그들은 다시금 이전으로 돌아가 유대교의 품에 안기고자 했으며, 실제로 돌아간 사람들도 있었다. 마치 육체의 생명이 살아있고, 이 세상에 대해서 살아있는 사람처럼 옛 이교로 돌아간 것이다. 이교(the heathenism)가 무엇인가? 이교의 핵심은 육신의 종교란 사실이다. 모형적으로 볼 때, 하나님은 이러한 것들을 사용해서, 약속된 메시아(the promised Seed)가 오실 때까지 사람을 시험하셨다. 이제 이교는 여전히 옛 이교처럼, 하나님 없는 특징을 고스란히 간직한 채 있다. 육신의 의(義)는 정욕으로 꿈틀거리는 육체를 덮어줄 아름다운 모양으로 꾸민 덮개에 불과하다. 이렇듯 초대교회 시대에 흘러들어온 부패의 흐름은, 육체에 모양을 내고자 천한 초등학문으로 돌아가려는 열망과 맞물려 온갖 율례를 갖추고 있던 유대교와 잘 어우러지게 되었다. 이러한 역사는 종

말의 때까지 계속 점증되어 갈 것이다. 이 모든 것은 육신이라는 하나의 뿌리에 닿아 있다. 따라서 육체의 모양을 갖춘 유대교와 결탁이 이루어진 것이다. 하나님이 없는 유대교는 사실상 완전한 우상숭배의 특징을 가진 종교로 전락되었다. 오늘날 사람들을 현혹시키는 종교가 있다면 유대교이다. 유대교는 경건의 능력은 없지만 경건의 모양을 갖춘 종교 가운데 최고의 종교로 꼽을 수 있다.

장차 짐승을 통해서 온 세상을 덮게 될 것은 바벨론식 우상숭배의 원리이다. 무신론의 영은 진리 외엔 무엇이든 받아들일 것이다. 뿐만 아니라 유대주의를 받아들일 것이며, 거기에 바벨론식 시스템을 도입할 것이다. 그래서 믿지 않은 유대인들은 바벨론의 권세에 속임을 당하게 될 것이며, 동양에서는 유대교의 형태를 띠게 되고, 서양에서는 바벨론 우상숭배에 문을 열게 될 것이다. 여기서 가장 엄중한 사실은 이 세상, 곧 우리가 살고 있는 이 세상이 이 모든 일들이 일어나는 무대가 될 것이란 점이다. 게다가 명목상의 교회는 오늘날 인간의 교만과 자랑의 상징처럼 여겨지고 있지만, 마지막에 가서는 그리스도의 입에서 토하여 내침을 당할 것이다. 성령의 온전한 능력을 가지고 있는 양 모양을 꾸몄지만, 그리스도께서 부여하시는 가치는 조금도 찾아볼 수 없을뿐더러, 그저 모든 가치와 자랑을 자신에게로 돌리며, 그렇게 자신을 포장한다.

380

주님께서 우리를 빌라델비아 교회 상태로 지켜주시길 바랄 뿐이다. 비록 적은 능력 밖에 없지만, 그럼에도 주님의 인내의 말씀을 지키면서, 주님과 온전한 연합을 이루고 있다는 기쁨을 누리면서, 주님의 이름을 배반치 않기를 바란다. 주님은 우리 앞에 열린 문을 두셨다. 주님이 다시 오셔서 우리를 주님에게로 데리고 가시는 그 날까지 이 문을 열어두실 것이다.

에필로그

    이 강의의 주석을 달게 된 목적은 성도들에게 실제적인 도움을 주려는 뜻이 있었기 때문이다. 역사 속에서 전개되는 교회의 연속적인 상태에 대해서 내가 믿고 있는 바를 좀 더 자세히 설명할 필요를 느꼈다. 이러한 각각의 교회 상태 속에는 도덕적 수준과 상태가 잘 나타나 있다.

    이 강의를 읽어온 독자께서는, 일곱 교회 가운데 어느 경우에서도 교회에 신령한 복을 주시는 성령의 적극적인 에너지를 발견하지 못할 것임을 기억하길 바란다. 사실 성령의 역사가 교회에 신령한 복을 생성하는 것이 사실이지만, 명목상의 교회의 형태 또는 상태는 성령의 에너지가 분출된 이후에 오롯이 사람의 책임과 역할에 맡겨졌다. 거기엔 어느 정도 신령한 복이 있을 수 있지만 엄청난 실책도 있다. 성령의 역사는 심판의 대상일수 없지만 사람의 역사는 심판의 대상이다.

첫 번째 교회, 즉 에베소 교회는 성령의 능력에 의해서 성도들이 처음으로 받은 복의 상태에서 떨어진 것을 보여준다. 게다가 각 교회는 일반적인 방식을 따라서, 공통적인 특징을 가지고 있는 하나의 시대를 대표하며, 세상을 비추는 하나의 빛으로서 이 세상에서 하나님이 하나의 시스템으로서 기능을 하도록 정하신 전체 명목상의 교회를 나타낸다. 그럼에도 이 교회들은 살아 있는 참된 그리스도의 몸으로서, 구속의 능력을 따라서 그리스도의 쇠하지 않는 능력에 의해서 보존되는 교회는 아니다.

에베소 교회는 처음 사랑을 떠났다. 이 점이 바로 인간이 하나님의 복 아래서 실패했던 부분이었다. 만일 교회가 처음 사랑을 버리고 세상으로 가고, 처음 행위를 가지는데 실패한다면, 촛대는 옮겨질 것이다. 이것은 사도들의 시대에, 처음 교회가 시작되었던 그때에 이미 일어났던 일이었고, 교회가 빠져버린 상태였다. 그러한 것이 인간의 본질이다. 성령의 은사를 받아 책임 아래 있었지만 실패했고, 처음 상태로 돌아가지 못한다면 교회의 촛대가 제거될 것이란 위협을 받았다. 에베소 교회는 그러한 경고의 말씀을 받았다. 에베소 교회는 성령의 역사로 돌아가라는 부르심을 받았고, 그것이 처음 교회가 시작되면서 일어났던 실제적인 역사였다. 물론 좋은 모습을 많이 가지고 있었다. 순수한 열정을 가지고 수고하고 애썼으며, 심지어 권위 있는 가르침을 하는 사람들이 실상은 거짓 사도인 것을 드러내기도 했다. 하지만 마음은 실제적으로 그리스도에게서 멀어진 상태였다.

381
이 일은 교회로 하여금 (제한된 기간이지만) 환난에 들어가게 했다. 가난한 양떼들 그리고 충성스러운 사람들은 입술로만 하나님의 백성으로 자처하는 사람들에게서 거짓된 송사를 받았을 뿐만 아니라 외부로부터는 박해를 받았다. 이러한 것이 교회의 특징을 이루었다. 이 상태는 네로로부터 디오클레티아누스까지 지속되었다.

이 일 후에 교회는 또 다른 특징을 가진 상태로 들어갔다. 교회는 박해를 받았고, 충성스러운 순교자들이 있었다. 세상과 세상 사람들은 교회의 원수였다. 이제 새로운 교리들이, 그보다는 새로운 가르침(교훈)이 들어왔고, 그렇게 들어온 발람의 교훈은 교회를 세상과 영합하도록 했다. 그 결과 교회는 "우상의 제물을 먹고 또 행음하게" 되었다(계 2:14). 하지만 발람이 이스라엘을 저주하지 못했던 것처럼 원수는 교회를 저주하거나 멸망시키지 못했다. 오히려 발람은 친구로서 다가와 부패케 하는 교훈을 조언해주었다. 악한 행실을 하도록 부추기는 교리들이 있었고, 그러한 교리들은 직접적으로 도덕성을 함몰시키는 것으로 작용했다. 그처럼 악으로 둘러싸인 가운데서 개인들의 충성심이 요구되었다. 이 일은 콘스탄틴 시대부터 시작되었지만, 사실은 이전에 기독교계에 들어온 악이 가만히 잠식해가다가, 이제는 교회의 특징적인 모습을 이루게 되었다. 이것은 결국 국교회의 시스템으로 자리 잡을 때까지 지속되어 왔다. 게다가 교황제도는 명목상의 교회를 자녀로 둔 어미였다.

그러한 것이 두아디라 교회이다. 이세벨은 단순히 발람의 교훈을 따랐던 하나님의 종들을 유혹했던 여선지자가 아니다. 이세벨은 자녀를 둔 어미이다. 그녀와 영합한 사람들은 큰 환난에 처해지게 될 것이며, 그 자녀들은 심판을 받게 될 것이다. 여기서 성령의 음성은 이미 남은 자들을 분리시키는 것으로 작용하고 있었다. 이렇게 처음 세 개의 교회는 여전히 전체 몸과 연결되어 있었다. 하지만 전체 몸의 회개와 회복에 대한 기대는 포기되었다. 그리스도의 재림이 소개되고 있지만, 성도들의 소망으로서 제시되고 있지는 않다. 내가 이해하고 있는 바, 전체적으로 그리스도의 몸으로서 교회의 역사는 이렇게 끝난다.

그 다음으로 우리는 프로테스탄티즘을 볼 수 있다. 나는 이 프로테스탄티즘이란 표현을 "성령에 의해서 진행된 하나님의 역사로서 종교개혁"을 의미하는 것으로 사용하고 있지 않다. 다만 종교개혁을 입술로만 부르짖을 뿐인 기독교계 안에 있는 허다한 사람들을 통칭하는 의미로 사용할 뿐이다. 그러므로 그리스도께서는 교회를 위하여 모든 것을 자신의 손으로 붙들고 계신 분으로 소개되고 있다. 이 교회는 살았다 하는 이름을 가지고 있지만 실상은 죽어 있었다. 이 사데 교회는 이세벨에 의해서 부패한 자녀들이 태어나고, 또 음행과 우상숭배에 빠졌던 두아디라 교회와는 달랐다. 하지만 자신들이 받고 또 들은 것에 대한 반응이 없었다. 이 교회는 그리스도의 재림의 때에 세상과 함께 심판을 받게 될 것이다. (데살로니가전서 5장과 비교해보라.) 이상의 내용이 에베소서, 서머나, 두아디라, 사데, 빌라델비아, 그리고 라오디게아 교회에 이르기까지 진행되는 일반적인 상태와 특징에 대한 것이다.

382

모든 사람이 이 상태에 빠져 있지는 않을 것이다. 하지만 영적인 힘을 회복하는 일도 없을 것이다. 이렇게 말하게 되면, 일곱 영과 그리스도의 손에 있는 일곱 별이 아무 쓸모가 없다는 뜻으로 비칠 수 있다. 그럼에도 그리스도께 진실하고, 그리스도의 말씀을 지키고, 적은 능력을 가지고도 그리스도의 이름을 부인하지 않고, 자신들 앞에 열린 문을 둔 사람들이 있다. 그들은 그리스도의 능력이 아니라 그리스도의 성품을 추구하는 사람들이다. 일관성, 순종, 의존성, 그리고 그리스도를 얻는 것, 이러한 것들이야말로 성령님에 의해서 맺히는 결실이며, 그리스도께서 자신이 사랑하신 사람들에게서 보고 싶어 하는 것들이다. 그들은 그리스도께서 속히 오실 것이란 생각으로 위안을 삼는다.

이렇게 멸시를 받고 있는 사람들을 제외하면 대다수 남는 사람들이 있다. 그들은 일반적으로 입술로만 신앙을 고백하는 사람들이다. 이 명목상의 교회는 이세벨의 부패에 물들지는 않았지만 미지근한 상태에 있으며, 영적인 부자인 척 교만한 생각을 가지고 있다. 하지만 하나님의 의(義)도 없고, 영적인 분별력도 없고, 영적인 일에 속한 열매들도 없다. 이러한 교회는 그리스도의 입에서 토하여 내침을 당할 것이다. 토하여 내침을 당하는 것이 이세벨을 따르는 교회의 운명과는 전혀 다른, 명목상의 교회의 마지막 결말이다. 이처럼 명목상의 교회의 전체적인 역사는 사도 시대부터 시작되었으며, 하나님에 의해서 버림을 당하고 심판에 처해짐으로써 마치게 될 것이다. 이미 경고는 에베소 교회에 주어졌다. 하지만 엄청난 인내의 시간이 흐르고 나서 이세벨을 용납한 교회와 라오디게아 교회에 심판이 시행된다. 그때 그리스도께서는 교회가 더 이상 증인의 자리를 감당할 수 없게 되었을 때, 라오디게아 교회에 밝히신 자신의 직분을 따라서 충성되고 참된 증인의 자리를 차지하실 것이다. 주님께서 우리에게 참 빌라델비아 교회의 특징을 주시길 빈다.

JND

형제들의 집 도서 안내

1. 조지 뮐러 영성의 비밀
 조지 뮐러 지음/이종수 옮김/값 1,000원
2. 수백만을 감동시킨 사람을 감동시킨 바로 그 사람: 헨리 무어하우스
 존 A. 비올리 지음/이종수 옮김/값 1,000원
3. 내 영혼의 만족의 노래
 W.T.P 월스톤 지음/이종수 옮김/값 1,000원
4. 모든 일을 하나님의 영광을 위하여 하라
 해리 아이언사이드 지음/이종수 옮김/값 1,000원
5. 잃어버린 영혼을 위해서 어떻게 기도해야 하는가
 오스왈드 샌더스, 찰스 스펄전 지음/이종수 옮김/값 1,000원
6. 윌리암 켈리의 로마서 복음의 진수
 윌리암 켈리 지음/이종수 옮김/값 5,000원
7. 이것이 거듭남이다[개정판]
 알프레드 깁스 지음/이종수 옮김/값 9,000원
8. 존 넬슨 다비의 영성있는 복음
 존 넬슨 다비 지음/이종수 옮김/값 5,000원
9. 로버트 클리버 채프만의 사랑의 영성
 로버트 C. 채프만 지음/이종수 옮김/값 5,000원
10. 영성을 깊게 하는 레위기 묵상
 C.H. 매킨토시 외 지음/이종수 옮김/값 5,000원
11. 존 넬슨 다비의 성경주석: 빌립보서
 존 넬슨 다비 지음/이종수 옮김/값 5,000원
12. 존 넬슨 다비의 히브리서 묵상[개정판]
 존 넬슨 다비 지음/정병은 옮김/값 11,000원
13. 조지 커팅의 영적 자유
 조지 커팅 지음/이종수 옮김/값 4,000원
14. 윌리암 켈리의 해방의 체험
 윌리암 켈리 지음/이종수 옮김/값 3,000원
15. 존 넬슨 다비의 성경주석: 골로새서[개정판]
 존 넬슨 다비 지음/이종수 옮김/값 8,000원
16. 구원 얻는 기도
 이종수 지음/값 5,000원
17. 영혼의 성화
 프랭크 빈포드 호올 지음/이종수 옮김/값 1,000원
18. 당신은 진짜 거듭났는가?
 아더 핑크 지음/박선희 옮김/값 4,500원
19. C.H. 매킨토시의 완전한 구원
 C.H. 매킨토시 지음/이종수 옮김/값 4,600원
20. 존 넬슨 다비의 하나님의 뜻을 분별하는 법
 존 넬슨 다비 지음/이종수 옮김/값 1,000원

21. 존 넬슨 다비의 성경주석: 요한계시록
                              존 넬슨 다비 지음/이종수 옮김/값 10,000원
22. 주 안에 거하라
                       해밀턴 스미스, 허드슨 테일러 지음/이종수 옮김/ 값 1,000원
23. C.H. 매킨토시의 하나님의 선물
                              C.H. 매킨토시 지음/이종수 옮김/값 4,000원
24. 존 넬슨 다비의 성경주석: 에베소서
                                  존 넬슨 다비 지음/이종수 옮김/값 8,000원
25. 존 넬슨 다비의 영적 해방
                                  존 넬슨 다비 지음/문영권 옮김/값 7,000원
26. 건강하고 행복한 그리스도인이 되는 법
                      어거스트 반 린, J. 드와이트 펜테코스트지음/ 값 1,000원
27. 존 넬슨 다비의 성경주석: 로마서
                               존 넬슨 다비 지음/문영권 옮김/값 12,000원
28. 존 넬슨 다비의 성화의 길
                                  존 넬슨 다비 지음/이종수 옮김/값 4,500원
29. 기독교 신앙에 회의적인 사랑하는 나의 친구에게
                              로버트 A. 래이드로 지음/박선희 옮김/값 5,000원
30. 이수원 선교사 이야기
                              더글라스 나이스웬더 지음/이종수 옮김/값 5,000원
31. 체험을 위한 성령의 내주, 그리고 충만
                                   조지 커팅 지음/이종수 옮김/값 4,500원
32. 존 넬슨 다비의 성경주석: 갈라디아서
                                  존 넬슨 다비 지음/이종수 옮김/값 4,800원
33. 존 넬슨 다비의 성경주석: 요한서신서 · 유다서
                                  존 넬슨 다비 지음/문영권 옮김/값 8,000원
34. 존 넬슨 다비의 성경주석: 데살로니가전 · 후서
                                  존 넬슨 다비 지음/이종수 옮김/값 8,000원
35. 그리스도와의 연합과 구원(성경공부교재)
                                              문영권 지음/값 2,500원
36. 그리스도와의 연합과 성화(성경공부교재)
                                              문영권 지음/값 3,000원
37. 사도라 불린 영적 거장들
                                                이종수 지음/값 7,000원
38. 당신은 진짜 하나님을 신뢰하는가
                                    조지 뮬러 지음/ 이종수 옮김/값 4,500원
39. 그리스도와 연합된 천상적 교회가 가진 영광스러운 교회의 소망
                                 존 넬슨 다비 지음/ 문영권 옮김/ 값 13,000원
40. 가나안 영적 전쟁과 하나님의 전신갑주
                                  존 넬슨 다비 지음/ 이종수 옮김/ 값 2,000원

41. 죄 사함, 칭의 그리고 성화의 진리
고든 헨리 해이호우 지음/ 이종수 옮김/ 값 2,000원
42. 하나님을 찾는 지성인, 이것이 궁금하다!
김종만 지음/ 값 10,000원
43. 이것이 그리스도의 심판대이다
이종수 엮음/ 값 8,000원
44. 존 넬슨 다비의 성경주석: 마태복음
존 넬슨 다비 지음/이종수 옮김/값 16,000원
45. C.H. 매킨토시의 하나님에 관한 진실
C.H. 매킨토시 지음/ 이종수 옮김/값 1,000원
46. 존 넬슨 다비의 성경주석: 여호수아
존 넬슨 다비 지음/문영권 옮김/값 8,000원
47. 찰스 스탠리의 당신의 남편은 누구인가
찰스 스탠리 지음/이종수 옮김/값 4,000원
48. 존 넬슨 다비의 성령론
존 넬슨 다비 지음/이종수 옮김/값 13,000원
49. 존 넬슨 다비의 영적 해방의 실제
존 넬슨 다비 지음/이종수 옮김/값 5,000원
50. 존 넬슨 다비의 주요사상연구: 다비와 친구되기
문영권 지음/값 5,000원
51. 존 넬슨 다비의 죽음 이후 영혼의 상태
존 넬슨 다비 지음/이종수 옮김/값 5,000원
52. 신학자 존 넬슨 다비 평전
이종수 지음/ 값 7,000원
53. 존 넬슨 다비의 요한복음 묵상
존 넬슨 다비 지음/이종수 옮김/값 8,000원
54. 프레드릭 W. 그랜트의 영적 해방이란 무엇인가
프레드릭 W. 그랜트 지음/이종수 옮김/값 4,500원
55. 홍해와 요단강을 통해서 나타난 하나님의 구원
윌리암 켈리 지음/ 이종수 옮김/ 값 4,800원
56. 그리스도와의 연합을 위한 성령의 역사
윌리암 켈리 지음/ 이종수 옮김/ 값 19,000원
57. 누가, 그리스도인인가?
시드니 롱 제이콥 지음/ 박영민 옮김/ 값 7,000원
58. 선교사가 결코 쓰지 않은 편지
프레드릭 L. 코신 지음 / 이종수 옮김/ 값 9,000원
59. 사랑의 영성으로 성자의 삶을 살다간 로버트 채프만
프랭크 홈즈 지음 / 이종수 옮김/ 값 8,500원
60. 므비보셋, 룻, 그리고 욥 이야기
찰스 스탠리 지음 / 이종수 옮김 / 값 7,500원

61. 구원의 근본 진리

　　　　　　　　　　　　　　　에드워드 데넷 지음 / 이종수 옮김/ 값 6,500원

62. 회복된 진리, 6+1

　　　　　　　　　　　　　　　에드워드 데넷 지음/ 이종수 옮김/ 값 6,000원

63. 당신의 상상보다 더 큰 구원

　　　　　　　　　　　　　　프랭크 빈포드 호올 지음/ 이종수 옮김/ 값 6,500원

64. 뿌리 깊은 영성의 그리스도인으로 사는 법

　　　　　　　　　　　　　　찰스 앤드류 코우츠 지음/ 이종수 옮김/ 값 9,000원

65. 천국의 비밀 : 천국, 하나님 나라, 그리고 교회의 차이

　　　　　　　프레드릭 W. 그랜트 & 아달펠트 P. 세실 지음/이종수 옮김/ 값 7,000원

66. 존 넬슨 다비의 성경주석: 베드로전·후서

　　　　　　　　　　　　　　　　존 넬슨 다비 지음/장세학 옮김/ 값 7,500원

67. 존 넬슨 다비의 영광스러운 구원

　　　　　　　　　　　　　　　　존 넬슨 다비 지음/이종수 엮음/ 값 15,000원

68. 어린양의 신부

　　　　　　　　W.T.P. 월스톤 & 해밀턴 스미스 지음/ 박선희 옮김/ 값 10,000원

69. 성경에서 말하는 회심

　　　　　　　　　　　　　　　　　C.H. 매킨토시 지음/ 이종수 옮김/ 값 6,000원

70. 십자가에서 천년통치에 이르는 그리스도의 길

　　　　　　　　　　　　　　　　　존 R. 칼드웰 지음/ 이종수 옮김/ 값 7,500원

71. 그리스도와의 연합이란 무엇인가?

　　　　　　　　　　　　　　　　　에드워드 데넷 지음/ 이종수 옮김/ 값 9,000원

72. 하늘의 부르심 vs. 교회의 부르심

　　　　　　　　　　　　　　　　존 기포드 벨렛 지음/ 이종수 옮김/ 값 16,000원

73. 당신은 진짜 새로운 피조물인가

　　　　　　　　　　　　　　　존 넬슨 다비 외 지음/ 이종수 옮김/ 값 12,000원

74. 플리머스 형제단 이야기

　　　　　　　　　　　　　　　　　　앤드류 밀러 지음/ 이종수 옮김/ 값 14,000원

75. 바울의 복음, 그리스도의 영광의 복음

　　　　　　　　　　　　　　　　존 기포드 벨렛 지음/ 이종수 옮김/ 값 9,000원

76. 악과 고통, 그리고 시련의 문제

　　　　　　　　　　　　　　　　　　　　　　　　이종수 지음/ 값 9,000원

77. 요한계시록 일곱 교회를 향한 예언 메시지

　　　　　　　　　　　　　　　　　존 넬슨 다비 지음/이종수 옮김/ 값 18,000원

Originally published under the title of
"Seven Lectures on the Prophetical Addresses to the Seven Churches"
by John Nelson Darby
Copyright©Les Hodgett, Stem Publishing
7 Primrose Way, Cliffsend, Ramsgate, Kent, U.K.

Korean translation copyright
ⓒ 2016 by Brethren House, Korea
All rights reserved

요한계시록 일곱 교회를 향한 예언 메시지
ⓒ형제들의 집 2016

초판 발행 • 2016.02.15
지은이 • 존 넬슨 다비
옮긴이 • 이 종 수
발행처 • 형제들의집
판권ⓒ형제들의집 2016
등록 제 7-313호(2006.2.6)
Cell. 010-9317-9103
홈페이지 http://brethrenhouse.co.kr
카페 cafe.daum.net/BrethrenHouse
ISBN 978-89-93141-79-5 03230

＊값은 뒤표지에 있습니다.
＊잘못된 책은 바꿔드립니다.
＊서점공급처는 〈생명의말씀사〉입니다. 전화(02) 3159-7979(영업부)